# 버즈마케팅

BUZZMARKETING

메리언 살즈만, 아이라 마타시아, 앤 오렐리 지음 | 김상영 옮김

# BUZZ
## MARKETING
# 버즈마케팅

사람과책

## 옮긴이 | 김상영

1965년에 서울에서 태어났다.
고려대학교 사회학과를 졸업하고 한신대학교 대학원에서 경제학을 전공했다.
역서로 《에코파시즘》과 《슈퍼네트워크-최강의 인맥 구축 솔루션》이 있다.
현재 출판기획가 및 번역가로 활동중이다.

## 버즈마케팅

지은이 | 메리언 살즈만, 아이라 마타시아, 앤 오렐리
옮긴이 | 김상영

1판 1쇄 인쇄 | 2004년 10월 8일
1판 1쇄 발행 | 2004년 10월 13일

펴낸이 | 이보환
펴낸곳 | 도서출판 사람과책
등록 | 1994년 4월 20일. 제16-878호
주소 | 135-080 서울시 강남구 역삼동 605-10 세계빌딩
전화 | (02)556-1612~4  팩스 | (02)556-6842
E-mail | manbook@hanafos.com

ⓒ 도서출판 사람과책, 2004
ISBN 89-8117-087-8 03320

이 책은 여러 사람들의 협동의 산물이다. 그들은 오랫동안 브랜드를 관리하고, 태도, 믿음, 가치, 브랜드 선호, 매체 습관에서의 변화를 취급해 왔다. 우리의 임무는 변화를 예측함으로써 우리의 에이전시와 클라이언트가 이후 무엇을 할 것인지 도움을 주는 것이다. 이 목적을 위해 우리는 지속적으로 전세계의 매체들을 모니터했다. 매체들의 편집상 특성을 수집 및 분류하고, 트렌드를 깊이 있고 폭넓게 추적하기 위해 지능형 에이전트를 사용하였다. 또한 민속학적 면접이나 사진 연구 등 질적 조사 기법과 함께, 주로 인터넷을 통한 투표라는 양적 조사 기법도 사용하였다. 시점에 따른 인터넷 투표를 통해 우리는 '지금' 시점에 대한 간략한 상(像)을 입수했고, 소비자와 산업이 어느 방향으로 움직이고 있는지 추적할 수 있었다.

조사가 누적되면서 전세계에 산재한 유로 RSCG<sup>Euro RSCG</sup> 지부에서 모집한 1,200명이 넘는 열성적인 글로벌 트렌드 감시자 네트워크가 확보되었다. 이들과 더불어 정기적으로 관찰 결과, 전망, 그리고 입장을 정리했다. 그를 통해 우리는 각각의 시장에서 지역별 취향과 행동의 미세한 차이에 의해 어떻게 글로벌 트렌드가 형성되는지에 대한 전망을 얻을 수 있었다. 또한 가장 중요한 젊은 세대의 입장을 연구하기 위해, 우리는 미국, 벨기에, 영국, 이스라엘, 그리고 아르헨티나 등 13개국에서 18세에서 29세까지의 영향력 있는 소비자 집단으로 RSCG 익스플로러 패널<sup>X-Plorer Panel</sup>을 구축하고 관리하였다. 우리의 익스플로러들은 정기적으로 정보를 제공했고, 심층 토론과 조사를 위한 지속적인 원천으로도 기여하였다. 최근에는 2차 익스플로러 패널을 구축했는데, 이들은 아이들과 엄마들로 구성되었다.

이 책에는 이러한 여러 채널을 통해 수집하고 조사한 풍부한 일화들과 양적 조사 결과들이 수록되어 있다. 우리는 10년이 넘게 트렌드를 추적하고 분석해 왔으며 이 와중에 우리는 하찮은 버즈<sup>buzz</sup>(일본의 애완용 해파리에 대한 버즈)부터 산업 세계의 변화(소비자들이 기업의 사회적 책임을 강요하는 현상)에 이르기까지 수많은 버즈를 접했다. 그러나 가장 많이 퍼졌던 버즈는 버즈 그 자체에 대한 버즈<sup>the buzz about buzz</sup>였다. 모두가 어떻게 버즈를 시작시키고, 성장할 수 있게 하며, 대규모로 유통시킬지에 대해 알고 싶어한다. 이 책에서 우리는 성공적인 버즈를 위한 공식을 제출할 것이다. 그 공식은 유로 RSCG와 그 외의 주도적인 에이전시들, 그리고 아

버즈마케팅

메리카 온라인, 에스프리, 그리고 아메리카 닌텐도 등을 위해 우리가 수행한 버즈 작업의 경험에서 추출한 것이다. 어떻게 효과적으로 대화를 관리하고, 소비자들을 당신의 목적에 맞게 움직이도록 할 것인가? 이 책에서 우리는 그 방법을 보여줄 것이다.

## 사람들은 서로 이야기한다

버즈와 버즈 마케팅<sup>Buzz marketing</sup>의 차이에 대해 먼저 알아보자. 버즈는 사람들이 생각을 공유해 온 역사만큼이나 오래되었다. 그것은 구전 효과<sup>word-of-mouth effect</sup>이자 사회적 네트워크를 통한 정보 전달이며, 마케터나 누군가의 은근한 개입 없이 우연히 자생적으로 일어날 수 있다. 반면에 버즈 마케팅은 버즈를 야기하는 계획된 행동을 의식적으로 사용하는 것이다. 즉 그것은 계획적이다. 버즈 마케팅이 다른 마케팅과 분리되는 요소들 중 하나는 자생성(自生性)의 착각을 불러일으키고 마케터는 숨겨진 채 보이지 않는다는 점이다. 즉 진정성<sup>authenticity</sup>이야말로 버즈 마케팅의 가장 중요한 동력이다!

버즈는 새로운 개념이 아니다. 백 년 전에도 오페라 가수들은 아리아가 끝난 후 박수를 유도하기 위해 사람들을 고용하였다. 다른 대중 연예 분야의 경우, P.T. 바넘<sup>P.T. Barnum</sup>(19세기 말의 미국 서커스 흥행사 — 옮긴이)은 자신의 순회 서커스단을 위해 그와 같은 열광 상태를 인위적으로 만들어냈다. 서커스단이 그 지역에 도달하기 몇 주 전부터 공연에 대한 이야기가 유포되었고, 서커스단이 짐을 싸서 그 지역을 떠나고 나서도 계속 퍼졌다. 오늘날 가장 성공적인 버즈 마케팅 기업인 포드 사는 이미 1964년에 버즈를 구축하기 시작했다. 당시 포드 사는 새로 출시한 무스탕을 영향력 있는 인사들과 '대학의 리더들big men on campus' ——여기에는 대학 신문의 편집자들도 포함되었다——에게 대여했다.[1] 오늘날 영향력 있는 인사들은 디스크자키, 패션스타일리스트, 그리고 유명인사의 개인 비서들이며 그들은 자동차에 관심을 쏟는다. 그러나 그 결과는 동일하다. 강력하고 인습에 사로잡히지 않은 상품 추천은 판매를 유발하고, 버즈를 만들어낸다.

예전의 버즈와 오늘날의 버즈의 핵심적인 차이는 21세기의 버즈는 훨씬 거대한 가치를 지닌다는 점이다. 이전 세기에 사람들은 매우 적은 정보원sources of information만 가지고 있었고, 따라서 그들의 주목을 끌고 유지하는 것은 쉬웠다. 반면에 오늘날 24/7의 세계(하루 24시간, 일주일 7일을 항상 일해야 하는 상황을 자족하는 화이트칼라의 속어 – 옮긴이)에는 마케팅 메시지와 정보가 넘쳐흐른다. 단적으로 《뉴욕 타임스New York Times》 주말판에는 17세기의 평균적인 영국 시민이 평생 동안 마주친 정보보다 많은 양의 정보가 실려 있다. 이것은 전통적인 방식으로 넘쳐나는 정보를 흡수하는 것이 얼마나 어려운 일인가를 잘 보여준다. 실제로 출판되는 지식의 총량은 매 5년마다 두 배씩 증가하고 있으며, 이전 5,000년 동안 생산된 정보보다 더 많은 정보가 지난 30년 사이에 생산되었다고 한다.[2] 오늘날에는 심지어 셀프 프로모션의 대가인 P. T. 바넘조차 정보의 소음을 뚫고 소비자에게 자신의 메시지를 부각시키는 것이 어렵다고 여길 것이다.

버즈는 어떻게 작동하는가? 이를 이해하기 위해서는 사회 전체를 구성하고 있는 그대로의 자생적인 네트워크야말로 사람들에게 의미 있는 방식으로 다가가는 가장 효과적인 수단이라는 사실을 이해해야 한다. 사람들은 연계 맺기를 좋아한다. 그들은 정보, 사상, 그리고 의견을 공유하기를 좋아한다. 우편, 전화, 그리고 라디오와 텔레비전을 통해 공유된 체험, 그리고 오늘날에는 월드와이드웹이 우리 사회가 네트워크를 통한 교류에 의존하고 있다는 증거이다. 이런 작은 세계small-world(네트워크 이론 용어로 여섯 사람만 건너면 누구든 만날 수 있는 세계로서, 네트워크로 충만한 세계를 가리킨다—옮긴이)의 사회적 망들은 오늘날 세계 시장에서 중요한 의미를 갖는다. 생각해보라. 당신이라면 광고를 보고 자동차를 구매하겠는가, 아니면 친구가 전화할 때마다 입에 침이 마르도록 열심히 이야기하는 자동차를 구매하겠는가?

사회적 네트워크는 우리가 태어나자마자 구축되기 시작한다. 네 살 먹은 평균적인 미국 아이들은 상호 교류와 공유를 촉진하기 위해 특별히 조직된 사회적 과제인 '놀이시간play dates'을 포함하는 일정을 보낸다. 나이를 먹으면서 우리의 네트워크는 점점 커지며 학교, 이웃, 그리고 과외 활동, 여름 캠프, 직업, 여행, 자발적 조직, 사회적 행사 등 여러 영역에서 친구를 사귄다. 게다가 이제는 인터넷 덕분에 멀리 떨어진 친구나 아는 사람과 접촉하기가 용이해졌다. 물론 이따금씩 이메일이나 인스턴트 메시지를 통해서 접촉할지라도 말이다.

　사회적 네트워크를 활용하기 위해서는 무엇보다도 네트워크 내에서 누가 영향을 미치는지, 그리고 얼마나 광범위하게 정보가 유통될 것인지 등을 이해해야만 한다. 네트워크의 구성과 존재 이유raison d'être를 이해함으로써 의미 있는 방식으로 소비자에게 접근할 기회가 증가한다. 사회 구조의 구성에 익숙해지기 위해 시간을 투여하는 마케터라면 어떤 아이디어의 수명에서 적절한 위치에 자리잡은 핵심 교섭자key contacts에게 다가가 메시지를 전달할 더 많은 기회를 얻게 될 것이다. 또한 그들은 효과적인 버즈를 창출하고 지속시킬 확률도 증가시킨다. 오늘날의 세계에서 그것은 번영하는 브랜드와 죽은 브랜드의 차이를 만들어낸다.

# 차례 *Contents*

# BUZZ

# BUZZ

# 서 장

왜 버즈인가

오랜 세월 동안 다양한 광고 및 마케팅 기법이 대중의 변화하는 요구와 감수성에 적응하기 위해 채택되었다. 잘 차려입고 말 잘하는 사람이 클렌징 바$^{cleansing\ bar}$(고급 기능성 비누—옮긴이)나 고급 담배로 표상되는 막대한 부와 건강, 그리고 출세를 약속하면서 매력을 끄는 반복 구절로 광고를 장식하던 시절에서 오랜 세월이 흘러, 이제는 다양한 방법이 개발되었다. 그러나 오늘날의 광고 방식도 사실 그 시절의 광고와 크게 다르지는 않다. 여전히 매력적인 모델이나 명사(名士)를 활용하고 불가능한 약속을 남발하며 기억과 감정을 자극하는 음악을 사용한다. 비록 모비$^{Moby}$(미국의 테크노 뮤지션—옮긴이)의 음악을 사용할지라도, 기본적인 공식은 이전과 대동소이하다.

문제는 이러한 광고들이 소박한$^{naïveté}$ 수준의 시청자나 독자를 가정하지만, 더 이상 그런 소비자는 존재하지 않는다는 것이다.

오늘날의 소비자는 공공연한 왜곡과 모든 것을 만족시키겠다는 설득에 싫증나고 지쳐 있다. 그들은 이러한 약속을 접하면 회의론자가 된다. 전체적으로 소비자들은 제조, 마케팅, 그리고 자극에 대해 더 많은 것을 배웠다. 전통적인 광고가 재미있고 때로는 정보 가치가 있을지 모르지만, 구체적인 행동을 촉진하는 경우는 거의 없다.

소비자들의 인식이 광고인이나 그들의 프로모션 술책을 능가하기 때문에 광고인들은 늘 새롭고 더욱 효과가 있는 아이디어를 제출해야만 했다. 지난 몇 년 동안 마케팅 기법은 스폰서십, 파트너십 마케팅, 그리고 홍보 쇼 등과 같은 비전통적인 브랜드 구축 방법의 형태를 취했다. 리얼리티 TV 쇼 《서바이버$^{Survivor}$》의 첫 출연진이 거주하는 세트(미안하지만, 위험하고 황폐한 섬)가 막강한 브랜드 상품으로 가득 찬 것은 그 자체가 사람들에게 보내는 대담한 광고였다. 그리고 스폰서십은 모든 공공장소를 명칭 사용권$^{naming right}$을 위한 공정한 게임장으로 변질시켰다. 비록 2001년 말의 경우처럼 기술 불황이 이 양상에 중대한 영향을 미치기도 했지만, 62개의 메이저리그 스타디움이 이 특권을 위해 3조 4천억 달러를 제공한 기업들의 이름을 사용하고 있었다. 지역 사회에서도 기업들은 대학교나 고등학교와 스폰서십을 체결했으며, 최근에 뉴저지 주의 한 초등학교는 향후 20년 동안 한 지역 식료 잡화 판매점과 체육관 명칭 사용 계약을 체결했다.[1]

이러한 전술들은 위험을 수반하는데, 여기에는 공공연한 브랜드 과시에 대한 소비자의 반발 가능성과 계약을 체결한 거대 기업이 파산하거나 신뢰를 잃었을 때 공공 재정이 곤란해질 위험이 포함된다. 소비자들은 이러한 마케팅 거래에서 나오고 들어오는 돈 문제에 대해 현명하다. 그들은 자신들의 시선 공간<sup>eye space</sup>이 팔렸다는 사실을 어느 정도는 인지하고 있다. 그렇다면 그들은 무슨 행동을 하게 되는가? 시선을 돌려버리거나 주목해야 할 대상을 선택하고 나머지는 무시해버린다.

> 연구 결과에 따르면 광고주들이 오랫동안 무엇을 느꼈는지 알 수 있다 : 오늘날은 광고로 구매자를 설득하기가 어려운 시절이다.

2001년 봄, 유로 RSCG Worldwide는 전세계 19개 시장의 1,830명의 성인들을 대상으로 '유선과 무선 : 하이테크 자본의 현재와 미래' 라는 연구를 실시했다.[2] 연구 결과 마케터들에게는 가장 냉정한 결론이 도출되었는데, 광고나 판매 시점 프로모션이 기술에 대한 정보를 퍼뜨리고 소비자 욕구를 창출하는 데 얼마나 효과가 없는가에 대한 것이다. 총 조사 표본의 13퍼센트만이 기술 상품에 대한 정보를 광고에서 얻는다고 답변했고, 단 1퍼센트만이 매장에서 정보를 얻는다고 답변했다.(**그림1-1**을 보라)

인터넷이 좀 더 효과가 좋은 것으로 나타났는데, 전체 응답자의 20퍼센트가 웹사이트를 통해 정보를 얻는다고 답변했다. 그러나 가장 많이 의존하는 상품 정보원은 입소문으로 20퍼센트는 직장 동료에게 문의했고, 11퍼센트는 친구에게 전화해서 알아보았으

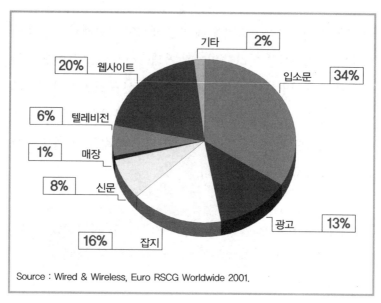

기타 `2%`

`20%` 웹사이트

입소문 `34%`

`6%` 텔레비전

`1%` 매장

`8%` 신문

광고 `13%`

`16%` 잡지

Source : Wired & Wireless, Euro RSCG Worldwide 2001.

**그림1-1** 유선과 무선

며, 3퍼센트는 가족 구성원에게 문의했다고 답변했다.

심지어 광고와 판매 시점 프로모션은 정보의 원천이란 측면보다 흥미를 창출하는 측면에서 훨씬 참담한 성과를 보였다. 표본 집단에게 어디에서 그들을 몹시 흥분시킨 기술 상품을 보고 들었는지 질문하자, 4퍼센트는 인쇄광고에서, 4퍼센트는 텔레비전 광고에서, 1퍼센트는 옥외 광고에서 보았다고 답변했고, 라디오 광고에서 들었다는 답변은 하나도 없었다. 매체 측면에서는 잡지가 가장 높은 비율로 15퍼센트를 차지했다. 그러나 잡지도 사적 연고에는 미치지 못했는데, 응답자의 36퍼센트가 친구나 직장 동료를 지목했고, 4퍼센트는 성인인 가족 성원, 0.5퍼센트만이 아이나 청소년을 지목했다.

이 연구 결과가 기술 상품 마케터에게 주는 메시지는 분명하다. 예산을 전통적인 광고에 지출하기보다는 온라인이건 오프라인 이건 긍정적인 버즈나 브랜드 구축에 지출하는 편이 낫다는 것이다. 흥미를 유발하고 판매를 신장하기 위해서는 영향을 유발하는 사람들, 즉 영향유발인[influencer]들을 찾아서 접촉하는 편이 더 효과적일 것이다.

마찬가지로 학생 모니터가 2001년 가을에 제출한 '라이프스타일과 미디어 보고서'에 따르면, 학생들이 상품이나 서비스에 대해 알게 되는 가장 중요한 경로는 구전이었고, 다음이 텔레비전 광고, 매장에 진열된 견본, 라디오 광고, 그리고 우편으로 보낸 견본 순이었다.[3)]

이러한 발견은 2002년 1월에 유로 RSCG가 《비즈니스위크 *Business Week*》와 함께 'C자 사람들(CEO, CIO 등)'에게 핵심적인 영향유발인이 누구인지 연구한 결과로 다시 확증되었다.[4)] 연구에 따르면, 조사 대상으로 선정된 상위 300여 명의 경영자들 대다수가 상품, 서비스, 브랜드를 선택할 때, 동료, 전문가 조언자, 그리고 직계 가족 구성원에 매우 의존하고 있다는 것이다. 따라서 마케팅의 힘은 대중에게 정보를 뿌리는 것보다는 다른 사람들에게 영향유발인들을 효과적으로 활용하는 것에 있다. 현대의 마케팅에서 우선적인 원칙은 이러한 영향력의 흐름을 이용하고, 엘리트 유력자(알파[Alphas])에서 트렌드 전파자(비[Bees])에게로, 트렌드 전파자에서 일반 대중에게로 메시지를 흐르게 하는 것이다.

이렇게 정보와 자극을 선택적으로 전달하는 과정이 대중에게 접근하는 전통적 수단의 입장에서는 어려울 것이다. 그러나 이 방식은 판에 박히지 않은 접근 방식에는 기회를 제공한다. 오늘날 광고인과 마케터는 정보나 자극을 걸러내는 시스템을 통해 형성되는 브랜드 구축에 집중해야 한다. 성공적인 마케터는 소비자와 문화를 활용하며, 소비자에게 메시지를 그냥 던지는 것이 아니라 소비자와 더불어 메시지를 세밀하게 정교화한다. 이렇게 우리는 소비자에게 어떤 메시지를 접수하고, 어떤 메시지를 거부할지에 대한 선택권을 부여하고자 한다. 소비자에게 진정으로 이야깃거리가 될 메시지를 전달하라. 그러면 그들이 알아서 말을 퍼뜨릴 것이다. 그게 인간의 본성이다.

## 버즈 마케팅의 정의

이 책을 위해 우리는 50명에 가까운 전문가들과 인터뷰를 했다. 그 첫째 질문은 '버즈 마케팅을 어떻게 정의할 것인가?'였다. 이 용어는 매우 기초적이고 자명한 용어처럼 보이지만, 갑자기 부상하는 이 마케팅 개념에 대해 전문가들마다 약간은 상이한 차이를 드러냈다. 먼저 몇몇 견해들을 보자.

버즈 마케팅은 유기적이다. 그것은 오케스트라처럼 조화된 시도들을 통해서만 발생시킬 수 있다.

－《브랜드위크》 수석 편집자, **베키 에벤캠프**

버즈 마케팅은 일종의 소통 시도이다. 그것은 단기간에, 즉 현재에만 집중하여 높은 효과를 내는 이벤트를 사용한다. 그런데 그 이벤트는 많은 노출량을 추구하지 않는다. 오히려 브랜드 주변에 전통적인 가치를 창출한다는 명확한 목표를 지닌다.

－암스테르담 휴먼 아이 유로 RSCG 크리에이티브 디렉터, **시코 비르다**

버즈 마케팅은 특정한 회사에 의해서가 아니라 당신의 동료에 의해서 퍼지면서 출현한다. '쿨<sup>cool</sup>' 한 무언가가 있고, 당신의 친구가 '쿨' 하다는 이유로 그것을 당신에게 전달할 때, 그것이 버즈 마케팅이다. 기업이 '쿨' 한 척하면서 무언가를 전달한다면 그것은 기껏해야 광고일 뿐, 버스 마케팅이 아니다. 따라서 특성 회사가 제공하는 것이 아닌 것처럼 보이면서 특정 회사의 버즈 마케팅이 발생하도록 하는 것이 중요한 술책이다.

－ 유로 RSCG Tyee MCM CEO, **스펜서 J. 브라운**

버즈 마케팅이란 용어도 변화해 왔다. 그것은 마케터가 사람들의 이야깃거리를 만들어내는 어떤 것을 의미했다. 그것은 거리의 사람들, 팀들, 그리고 그들의 주목을 끄는 행동과 관련된 용어였다. 그러나 나는 이 용어가 이보다는 더 전략적이고, 더 많은 내용이 담긴 그 무엇을 의미한다고 생각한다. 버즈 마케팅은 사람들로 하여금 감성적으로 확실히 믿도록 만들고 전략적으로 사람들이 자연스럽게 따르도록 하는 프로그램을 창출하는 것을 수반한다. 그것은 사람들과 브랜드 사이에 연계를 구축하는 것, 그럼으로써 사람들의 선택에 영향을 미치고, 기꺼이 그 브랜드를 원하도록 만드는 것이다.

−샌프란시스코 아모 마케팅 설립자이자 크리에이티브 디렉터 및 마케팅 전략가, **에이미 핀**

버즈 마케팅은 선택된 소비자들을 자발적인 메시지 전달자로 전환함으로써 특정 상품에 대한 긍정적인 입소문을 발생시키는 것이다. 그 버즈는 트렌드 창조자로부터 대다수의 소비자에게로 동심원을 그리며 퍼져나간다. 그 버즈는 모든 사람에게 큰 소리로 떠들어대는 것이 아니라 적합한 사람에게 귓속말로 속삭이는 것이다. 버즈 마케팅 과정은 바이러스로 비유할 수 있다. (한 상품의) 접종, (소수의 일차 접종된 사람들의 사용) 배양, (상품의 퍼짐) 퍼짐과 전염. 버즈 마케팅은 극비 정보를 소유한 것에 대해 자부심을 갖는 선택된 소비자들의 설정에 달려 있다.

− 파리 BETC 유로 RSCG 전략 플래너, **제랄딘 제라**

우리는 버즈 마케팅이 이들이 제기한 모든 요소를 동반한다고 생각한다. 그것은 유기적이며, 브랜드 주변에 전통적인 가치를 구축하는 데 집중하고, 주변 사람들을 통해 퍼지며, 전략적이고, 트렌드 창조자(알파)로부터 트렌드 전달자(비)에게로 그리고 대다수 소비자에게 동심원처럼 전파된다.

버즈마케팅

# 왜 버즈 마케팅이 유행하는가

지난 몇 년 간 퍼슨 투 퍼슨person-to-person 마케팅이나 바이러스 마케팅 등을 포함한 다양한 버즈 마케팅 테크닉이 비주류 소기업에서《포춘Fortune》지 선정 500대 기업에 이르기까지 전 영역에 걸쳐 보급되었다. 세 가지 주요한 이익이 이러한 변화를 초래했고 흥미로울 뿐만 아니라 감각적인 테크닉을 창출했다.

## 버즈 마케팅은 비용이 적게 든다

버즈 마케팅은 전통적인 마케팅 플랜에 비해 매우 적은 비용이 든다. 어떤 기업은 슈퍼볼Super Bowl(미국의 미식축구 챔피언 결정전－옮긴이) 경기에 광고를 내보내기 위해서 수백만 달러를 지출하지만, 바이러스 캠페인은 일반적으로 1만 달러 정도의 비용만으로도 가능하다. 특히 이메일은 광고비용을 기하급수적으로 감소시켰다. 최근에 듀퐁은 주요 브랜드——라이크라, 다크론, 테프론, 스테인마스터, 쿨막스 등——의 대고객 호소력과 인지도를 높이기 위해 광고 대신 협력자 관계와 버즈를 구축하는 전술을 사용할 것이라고 발표했다.[5] 그와 같은 변동을 야기한 특별한 이유는 무리한 예산 문제와 광고 기금 사용에서 더욱 강화된 책임성의 필요성이다. 이런 의견은 미국과 해외 전역에 울려 퍼졌고, 예산 축소와 책임성이 보다 중요한 문제로 부각되었다. 사실 미국에서 2001년도 광고 지출은 전년에 비해 6.5퍼센트가 하락했으며, 이는 1938년 이후 가장 많이 떨어진 것이다.(**그림1-2**를 보라)

| 매체 | 광고지출 | 비율 | 변화(%) |
|---|---|---|---|
| 신 문 | $44.3 | 19.2 | -9.8 |
| 잡 지 | 11.1 | 4.8 | -10.3 |
| 공중파 방송 | 38.9 | 16.8 | -13.2 |
| 케이블 방송 | 15.5 | 6.7 | 0.5 |
| 라 디 오 | 17.9 | 7.7 | -7.4 |
| 옐로우 페이지 | 13.6 | 5.9 | 2.8 |
| 다이렉트 메일 | 44.7 | 19.3 | 0.3 |
| 비즈니스 출판물 | 4.5 | 1.9 | -19.1 |
| 옥외광고 | 5.1 | 2.2 | -0.8 |
| 인 터 넷 | 5.8 | 2.5 | -11.6 |
| 기 타 | 30 | 13 | -6.5 |
| 총계 | $231.3 | 100 | -6.5 |

Source : Robert J. Coen, Universal McCann, reprinted with permission from AdAge.com, May 13, 2002 issue of *Advertising AGE*. Copyright 2002, Crain Communications Inc.(단위 : 10억 달러)

**그림1-2** 2001년도 광고 지출

## 버즈 마케팅은 즉각적이다

인터넷의 속도와 도달 가능성은 어떤 시간에 어디에 있는 누구와도 즉시 소통할 수 있는 상황을 창출했다. 입소문은 그 전달 속도가 빠른 반면에 사람들 사이의 직접적인 상호작용을 요구하며, 소통자들의 내부 집단만큼만 전달된다. 반면에 온라인 커뮤니티와 대화방은 익명의 포럼을 제공하며 그 안에서 거의 무한한 수의 사람들과 비슷한 관심사를 배우고 공유한다. 또한 이메일을 통해 버튼을 클릭하는 것만큼 쉽게 수많은 사람들과 즉시 소통할 수도 있다. 포레스터 리서치Foresster Research는 조니 와커의 무어훈Moorhuhn 게임(닭의 일종인 무어훈을 사냥하는 게임 소프트웨어 – 옮긴이)의 론칭을 주요한 버즈의 성공 사례로 지적한다. 이 게임은 원래 독일 배급자들을 목표로 했는데, 결국 전 독일 세대의 20퍼센트가 사이트에 접속했다.[6] (유럽과 아시아에선 매우 일반화된 현상이지만 미국에서는 미흡한 인프라스트럭처로 인해 뚜렷한 현상을 보이지는 않고 있는) 휴대전화를 통한 메시지 전달 방식인 SMS 역시 마케터가 소비자에게 접근할 가능성을 매우 확장시켰으며, 이동중인 사람들에게도 접근할 수 있게 만들었다.

사이버 공간에서 정보는 놀랄 만한 속도로 퍼진다. 나이키가 '나이키 런 런던Nike Run London' 출시 기념 이벤트에 바이러스 마케팅 캠페인을 활용하자 일주일 만에 1만 명이 이벤트 사이트에 접속했고, 그들 대부분은 열정적인 참여자였다. 이들은 소규모 영화를 제작해 사이트에 올렸고 친구들에게 퍼 나르면서 론칭에 참여할 것을 독려하였다.[7] 많은 사람들이 재미있는 이메일 영화와 게임을 전달받았는데, 그 중에는 부시 대통령이 디스코 음악에 맞춰 춤을 추는 단편 애니메이션 동영상도 있었다. 이 동영상은 미니클립닷컴MiniClip.com에 의해 보급되었는데 익살스런 내용으로 인해 1,000만 명이 사이트에 접속했고 60만 명이 사이트에 등록했다.[8]

그러나 즉각적인 성공이 웹에서만 달성되는 것은 아니다. 때로는 고객의 환상을 사로잡는 그 무엇이 즉시 대중의 의식에 파고드는 경우도 있다. 그 예로는 변덕스러운 TV 쇼(《오스본 가족The Osbournes》)나 갑자기 뜬 소설(《매디슨 카운티의 다리》), 버드와이저의

'왓섭?<sup>whassup?</sup>' 같은 익살스러운 유행어 등을 들 수 있다. 어디를 가든 사람들이 갑자기 똑같은 대상에 대해 말하기 시작하는 것이다.

### 버즈 마케팅은 직접적이다

버즈 마케팅의 미덕은 모든 방문자에게 메시지가 개인적인 것으로 보이도록 기획할 수 있다는 점이다. 메시지와 1 대 1로 만나는 느낌, 친구나 동료의 추천, 선정된 내부자 그룹의 일원으로 서로 잘 알고 있다는 느낌 등이 무언가를 요구하는 오늘날의 고객에게 호소력을 가진다.

> 개인화는 아마존닷컴의 개인 추천에서 나이키의 맞춤 신발에 이르기까지 판매를 촉진하는 가장 혁명적인 기술이었다.

개인화<sup>personalization</sup>는 버즈 마케팅을 실행하면서 보다 젊은 세대를 브랜드 표적으로 삼을 때 극적으로 매력적인 수단이다. 젊은 세대는 대중 광고에 가장 회의적이고 그것으로부터 영향을 받지 않는 세대이기 때문이다. 많은 웹상의 소매 기업들(아마존닷컴<sup>Amazon.com</sup>, 핫와이어<sup>HotWire</sup>, 이베이<sup>eBay</sup> 등)은 추천 프로그램<sup>referal program</sup>을 선호하는데 거기에는 정당한 이유가 있다. 신뢰야말로 어떤 관계에 있어서도 중요한 요소인데 친구의 추천을 수반하거나 심지어 암시만 동반해도 그것은 배가된다.

# 세계를 도는 버즈가 세계화이다

버즈 마케팅이 중심 단계로 진입하면 그것은 어떤 국가적 경계도 모른다는 것을 인식해야 한다. 세계화는 세계와 그 안의 우리의 공간을 재정의했다. 문화적 정체성은 물리적이고 지리적인 연계를 상실하고 있고 더욱 더 이데올로기적인 것으로 변모하고 있다. 세계의 국가들과 문화들은 그 규모와 영향력(전통적인 정치적 의미에서 볼 때)과 상관없이 지구적인 시선으로 자신을 발견하고 있다. 유행을 창출하는 소비자들은 세계 구석구석을 수색──때로는 여행을 통해, 때로는 인터넷이나 위성 안테나를 통해──하여 최선의 것을 찾는다. 자신들에게 호소력 있는 물건이나 아이디어를 고르거나 선택하면서 그들은 무차별적으로 선정, 접근한다. 이에 대한 비판자들은 동질화를 향한 위험을 보는 반면, 지지자들은 확장된 가능성의 세계와, 전통에 덜 의존하고 자기 주장에 더욱 의존하는 새로운 표현의 자유를 본다.

기술과 엔터테인먼트, 그리고 미디어가 지배적인 문화와, 지리에 기초한 자기 의식을 부여했던 경계의 몰락에 주요한 역할을 수행했다는 사실은 의문의 여지가 없다. 우리가 보다 많은 것에 노출되어 있고, 보다 많은 것을 이해할 수 있는 도구를 갖췄다는 것이 결정적이다. 새로운 개방성으로 사람들은 그들의 생활양식에 보다 폭넓은 아이템과 아이디어를 통합할 수 있게 되었다. 그러나 정말 그들이 이러한 상품들이 유통시키는 메시지를 이해하고 있을까? 마케터라면 메시지가 전세계적 수준과 지역별 수준 양쪽에서 이해되도록 해야만 한다. 문화들이 서로에게 개방되어 있기 때문에 소통에서의 감수성이 점점 더 중요해질 것이다. 바이러스 마케팅은 세계 전체에서 아이디어를 공유하는 데 비할 바 없는 포럼을 제공한다. 그 이유는 바이러스 마케팅이 단 하나의 중요하고도 포괄적인 메시지에는 덜 의존하며, 개인적이고 지역적인 미묘한 차이와 관계되기 때문이다.

2002년 어느 때인가 당신은 도저히 믿을 수 없는 사진을 친구에게서 이메일로 받아 보았을 것이다. 그 사진에서 상어가 바다에서 솟아올라 줄사다리에 매달려 있는 한 남자에게 달려든다. 줄사다리는 공중에 정지해 있는 헬리콥터에 부착되어 있다. 일반적으로 사진에는 다음과 같은 글이 적혀 있다. "그리고 당신은 사나운 일진을 만났다고 상상한다!And you think you're having a bad day at work!" 이 사진은 사람들 입에 오르내렸고 한 주요 잡지가 선정한 '올해의 사진'이 되었다. 그러나 사실 이 사진은 합성사진으로 미국 샌프란시스코에서 찍은 에어 포스 헬리콥터 이미지와 남아프리카 해안의 상어 이미지를 합성한 것이었다.[9]

그 날조에서 우리가 발견한 가장 흥미로운 것은 우리가 받은 이메일이 잡지와 관련되는 이름인 내셔널 지오그래픽National Geographic이란 이름으로 보내졌기 때문에 다른 수령자(유럽의 수령자들로 추정되는데)들이 이 사진을 《내셔널 지오그래픽》과 유사한 독일의 잡지인 《지오GEO》에 수록된 사진으로 믿어버린 것이다. 그 사진이 지구 어딘가의 어떤 출판물에서 인용된 것인지 누가 알겠는가? 분명한 것은 지역별 뉘앙스를 반영하도록 메시지를 수정한 사람이 그 누구든, 이러한 특별한 가필이 그 이야기를 더욱 버즈를 낼 가치가 있는 것으로 만든다는 것을 알고 있었다는 사실이다.

버즈 마케팅은 바로 그렇게 사람들에 의해 추동되기 때문에 세계화 단계에서 거대한 잠재력을 갖는다. 그리고 그것은 그 메시지가 한 그룹에서 다른 그룹으로 전달될 때 적절히 손을 탈 수 있다는 것을 의미한다.

**제1장**

버즈 마케팅에 대한 버즈가 구축되고 있다

2001년 초 시카고의 조·중등학교 운동장이 갑자기 광범위하게 출현한 천연두$^{Pox}$의 습격을 받았다. 이 습격의 배후 조종자는 하스브로$^{Hasbro}$였는데, 시내 1,400학교 중 900개 학교가 전염병에 감염되었다.[1] 하스브로는 8세에서 13세 사이의 가장 멋진 소년들을 선발해 그들에게 천연두를 접종하였고, 그 소년들을 학교로 보내 가장 친한 친구 10명에게 그것을 전염시키도록 하였다.

이것은 극악무도한 생물전 이야기가 아니다. 오히려 마케터들이 출시 상품을 적합한 모임들, 버즈를 퍼뜨리고 광범위한 채택을 창출하며 결국 성공을 보장하는 모임들에게 론칭할 때 얼마나 그 효과가 놀라운가를 보여주는 상징적인 이야기다(팍스는 하스브로가 출시한 게임기의 이름이다 — 옮긴이). 영악하게 조직적으로 입안된 바이러스 마케팅 캠페인을 통해 하스브로는 게임기가 시장에 발표되기도 전에 새로 개발한 비디오 게임에 대한 버즈를 퍼뜨릴 수 있었다.

하스브로는 어떻게 한 것일까? 《뉴욕 타임스》의 보도에 따르면, 첫 단계로 하스브로는 시카고에 현지 조사원 팀들을 배치했고, 운동장에서 큰 영향을 끼치고 친구들의 부러움을 사는 1,600명의 초등학교 아이들, 즉 '강아지 알파들Alpha pups'을 선발했다. '쿨'한 코치가 강아지 알파들에게 게임기를 소개했고 아이들에게 각각 10개의 게임기를 주고 친한 친구 10명에게 보급하게 했다. 그들의 게임 놀이 진전 양상과 게임기에 대한 반응("정말 놀라운 게임이야!", "포켓몬보다 나은걸!")은 개발사에 의해 조사되고 기록되었고 즉각적인 대성공이 탄생하였다.[2]

글로벌 마케팅에서 돌아다니는 버즈는 모두 버즈에 관한 것이다. 출판사가 《멍청한 백인들Stupid White Men and Other Excuses for the State of the Nation》[3]을 출간하도록 설득시킨 마이클 무어의 성공적인 캠페인이든지, 매력적인 사람들을 고용해 자사의 음료를 마시고 바에서 떠들어대도록 한 음료회사들이든지, 버즈에 대한 버즈가 떠도는 것이다. 몇 년 전부터 업계의 선도적인 사색가들 사이에는 변화가 오고 있다는, 그것도 빠른 속도로 오고 있다는 속삭임이 돌기 시작했다. 그 때 이후로 업계 상황에 대한 버즈가 늘고 유행했다. 밤 새워 고민하는 것이 우리 모두에게 절대적인 현실이 되어버렸다. 전통적인 의미의 광고는 사라져버렸고, 전혀 효과가 없다. 업계는 새로운 패러다임을 파악하기 위해 분투하지만, 미래학자들은 그런 패러다임은 없을 것이라고 말한다.

## 자연스런 적응

우리가 스스로를 자기 경험의 산물로 받아들인다면, 저자인 우리 세 사람이 마케팅 믹스$^{marketing\ mix}$(기업이 마케팅 목표에 따라 설정한 시장표적에 마케팅 활동을 집중시키기 위해 사용하는 모든 투입변수를 해당 기업의 환경과 상황에 맞게, 그리고 마케팅 효과가 최대화되도록 배합하는 마케팅 전략 — 옮긴이)에서 버즈와 그것의 결정적 역할에 대한 사고에 이끌리는 것은 불가피할 것이다. 아이라(저자 중 한 명 — 옮긴이)의 경우 그런 경향은 1980년 중반 치아트/데이$^{Chiat/Day}$에서 애플 매킨토시를 론칭하는 효과적인 광고 방송, '1984'를 제작할 때부터였다. 이 광고 방송은 가장 성공적인 광고 방송으로 인정되고 있으며, 결국 슈퍼볼이 엄청난 광고 무대라는 관념을 형성했고 버즈의 창조자로서의 광고가 지닌 엄청난 위력을 보여주었다. 생각해보라. 그 광고는 공식적으로 단 한 번만 방송되었을 뿐이다. 그럼에도 불구하고 이 광고는 수백만 달러의 가치가 있는 노출을 이루었다. 비즈니스계, 광고계, 그리고 신문이나 잡지뿐만 아니라 슈퍼볼 게임이 끝난 다음 날인 월요일에는 대중적인 이야깃거리$^{watercooler}$가 되었다. 마케팅 목표 달성을 궁극적으로 수행한 것은 바로 이런 끊임없는 대화였다. 사람들은 '나머지 우리를 위한 컴퓨터$^{the\ computer\ for\ the\ rest\ of\ us}$' (빅 브라더인 IBM을 쓰는 사람들이 아니라 자유롭고 창조적인, 나머지 우리가 쓰는 컴퓨터인 매킨토시라는 뜻이다 — 옮긴이)를 보기 위해 매킨토시 판매장에 몰려들었고 기꺼이 현금을 지불했다.

사실 치아트/데이 자체가 부단히 버즈를 제조하는 회사였다. 우상파괴적인 설립자 제이 치아트Jay Chiat 자신, 그리고 조직에서부터 미학에 이르기까지 모든 것에 대한 급진적인 시선, 혹은 회사의 규칙 파괴에 대한 애정 등이 버즈거리였다. 치아트에게 버즈 마케팅은 본능적인 것이었고 그 핵심은 그 자신의 진실성이었다. 대다수의 에이전시가 어떻게 클라이언트의 지시를 따르고 판매를 위한 계획을 수립할까만을 생각하는 반면에, 그는 업무 자체와 그 업무 특성에 냉혹하게 집중했다.

1980년도에서 90년도 초까지는 효과적인 광고 창안이 에이전시의 우선적인 초점이었다. 미디어의 분화는 아직 시작 단계였고, 마케팅에 응용하기에는 인터넷은 아직도 먼 꿈이었다. 그러나 90년대가 흐르면서 새로운 매체인 인터넷이 광고업계의 지배적인 테마가 되었다. 광고보다는 '필요한 어떤 수단을 써서라도' 소비자를 브랜드와 연계시키는 것이 중요한 일이 되었다.

90년대 후반에 우리는 그 때까지 우리의 주요 업무였던 고객관리와 소비자 조사 업무에서 벗어났다. 우리는 변화에 대해 이야기하기 시작했고 클라이언트에게 더 이상 통상적인 비즈니스는 없다고 설득하기 시작했다. 우리 셋 모두는(메리언과 앤은 90년대 초치아트/데이에 압류했다) 이러한 작업을 치아트/데이에서 만들었고, 이후 새로 합병되어 설립된 TBWA/Chiat/Day의 후원으로 유럽에도 설립된 미래부Department of the Future를 통해 수행했다.

새로운 합병 상황으로 회사가 자신의 기본 업무와 평범한 이슈에만 집중할 수밖에 없었기 때문에, 우리는 영 앤드 루비컴Young &

Rubicam이라는 매우 전통적이고 성공한 글로벌 마케팅 회사로 직장을 옮겼다. 거기서 우리의 책임은 그 회사에 대한 버즈를 만드는 것이라고 말할 수 있다. 우리의 출판물, 대규모로 이야기 유포하기, 클라이언트들과의 대화, 그리고 집중적인 회사 PR의 추진 등 모든 것은 선각자적 이념thought leadership의 지도하에 이 전통적인 에이전시의 명성을 높이는 작업과 연관되었다.

흥미롭게도 Y&R은 마케팅 행위로서 버즈를 제도화한 최초의 기업들 중 하나가 되었다. 미국의 존 파트릴라, 유럽의 키스 클롬프 등 몇몇 유능한 사람들이 관리된 버즈로 충만한 부서들을 운영하고 있었다. (이후 클롬프는 음반사인 카피톨 레코드로 옮겼다.) 파트릴라와 클롬프에 의해 구축된 부서들은 오늘날에도 성공적인 부서로 남아 있다. 그러나 남은 의문은 버즈가 독립된 행위로 남아야 하는 것인지 아니면 통합 전략을 통해 시작되고 홍보인(메시지 측면에서)과 이벤트/프로모션 그룹(전술과 실행의 측면에서)을 통해 옹호되는 충분히 통합된 마케팅에 침투되어야 하는 하나의 아이디어인지 여부였다. 이것이 우리가, 아이라가 전략을 입안하는 새로 구축된 유로 RSCG MVBMS 협력자들을 조직한 이유이다.

Y&R이 거대 통신 기업 WPP에 매각되자 우리는 회사와 '비합병' 되었고, 당분간 스스로 작업을 진행했다. 다시금 우리는 주요 클라이언트와 우리 자신을 위한 버즈의 소재들을 광범위하게 구축했다. 독립 활동으로 큰 성공을 거둔 후 우리는 경기 침체가 오고 있음을 알았으며 우리가 하고 있는 작업의 유형이 처음으로 정당화될 가능성이 오고 있다고 느꼈다. (우리는 불황이 오면 전통적

버즈 마케팅에 대한 버즈가 구축되고 있다

이고 보수적인 마케팅 형태가 제일 먼저 손해를 볼 것이며, 불황에는 우리가 하는 작업이 더욱 중요해진다고 분명히 인식하고 있었다.) 우리는 잠재적인 새 무대를 발견했는데 마케팅 비즈니스 영역에 우리가 구축한 명성을 낳는 버즈 덕분에 업계의 주요 지도자들과 일련의 대화를 할 수 있는 가능성을 찾은 것이다.

## 새로운 어떤 것의 시작

결국 우리는 밥 슈메터러와 유로 RSCG Worldwide에 이끌렸는데 그 이유는 단순했다. 밥 슈메터러는 대다수의 업계가 놓치고 있는 그 무엇을 이해했기 때문이다. 슈메터러는 2000년 여름, 칸느의 세미나에서 '광고의 종말과 새로운 어떤 것의 시작'이라는 주제로 발표했다. 그가 단지 흥미를 유발한 것만은 아니다. 그는 세계에서 가장 훌륭한 몇 개의 광고 회사(뉴욕의 유로 RSCG MVBMS, 파리의 BETC 유로 RSCG, 런던의 유로 RSCG Wnek Gosper, 그리고 상파울로의 가릴로 파스토레 유로 RSCG)를 소유하고 있음에도 불구하고, 대다수의 다른 에이전시 네트워크에 비해 더욱 안정적인 광고와 마케팅 서비스가 실행되는 조직을 구축하고 있었다. 가장 중요한 것은 그가 조직에서 변화의 책임을 맡고 있었다는 점이다. 조만간 분명해진 것은 '하나의 힘 the Power of One'이라고 알려진 개념이다. 그것의 목적은 광고 분야들의 진정한 통합을 방해하는 전통적인 방식을 무너뜨리는 것이다. 2001년 광고주와 에이전시 관계에 대한 살츠 보고서에 따르면 81퍼센트의 클라이언트가 마케팅 커뮤니케이션의 전적인 통합——브랜드 컨설팅, 이벤트 마케팅, 쌍방향 메일,

다이렉트 메일 등 모든 것——을 원했지만 오직 16퍼센트만이 그것을 '매우 성공적'으로 달성했다고 생각했을 뿐이다.[4] 유로 RSCG가 가진 '하나의 힘'에서의 독창력이 클라이언트가 원하는 바를 보증했다.

2002년 5월 11일 유로 RSCG 북아메리카 독립체들이 유로 RSCG MVBMS Partners나 유로 RSCG Tatham Partners 둘 중 하나의 브랜드에 귀속되었다. 각각의 독립체는 단일 리더십을 가지고, 결정적으로 다른 에이전시 네트워크와 달리 단일한 이익과 손실을 관장하는 센터를 유지했다. 이는 각각의 독립체에 속한 사무실들이 클라이언트의 사업 목표 달성을 위해 결합된 단위로 일함으로써 모든 보상을 사실 수 있게 뇌었음을 의미한다. 클라이언트의 입장에서 이는 에이전시의 모든 자원들이 단일한 사업 목표에 적용될 수 있음을 의미한다.

또한 유로 RSCG는 우리에게 매우 적합했는데, 그것이 전통적인 광고를 넘어서는 아이디어로 클라이언트를 위한 수익성 있는 이노베이션을 창출하는 창조적인 비즈니스 아이디어Creative Business Ideas®(CBIs)의 개념 위에 구축되었기 때문이다. CBI의 성공에 가장 결정적인 요소 중 하나가 무엇이었을까? 당신의 짐작대로 그것은 버즈였다.

버즈 마케팅에 대한 버즈가 구축되고 있다

# 왜 지금 버즈 마케팅인가

지난 몇 년 간 버즈 마케팅에 대한 버즈가 더욱 커지고 강렬해졌다. 버즈 마케팅은 초기에 멋지게 성공한 몇몇 캠페인을 통해 형성된 아이디어 차원에서 이제는 광범위하게 채택된 마케팅 수단이 되었다. 오늘날에는 유아기를 벗어나 보다 성숙한 단계로 진입해서, 브랜드 매니저가 버즈 마케팅을 표준적인 선택 사항 중의 하나로 고려할 정도가 되었으며 하나의 분과(分科)가 되었다.

이 시점에 버즈 마케팅이 급속도로 확산된 이유는 매우 단순하다.

## 대중 광고는 조연이지 주인공이 아니다

오늘날 버즈 마케팅이 커다란 호소력을 지니는 한 가지 주요한 이유가 있다. 전통적인 광고는 더 이상 그 자체만으로 효과를 창출하지 못한다. 물론 몇몇 사람들의 견해처럼 그 수명이 다한 것은 아니지만 한때는 가능했던 청중에게 도달하는 능력을 더 이상 가지지 못한다는 것이다. 광고가 소비자에게 정보를 전달하고 브랜드 인지도를 높이는 것은 사실이지만 더 이상 시장을 구축하는 가장 활력 있는 요소는 아니다.

세계는 해체되어 새롭고 상이한 유형으로 재편되고 있다. 인구통계학은 사실상 무의미해졌다. 사람들은 숫자와 문자로 분류되는 것을 참지 못할 것이고, 비율과 소수점으로 가족이 분류되는 것도 참지 못할 것이다. 평균 출산율 2.4명(최근에는 2.1명)이란 숫자는 더 이상 실제로 먹고 마시고 놀고 배우고 사랑도 하는 아이들을 묘사하는 데 충분하지 않다. 텔레비전이 신처럼 위력적인 것도 아니다. 사람들은 저녁 뉴스를 신뢰하지 않는다. 아침에 일어나자마자 잡담을 하고 다시 사람들과 모여서 잡담을 한다.

무차별적인 청중이 급속도로 줄고 있다는 사실을 받아들이자. 광고나 홍보 등 전통적인 마케팅 형태가 여전히 잔존하는 무차별적인 청중에게 접근하는 데 효과가 있기는 하지만, 청중이 점점 세분화되면서 효과가 적어졌다. 반면에 잘 짜인 버즈 전략과 결합된 훌륭한 광고는 마케터의 영향력을 극도로 강화할 수 있다.

> 버즈 마케팅은 전통적인 수단에 결여된 유연성과 창조성이 있기 때문에 세분화된 청중에게 효과적이다. 브랜드 메시지를 청중에게 소통시키는 명시적인 포럼이 없다면 어떻게 할 것인가? 청중이 스스로 그렇게 하게 만들어라. 메시지를 매체처럼 움직이게 만들고 메시지가 파문을 일으켜 퍼지고 마침내 시장으로 분출할 때까지 지켜보아라.

멋진 사람이 유명 브랜드의 옷을 입고, 바에 앉아 있는 것이 다른 손님들이 그 브랜드를 구매하는 데 영향을 미칠까? 유행에 앞선 멋진 사람이 베스파Vespa 오토바이를 타고 시내를 질주하는 모습이 그 오토바이에게 더 큰 호소력을 가져다 줄까? 분명 그렇다. 그것이 버즈 마케팅에서 진정으로 영향력 있는 사람을 찾아내 활용하는 결정적인 이유이다. 광고 방식은 바뀌었는지 몰라도 열망이 수행하는 역할은 점점 커진다.

이 책에서 우리는 정보와 아이디어의 확산에 끼치는 알파Alpha와 비Bee들의 영향을 탐구할 것이다. 여기서는 다음의 사항만 간략히 언급하고 넘어가자. 일반적으로 알파들은 일상적인 유형의 광고를 가장 덜 받아들이고 버즈로만 접근할 수 있다. 그리고 그들은 버즈를 다음 단계의 소비자에게 재빠르게 전파한다. 비는 알파와 대다수 소비자를 연결하는 결정적인 매개다. 그들이 버즈를 골라 잡아 광범위하게 퍼뜨리지 않는다면 버즈는 니치 그룹niche group을 넘어서 확장될 수 없다. 비는 운동을 시작시키는 역할을 한다. 일단 큰 파도가 일기 시작하면 마케터는 사건을 선정해서 널리 퍼뜨리는 매체에 의존할 수 있다. 적합한 출판물과 홍보를 통해 버즈를 새로운 방향으로 퍼뜨리고 토론을 조장하고 대중의 소비를 유발할 수 있다는 것이다.

## 버즈 마케팅은 프로슈머의 권력욕에 속삭인다

버즈 마케팅은 오늘날의 혁신적인 소비자(프로슈머Prosumer로 알려진)의 욕구와 원망에 호소하기 때문에 성공적이다. 이 사람들은 마케팅에 대해 잘 알고 있다. 그들은 시간을 들여 상품을 비교하고 조사하며 소비자 서비스, 영업시간, 그리고 상품의 품질에 대해 기존의 소비자보다 훨씬 많은 것을 요구한다. 프로슈머는 자신이 무엇을 원하는지 잘 알고 있으며, 소매상인들 간에 경쟁이 격심하다는 것도 알기에 그들이 자신에게 비위를 맞추고 욕구를 충족시키기를 기대한다.

버즈 마케팅은 프로슈머에게 효과적이다. 그것이 프로슈머에게 브랜드와 상호작용하고 심지어 어느 정도는 브랜드를 통제할 수 있는 기회를 제공하기 때문이다. 게다가 그것은 단지 브랜드를 사용하는 것이 아니라 브랜드를 체험할 수 있게 한다. 낡은 시스템에서는 광고주가 청중을 골랐지만 버즈 마케팅에서는 청중이 스스로 고른다. 일단 버즈가 시작되면 그 흐름은 자연스럽고 자유롭다. 버즈는 그것에 개방적인 사람에게 도달하고 그렇지 않은 사람들은 지나간다. 그것은 자연 선택의 상업적인 구현체이다. 오직 적자(適者)의 메시지만 살아남는다.

본질적으로 버즈 마케팅은 사람들에게 권력을 부여한다. 버즈 연쇄상의 모든 개인은 주어진 메시지를 받아들이거나 거부할 자유가 있다. 소비자 중심주의 시대에 버즈 마케팅은 완벽하게 작동한다. 10여 년 전부터 제조사와 소매상들은 통제권을 매체와 소비자에게 점진적으로 양도해 왔으며, 실제로 다른 선택의 여지도 없었다. 소비자들에게 다양한 선택권이 부여되었으며 그들에게 간청해야 했다. 심지어 결연이 이루어졌다 해도 그 관계는 부단히 양성되고 성장되어야 한다.

매체의 경우에도 더욱 커진 소비자 선택권이 광고와 마케팅에 현저한 영향을 미치고 있다. 한편으로 케이블 텔레비전 방송으로 마케터가 보다 효과적으로 타깃에 다가갈 수 있게 되었다. 새를 키우는 사람들에게 다가가고 싶다면 그들을 대상으로 하는 케이블 채널이 있다. 반면에 이것은 지나치게 특정한 청중에게만 광고가 도달하는 한계도 동시에 가지고 있다. 이제 기존의 체계가 지닌 미덕은 몰락하고 있다. 그것은 하나의 매체로 지나치게 광범위하게 메시지를 전파한다.

## 소비자가 유일하게 믿는 것은 개인 체험이다

닷컴 이후, 엔론^Enron 이후의 시대에 우리는 소비자들이 회사와 브랜드를 볼 때, 특히 여러 마케팅 시도들을 볼 때 보이는 신뢰의 결여에서 초래되는 위기에 직면해 있다. 그 외에도 우리는 미디어에 의심의 눈초리를 보낸다. 지난 10년간 미디어는 불공평할 정도로 비난을 받아 왔다. 우리가 메시지를 믿을 수 없고, 메시지 전달자도 믿을 수 없다면 어디로 갈 것인가?

더욱 많은 사람들이 결국 상호 간의 관계로, 또한 자신으로 귀환하고 있다. 편향되지 않은 정확한 정보를 얻기 위해 소비자들은 모든 업종의 브랜드에 대한 정보를 공유하는 커뮤니티와 자조(自助) 모임을 온라인에 형성해 왔다. 자동차나 진공청소기, 혹은 CD 한 장을 사고자 한다고 해보자. 온라인상에는 해당 제품에 관련된 체험담을 기꺼이 이야기해 줄 많은 사람들이 있다.

동시에 아이들을 포함하여 많은 사람들이 점점 더 브랜드 선전꾼으로 보이는 유명인사나 위력자의 권위를 받아들이지 않고 있다. 그들은 유명인사 X가 마시는 저렴한 브랜드 Y를 믿기보다는, 또는 그가 그렇다고 말하기 때문에 그것이 좋다고 믿기보다는 자신이 좋아하는 사람이 먹고, 마시고, 입는 것을 찾는다. 왜 유명인사들이 권력을 상실했을까? 한 가지 이유는 우리가 그들에 대해 너무 많이 알고 있고, 그들이 자주 우리를 실망시켰다는 점이다. 또 다른 이유는 24/7의 변화에 대처하느라 너무 바쁘기 때문에, 매체를 통해 아는 사람보다는 실제로 아는 사람을 믿는 것이 보다 확실하다는 느낌을 준다는 것이다.

그렇다고 유명인사가 우리의 구매 행동에 영향을 미치지 못한다는 의미는 아니다. 오히려 영향력은 더욱 미묘해질 것이고 쌍방향 TV가 맥락에 따른 상업 활동을 개시한다면 더욱 강력해질 것이다. 드라마《프렌즈*Friends*(미국 NBC의 드라마 – 옮긴이)》에서 당신이 좋아하는 연예인이 차고 있는 손목시계가 마음에 든다고 하자. 화면에서 클릭만 하면 그 시계는 당신 것이 되며, 편리하게 결제된다. 이러한 시나리오는 유명인사 숭배보다는 전문가들에 의해 구성된 스타일이나 디자인을 동경하는 것과 더욱 관련되어 있다. 레이첼(《프렌즈》의 등장인물 – 옮긴이)이 마케팅 협정에 따라 어떤 브랜드를 입고 있다는 것이 밝혀진다면 그것이 정말 문제가 될까? 궁극적으로 문제가 되는 것은 상품이 그 브랜드를 소유하고 싶어하는 사람들의 시선을 사로잡는 것이다.

### 버즈 마케팅은 브랜드 체험을 심화시킨다

오늘날 현명한 마케터들은 그들의 세계로 소비자들을 초대해서 상품 정보와 즉석 서비스, 그리고 브랜드 체험을 제공한다. 이는 전적으로 신뢰와 관여, 즉 관계를 창출하는 것과 관련된다. 멋진 버즈 캠페인에 열중하게 하는 가장 결정적인 요소 중 하나는 그것이 나름의 수명이 있으며, 진행 과정에서 전통적인 광고가 거의 수행할 수 없는 방식으로 모든 사람과 접촉한다는 것이다. 종종 버즈 마케팅은 무대 이벤트, 사람들 간의 상호작용, 상품 샘플 소비자를 오직 초대받은 사람만 참석할 수 있는 비개방적인 이벤트나 대중에게 개방된 대규모 축제로 초대하라. 말보로나 우녹스가 시행한 것과 같은 이벤트는 사람들에게 브랜드와 연계된 추억을 창출한다. 이벤트가 긍정적 체험이라고 각인된다면 브랜드는 전통적인 캠페인으로 달성할 수 있는 것보다 더 커다란 신뢰의 기초를 구축한다.

링과 무료 견본, 파티, 진정한 쌍방향 만남 등을 수반한다. 소비자가 3차원 방식으로 브랜드와 접촉한다면 상품에 대한 지속적인 기억 혹은 상품과의 연계를 형성할 가능성이 높아진다.

　담배 회사인 말보로는 버즈를 창출하고 소비자와의 관계를 강화하기 위해 브랜드의 혼을 구현한 젊은이들을 애리조나와 몬태나의 시원한 대목장으로 초대하는 방법을 사용했다. 미국 전역의 바에서 말보로가 주최로 열린 판촉 파티에서 경주를 통해 선정된 애연가들은 모든 경비를 지원 받아 5일간의 휴양을 즐겼다.[5] 한편 네덜란드의 식품회사 우녹스Unox는 가정 친화적인 상품과 그 상품에 대한 유쾌한 태도를 '신년 다이빙' 같은 규모가 큰 천진난만한 행사를 통해 촉진하고 있다. 매년 열리는 이 '신년 다이빙' 행사에서는 모든 연령의 사람들이 얼어붙은 북해에 뛰어들기 위해 모이며, 물에서 나온 다음에는 동료 '북극곰polar bears' 들과 더불어 따뜻한 소시지를 나눠 먹는다고 한다.

# 모든 방법을 사용한다 : 버즈, 바이러스, 로치베이트, 파종

브랜드들은 소비자들과의 어쩔 수 없는 연계를 창출하기 위해 분투하고 있다. 그 시도는 유급의 '소문내는 사람whisperers' 부터 반스Vans가 돈을 댄 영화《독타운 앤드 제트-보이즈 Dogtown and Z-boys》, 소설가 페이 웰든Fay Weldon(영국의 카피라이터 출신 작가-옮긴이)의 값비싸고 브랜드 있는 보석에 대한 송시《불가리 커넥션The Bulgari Connection(이탈리아의 유명한 보석 회사 불가리로부터 홍보비를 받아 출간되었다-옮긴이)》등과 같은 예술 작품에 대한 후원에 이르기까지 광범위하다. 물론 일부 사람들은 여전히 여가 시간을 브랜드로 소비하는 것에 대해 약간은 조심스런 태도를 보이지만, 차세대next generation 성원들과의 경험을 통해 우리는 그들이 그런 여가 향유 방식에 보다 만족한다는 확신을 얻었다.

> 브랜드가 가치를 부가하는 한, 버즈를 구축하는 가장 효과적인 방법은 집중이다.

## 악 소리가 나도록 충격을 가하라

《인디펜던트Independent》의 한 칼럼에서 유로 RSCG Wnek Gosper의 수석 크리에이티브 디렉터인 마크 우넥은 다음과 같이 썼다. "광고 영역에서 모든 사람은 주목을 받기 위해 노력하며 이는 결국 혼란으로 끝난다. 사실 최근의 통계에 따르면 우리 모두는 매주 3

천여 개의 마케팅 메시지로부터 습격을 받고 있다. 이들 메시지 중 적은 부분이라도 제대로 알리고 효과를 발휘하도록 만드는 것은 우리 시대에 있어서 엄청난 요구이다. 그리고 시간이야말로 우리가 더욱 빈틈없이 지켜야 할 대체 불가능한 상품이다."6)

우넥의 해결책은 무엇인가? 그는 사람들의 주목을 끄는 데 충분히 놀랍고 매체중립적인 게릴라 마케팅 전술을 주창한다. "많은 광고 에이전시가 여전히 '답은 30초 TV 광고지, 무엇이 문제인가?'"라고 말하는 반면에 우넥은 "현실 세계는 보다 급진적이고 창의적인 해결책을 요구한다"고 말한다.

비록 버즈를 둘러싼 새로운 뉴스가 지속되기 위해서는 의도적인 전략이 필요하지만 대중의 환상 혹은 신경에 대해 무언가 강력한 것이 충격을 가한다면 자생적인 버즈가 일어난다. 유행을 선도하는 영국의 한 의류회사가 '섹스를 판다Sex sells'는 판에 박힌 공식을 새로운 수준에서 사용했을 때, 이것이 진실임이 입증되었다. 영국에 소재하는 프렌치 커넥션French Connection은 5년 전에 신랄한 캠페인으로 커다란 성공을 거두었다. 그 캠페인은 그 회사의 머리 문자와 소재국의 머리 문자를 조합한 도발적인 상표를 활용했다. 프렌치 커넥션 유케이French Connection U.K의 머리 문자 fcuk가 상표명이었다. fcuk는 fuck라는 성적인 욕을 연상시킨다. 그 회사는 다양한 매체가 보여준 주목을 즐겼다. 2001년에 뉴욕의 택시 운전사들은 'fcuk : 밤새껏'이라는 저속한 문구를 부착한 택시를 운행하는 것을 거부했다. 샌프란시스코에서는 상인들이 이 의류회사 매장의 개장을 기념하는 '샌프란시스코 최초의 fcuk'라고 쓰인 광고판에 버즈 마케팅을 홍보 전략이나 판촉 쇼와 혼동하지 말라. 이런 순간에만 반짝하는 기술들은 표적화된 버즈의 진정한 잠재력을 갉아먹는다. 버즈를 위한 버즈를 만드는 것은 어중간하게 정당할 뿐이다. 그것은 소비자의 흥미를 지속적인 브랜드 충성으로 이끄는 내용이 결여되어 있다. 소비자에게 권한을 부여하고 응답하고 즐거움을 주는 다른 기술들도 동일하게 효과적인 버즈를 발생시킬 수 있다. 고객의 곤란에 대한 은행의 신속한 반응은 신뢰를 낳는다. 고객이 선호하는 브랜드로 환불할 것을 고지하는 예매 엽서와 같이 주의 깊은 배려는 고객에게 즐거움을 선사한다. 이러한 기술들이 아주 잠깐 동안의 과대광고보다 더욱 영속적이다.

반대하는 집회를 열었다. 다른 회사에서 구사된 충격적인 전술들, 즉 베네통의 사형수 감방 캠페인이나 캘빈 클라인의 아동 포르노를 연상케 하는 주기적인 장난과 비견될 정도로 fcuk 광고도 정확히 그들이 의도했던 목적, 즉 대박나는 버즈를 일으킨다는 목표를 달성했다.[7]

　이 예는 전통적인 광고 수단이 새로운 방식으로 사용된다면 그것이 죽지 않는다는 것을 입증한다. 그리고 여기에 유행 선도자들의 상대적인 성공과 실패를 결정하는 브랜드의 총체적 속성에 관한 교훈이 있다. fcuk는 새로운 구매자들을 보장하는 매장과 상품 구성을 개발했다. 캘빈 클라인은 여전히 진정한 유행의 선도 기업이다. 반면에 베네통은 혼란스러운 상품 구성, 많은 시장에서 효과가 없는 피트 모델fit model, 그리고 베네통 브랜드의 총체적 정체성의 일부가 된 이미지를 알고 있다 하더라도 정작 상품이 무엇을

상징하는지 이해하지 못하는 소비자 토대 때문에 허우적거렸다.[8]

> 버즈는 광고와 마찬가지로 시장에서 성공을 보증하는 만병통치약이 결코 아니다.

우리는 소비자에게 가까이 다가가기 위해 소비자의 사고방식과 요구를 진정으로 이해하는 것이 얼마나 중요한 것인지 되새기게 하는 일을 경험했다. 1990년에 아이라는 한 버번위스키 브랜드 일을 맡았는데 그 회사는 제일 잘 팔리는 250밀리리터짜리 위스키의 재고유지단위[SKU](매장에서 상품을 관리하는 최소 단위 - 옮긴이)가 갑자기 급속하게 감소하는 경험을 하였다. 에이전시와 클라이언트가 결국 발견한 것은 상품이 훌륭하다는 것, 새로운 경쟁상품도 없다는 것이었다. 그러나 엉뚱한 곳에서 문제가 발생했다. 병의 디자인을 네모에서 둥근 형태로 바꾼 것이다. 이전에는 트럭의자 밑에 굴러다니지 않고 보관할 수 있었던 병의 모양이 둥글게 바뀌자 농부들에게 커다란 문제가 발생한 것이다. 잘 나가는 마케팅 전문가들은 이럴 경우에 디자인이 부적절하다는 것을 이해하지 못했다.

### 상품을 원하는 장소에 두어라

충격을 야기하는 버즈는 모든 사람을 위한 것이 아니다. 대다수의 소매상들은 보다 유순한 방식으로 버즈를 구축하는 데 집중해 왔다. 표준적으로 버즈의 제일보는 식견이 있고 재미있거나 매력 있는 사람들을 그들이 상품에 대한 '개인적인 생각과 의견'을 공유할 수 있는 현실 세계나 온라인 공간에 심어두는 것이다. 이것은 온라인에서는 대화방 잠입을 통해서 수행되지만, 할리우드는 이미 새 영화에 대해 이야기하는 유급 피고용인을 수반하는 계략을 실행해 왔다. 귓속말 캠페인 전술의 실사회real-world 버전은 로치베이트 마케팅roach-bait marketing(다른 사람들에게 전달하려는 의도를 숨긴채, 보통 사람을 가장한 전달자에 의해 유포되는 마케팅. 동명의 바퀴벌레 살충제에서 유래했다－옮긴이)이라 불린다. (이 용어는 버즈 마케팅의 다양한 전술들을 생생하고, 바로 앞에 있는 것처럼 느껴지도록 묘사하기 위해 사용되었다.)

　로치베이트 마케팅은 특정한 브랜드에 관한 대화로 소비자를 끌어들이는 (때로는 유급의) 사람들을 동반하는데, 직접 마케팅에 제약을 받는 몇몇 주류나 담배 회사가 이러한 대안적인 접근 방식을 채택하였다. 그들은 유행을 선도하는 나이트클럽에 (매력적인) '의존자들leaners'을 침투시켜 사람으로 가득 찬 바에서 다른 사람에게 자신이 마실 것을 대신 주문해 달라고 요청하도록 했다. 많은 경우 주문한 음료수나 술에 정통하지 않으며 '의존자들'을 수상히 여기지 않는 사람들은 대화를 시작할 것이며, 이 매력적인 낯선 사람이 이야기하는 모든 것이 브랜드 X에 관한 것이란 사실을 알게 될 것이다.[9] 그렇다면 그에 대한 반응이 공격적일까, 아니면 방어적일까? 그것은 누구에게 요청했는가, 그리고 '의존자'가 얼마나 매력적인가 혹은 얼마나 주목을 받는가에 달려 있다!

논란의 여지가 상대적으로 적은 것이 상품 파종인데 이 기법은 지난 몇 년 간 의류업에서 자동차업에 이르기까지 많은 기업에 의해 활용되었다. 2001년에 리복은 대중적인 운동화 유셔플<sup>U-Shuffle</sup> DMX를 사전 공개했다. 상품의 이상적인 소비자 프로파일에 부합하는, 캐나다를 가로지르는 90명의 젊은 여성들을 표적으로 그들에게 무료로 운동화 한 켤레를 제공하는 방법을 사용한 것이다. 유셔플을 포함한 리복의 공식적인 신상품 출시 행사인 '리복 어번 트레이닝 컬렉션<sup>Reebok's Urban Training collection</sup>'이 열릴 때, 유셔플은 이미 출발선을 떠났으며 결국 이 론칭은 여성 운동화 출시의 가장 성공적인 사례 중 하나로 평가되었다. 어느 면에서 리복은 이를 계기로 자신의 마케팅 근원으로 복귀하였다. 아메리카 대륙을 가로지른 에어로빅 강사들의 발을 통해 최첨단의 여성 에어로빅 운동화라는 이미지를 드러낸 것이다.[10]

### 바이러스 마케팅 : 전염병

마케터들의 활용 노력의 결과로 인터넷의 보급은 지난 몇 년 간 버즈 마케팅을 새롭고도 흥미로운 방향으로 이끌었다. 전달된 각각의 메시지에 브랜드를 노출하는 단순한 방법을 구사한 웹 기반 메일 공급업체인 핫메일<sup>Hotmail</sup>은 바이러스 마케팅의 대표적인 성공 사례이다. (현재 핫메일은 마이크로소프트 소유다.) 또 다른 성공 사례로는 스웨덴의 렛츠바이잇닷컴<sup>LetsBuyIt.com</sup>과 전자상거래의 거인인 아마존닷컴이 있다. 전자는 소비자 그룹들이 상품 꾸러미의 경매 가격을 낮출 수 있게 만들었고(공동구매에 경매를 결합한 방식—옮긴이), 후자는 이윤 공유 추천 프로그램(제휴 프로그램—옮긴이)을 시작했다.

2001년의 주목할 만한 바이러스 버즈 캠페인에서 세 가지 캐릭터——20대의 카 레이서인 '커리Curry'도 있었다——가 인터넷 스타로 론칭되었다. 《비즈니스위크》의 보도에 따르면 전략적으로 선정된 20만 명의 '영향력 있는' 웹 서퍼들에게 집에서 찍은 듯한 짧은 동영상이 이메일로 전달되었다. 그 동영상에는 카메라 앞에서 우스꽝스러운 포즈를 취하고 있는 세 가지 캐릭터가 실려 있었다. 브랜드에 대한 어떤 암시도 없었던 이 동영상은 웹에 매우 빠른 속도로 퍼져 나갔다. 동영상을 본 사람이 평균 여섯 명의 친구에게 보내는 정도였다. (21세기 판 행운의 편지라고 하겠다.) 궁극적으로 유저들은 외관상 커리와 그 일당에 의해 구축된 것으로 보이는 사이트로 인도되었다. 첫 주에 예상하지 못했던 10만 명의 방문자의 공습으로 사이트는 활성화되었지만 서버가 다운되고야 말았다. 이 모든 사태가 단 한 줄의 광고도 없는 상태에서 일어났다. 영향력이 적은 TV와 라디오 캠페인 이후에야 그 캐릭터들의 원천이 드러났다. 결국 그 캠페인의 전체적인 효과로 2000년에 리Lee 진의 판매는 20퍼센트 신장하였다.[11] 신중히 계획된 캠페인이 표적 시장(17세에서 22세까지의 남자)의 정곡을 찔렀고, 지겨워진 진 브랜드가 지니지 못했던 유머 감각과 개성을 부여한 것이다. 이 캠페인은 메시지와 매체가 잘 통합되었을 때 어떤 일이 일어날 수 있는가의 훌륭한 예가 되었다.

버즈 마케팅에 대한 버즈가 구축되고 있다

온라인 버즈 마케팅은 소비자가 자발적으로 친구나 동료에게 전하고 싶어할 만한 메시지를 창출하는 것이 결정적이다. 영국 기업 들럭스Dulux는 여성에게 더 많은 페인트를 판매하는 것을 목적으로 쌍방향 게임인 '배꼽 털bully fluff' 게임을 만들었다. 그 게임은 게임 참여자가 배꼽 털 색과 페인트 색을 일치시키는 게임이다. 10,000명의 여성에게 1,000파운드의 상금이 걸린 게임 참여를 독려하는 최초의 이메일이 보내졌고, 결국 약 13,000명이 참여해서 게임을 즐겼다.[12] 그 게임이 다른 이들에게 전달된 것은 그것이 재미있으면서도 완벽한 게임이었기 때문이다. 오후를 소비하는 데 이보다 더 좋은 방법이 있을까?

한편 이 버즈 마케팅은 브랜드를 놀이와 연계시키는 것뿐만 아니라, 여성들이 들럭스 웹 사이트에 접속하는 것도 의도했는데 그 사이트에서 여성들은 가상 룸virtual room에 상이한 색을 칠해볼 수 있는 소프트웨어인 마우스페인터MousePainter™를 사용할 수 있었다.

그 외에도 엔터테인먼트, 유머, 할인 쿠폰, 콘테스트 등 여러 가지 방법들이 있다. 일부 마케터들은 브랜드화된 이메일을 제공하는 방법을 선택했다. 예를 들어 애플 컴퓨터는 'mac.com'으로 끝나는 이메일 주소와 메일 서비스를 무료로 제공했다. (이후에 요금이 부과되기 시작했다.) 사용자들의 이메일은 웹상으로 퍼져나갔고, 그와 더불어 맥 사용자를 특징짓는 자부심과 브랜드를 개인적으로 추천하자는 제안이 일어났다. 이것을 통해 현실 세계처럼 브랜드화된 이메일 주소가 범람하기를 기대하면서, 인터넷 업체들은 자신들을 연결자connectors로 표현할 수 있는 가능성에 눈을 떴다.

바이러스 마케팅의 이득은 숫자로 증명된다. 포레스터 리서치 Forester Research에 따르면 대체로 매우 정선된 이메일 리스트를 사용했을 때 응답률이 6퍼센트 수준인 반면에 바이러스 마케팅은 그 비율이 25에서 50퍼센트라고 한다. (비록 우리 생각에는 너무 높은 수치인 것 같지만.) 다수의 분석자들은 바이러스 마케팅이 총체적인 마케팅 전략의 일환으로 전개될 때 가장 효과가 높다고 생각한다. 질레트가 여성용 면도기 '비너스venus razor'의 론칭을 위해 1억 5천만 달러의 글로벌 마케팅을 추진했을 때, 미국 전역에 '직접 체험sensory immersion' 트럭들을 배치했는데 그 곳에서 방문자들은 친구들이 하와이로 갈 수 있는 여행 경품 행사에 참여하도록 독려하는 전자 엽서를 보낼 수 있었다. (또한 트럭 속에서 방문자들은 '자기 내면의 여신'을 발견한다는 모토 아래 비너스를 체험할 수 있었다―옮긴이) 이 행사에 참여한 사람 중 4분의 1이 친구로부터 전자 엽서를 받아서 참여했다.[13]

## 글로벌한 수준으로 버즈를 만들어라

세계가 점점 상호 연계됨에 따라 버즈 마케터는 더 큰 도박을 하고 있다. 인터넷, 위성 텔레비전, 그리고 글로벌 매체 등으로 지구 끝에서 다른 끝까지 이어지는 소비자 경로를 활용할 수 있게 되었기 때문이다. 소비자들은 서슴없이 자신이 발견한 정보들을 전하며, 기꺼이 지구 저편의 새로운 것을 빨아들이고 새로운 체험을 즐긴다.

사람들의 문화 교환에 대한 강력한 흥미는 일본인이 미국의 모든 것에 지니는 강박 관념, 그리고 미국인이 동양적인 모든 것에 지니는 강박 관념에서도 보인다. 일본에는 '오타쿠^otaku' 라고 불리는 사람들이 있다. 원래 이 용어는 '망가(漫畵)', 컴퓨터 등에 마니아적으로 집착하는 사람을 의미했지만, 지금은 유행과 관련된 모든 것에 열광적으로 집착하는 사람을 의미한다. 유행과 관련해서 보면 일본의 소비자 문화는 그 강도에 있어서 거의 물신숭배(物神崇拜)적이다. 최근에 일본의 젊은 소비자들은 구하기 힘든 나이키 스니커즈에 2,000달러 이상을 지불했다. 도쿄에 있는 수십 개의 작은 가게들은 고급 리바이스 진, 미키 마우스 상품, 미국 대학들의 재킷, 그 외에 미국을 상징하는 것들을 판매하는 데 열중하고 있다.[14]

일본의 브랜드와 스타일 시장은 거의 예측하기가 불가능한데, 그 시장이 청년 문화의 변덕에 따라 요동치기 때문이다. 그러나 그들이 스스로를 다른 사람들과 구분 짓는 종족 정체성^the tribal identities 은 파도타기, 스케이팅, 오토바이족, 펑크, 동성애 등 대체로 서구적인 것이다. 그들 대다수가 스스로 채택한 문화 정체성을 직접 체험하지 않았다는 것은 문제가 되지 않는다. 그것의 본래 의미는 새롭고, 의심할 나위 없이 일본적인 무엇으로 해체^deconstruct되었기 때문이다.

일본인들이 서구적인 모든 것에 대해 집착하는 것과 마찬가지로, 서구 세계도 동양적인 것에 대한 친근감을 키우고 있다. 최근에 《뉴요커 *New Yorker*》에는 일본의 패셔니스타[fashionista] (능력 있는 여성 패션 리더 – 옮긴이)들에 대한 기사 '특별한 유행'이 실렸는데, 그 기사 다음에 실린 최근의 톱 디자이너의 노선들에 대한 포토 에세이를 보면 칼 라거펠트[Karl Lagerfeld]가 디자인한, 일본어로 브랜드명이 쓰여진 금속 장신구로 치장된 가죽 옷, 디오르 옴므[Dior Homme]의 유도복식 가죽 자켓 등 일본색의 영향이 완연하다. 어번 아웃피터스[Urban Outfitters]나 앤드로폴로지[Anthropologie] 같은 매장은 종이 램프, 키모노 셔츠, 초밥 세트, 선과 불교에 관한 책 등 아시아적 영감을 받은 의류와 액세서리로 가득하다. 고대 미의식(美儀式)과, 신체와 정신이 연관된 것으로 보는 동양의 의술에 기반한 화장품과 휴양시설의 범람에 대해서는 말할 필요도 없다.

동양이든 서양이든 지역적 근거가 브랜드에게 특수성[distinctiveness]을 부여하는 반면에, 세계화의 체험과 다른 문화들에 대한 노출은 소비자에게 세계 다른 지역들의 브랜드와 연결될 능력과 욕망을 부여한다.

알파 소비자들은 문자 그대로 세계를 돌아다니면서 다문화에서 편안함을 느끼고 아이디어를 전달하면서 공유한다. 세계가 점점 좁아질수록 세계 전체에 파도를 만들고, 지역을 넘어서 울려 퍼지는 다문화적 아이디어의 가능성이 커진다. 문은 열려 있으며 정보는 저쪽에 있다. 당신이 원하는 것을 골라라. "오늘 어디에 가길 원합니까?"라는 마이크로소프트의 문구처럼 말이다.

마즈 마케팅에 대한 마즈가 구축되고 있다

### 우리에게 악취나는 로고 따위는 필요 없다

세계적 통합과 극소수 초대형 브랜드의 대중화의 이면에는 순응을 강요하는 상황에 대항해 개인성을 유지하고자 하는 소비자의 투쟁이 있다. 《노 로고$^{No\ Logo}$》의 저자인 캐나다의 나오미 클라인은 북미와 유럽의 언론에 주목받고 있다. 그녀의 테제는 젊은이의 새로운 정치적 운동이 가장 눈에 띄는 글로벌 기업과 브랜드를 강타하기 시작했다는 것이다.[15)]

시애틀에서 개최된 세계무역기구$^{World\ Trade\ Organization}$ 총회에서 일어난 반세계화 소요와 1990년에 있었던 그와 유사한 영국에서의 소요의 여파 속에서 청년 대상 마케팅 컨설턴트인 세안 필로 드 체네시$^{Sean\ Pillot\ de\ Chenecey}$는 이러한 운동은 거대 브랜드들이 생각하는 것보다 더욱 커다란 영향력을 발휘할 것이라고 경고했다. "과거의 청년 운동은 항상 항의에 집중했다. 그 형태가 60년대처럼 급진적 정치이건 펑크풍의 스타일이건 마찬가지였다. 오늘날 그러한 젊은이들의 저항은 소비주의에 대한 의문으로, 그리고 글로벌 브랜드가 세계를 접수하는 방식에서 그들이 목격하는 현상에 대한 의문으로 돌아섰다."[16)]

반세계화 운동은 여러 유력 인사들이 경청하고 있다. 늘 스위스의 다보스에서 열리던 세계경제포럼$^{World\ Economic\ From}$이 2002년에는 9 · 11 테러 이후 뉴욕에 대한 세계의 연대를 보이기 위해 뉴욕으로 옮겨졌다. 흥미롭게도 재계와 정계 지도자들——마이크로소프트의 빌 게이츠 회장, 유엔 사무총장 코피 아난, 미국 상원의원 힐러리 클린턴 등——이 포럼 동안에 항의자들의 주장에 공감을 표현하는 시간을 가졌다. 빌 게이츠는 "거리에 시위자들이 있다는 것은 건강한 현상이다. 우리는 부자 나라들이 개발도상국들에게 되돌려 주어야 할 것이 무엇인지 논의할 필요가 있다. 우리가 누구인지에 대한 정당한 의문이 있다"라고 말했다. (누가 다보스에서 빌 게이츠와 함께 연설했는가? 바로 유투<sup>U2</sup>(아일랜드 출신의 4인조 밴드-옮긴이)의 리드싱어 보노<sup>Bono</sup>였다. 이 연설이 끝나고 그는 미국의 재무부 장관 폴 오닐과 함께 아프리카 공연을 떠났다. 알파인 보노는 음악보다 다른 문제들에 대해 더 많이 발언한다.) 심지어 맥도널드<sup>McDonald</sup>는 '전지구적 분노의 이해' 라는 회의까지 개최했다.[17]

우리는 청년 익스플로러 패널 성원과 가진 한 회합에서 왜 맥도널드가 전지구의 젊은이들 사이에서 그와 같이 높은 반감을 불러일으키는가에 대한 이유를 직접 들을 수 있었다. 그 이유는 맥도널드가 단순히 미국의 것이라는 데에 있지 않고, 어디에나 있다는 데에 있었다. 만약 그것이 사실이라면, 코카콜라나 마이크로소프트에 대해서도 동일하게 말할 수 있을 것이다. 그 이유는 그들이 맥도널드를 선전하고, 지령하며, '안락한<sup>cozier</sup>' 문화를 전멸시키는 경향이 있는 브랜드로 간주했기 때문이다. 그들은 맥도널드를 젊은 층이 그 가치를 매우 높게 평가하는 진실한 느낌이 근본적으로 결여된 불도저 기업<sup>corporate bulldozer</sup>으로 바라본다. 그리고 맥도널드가 때로는 멋진 지역화 시도——지역의 맛과 풍속에 적응한 메뉴 아이템——를 한다 하더라도, 브랜드 자체와 관련되기 때문에 손해를 본다. 이집트의 맥팔라펠<sup>McFalafel</sup>, 네덜란드의 맥크로켓<sup>McKroket</sup> 등과 같이 지역화된 브랜드가 있음에도 불구하고, 일부 토론자들은 그 각각의 매장들도 좋건 나쁘건 글로벌 브랜드와 씻을 수 없이 연계되어 있다고 말했다.

젊은이들의 반소비주의 메시지 수용을 젊은이들이 글로벌 브랜드 전부를 거부하고 있다는 의미로 받아들여서는 안 된다. 사실은 오히려 그 반대이다. 1999년에 독일, 이탈리아, 프랑스, 영국, 미국의 10대들에게 가장 많이 사용하는 브랜드명을 질문했더니 충격적으로 유사한 답변이 나왔다. 59퍼센트가 맥도널드와 코카콜라, 우링글리 검<sup>Wringley's gum</sup> 43퍼센트, 켈로그 시리얼 41퍼센트, 세 명 중 한 명 이상이 리바이스와 콜게이트 치약(각 35퍼센트), 나이키 운동화(34퍼센트), 펩시(34퍼센트), 그리고 네 명 중 한 명 이상이 다농 요구르트와 버거킹이라고 대답했다.[18] 10대들이 기술, 여행, 할리우드 오락물을 즐기면서 그들의 취향과 태도가 융합하기 시작한다는 사실은 의문의 여지가 없는 듯하다. 젊은이들이 부모 세대에 비해 더 획일적인 구매 행동을 채택하리라는 것은 광범위하게 알려졌다. 하지만 이런 획일성은 젊은이들을 진실성과 개인성 추구를 위한 반발로 이끌 가능성이 크다.

이것이 버즈 마케팅이 진입할 영역이다. 분명히 전통적인 광고와 마케팅은 전술한 브랜드들의 믿을 수 없는 강력함과 많은 관련이 있다. 광고가 광범위한 방법으로 인지를 창출하고 정보를 전달하며 평판을 구축하는 것은 사실이다. 그러나 반세계화가 반소비주의와 동의어인 곳에서 공공연한 과시나 캠페인은 브랜드에 도움이 되기보다는 해가 된다. 점증하는 민감성이 전통적인 마케팅 체험을 변화시키고 있으며 한때는 단지 미세한 차이였던 것을 철저하게 공격적인 것으로 만들어 버린다.

　다른 한편 버즈 마케팅은 일반적으로 맨투맨 방식의 신뢰 있는 원천을 통해 전달된다. 버즈 마케팅에서 메시지를 확산하는 것은 사슬 내에서 각각의 수용에 달려 있다.

## 버즈에 대한 버즈가 커지고 있다

　텔레비전이나 대량 인쇄물을 통하지 않은 캠페인에서 성공한 브랜드들의 맥락 속에서 광고에 대해 생각해보라. 이들 브랜드들——이베이에서 핫메일까지——은 메시지를 구분하고 그것들을 영향력 있는 사람들에게만 전하며, 사용자들을 브랜드 전도사로 채용함으로써, 그리고 '여섯 단계의 분리 *six degrees of separation*' 사슬을 통해 유기적으로 성장함으로써 성공을 구가하고 있다.

　버즈가 결코 새로운 개념은 아니지만 오늘날에는 보다 많은 가치가 부여되고 있다. 그러므로 미디어 플랜 *media plan* 을 내려놓고 표적 마케팅의 새로운 물결에 마음을 열어라. 점점 분열하는 시장에서 버즈는 청중의 수만큼이나 다양한 상품과 브랜드를 위한 가능성을 제공한다.

버즈 마케팅에 대한 버즈가 구축되고 있다

# 제2장

알파에서 비로 전달하는 것이 중요하다

지속석인 버즈 마케팅의 핵심에는 단순한 현상, 즉 입소문$^{word\ of}$ $^{mouse}$이 놓여 있다. 혹은 이런 표현을 너그럽게 봐줄 수 있다면, 우리는 이 현상을 웜$^{WORM}$(입소문의 머리글자로 벌레 혹은 웜 바이러스라는 뜻도 있다–옮긴이)이라 부르겠다. 이 용어는 적절한 은유로 버즈의 본성을 잘 표현한다. 살금살금 커뮤니티와 매체를 통해 우리의 거실로 미끄러져 들어와 단번에 한 인간의 주류 의식$^{mainstream}$ $^{consciousness}$에 꿈틀거리며 진입하는 웜. 외관상 느닷없이 나타난 아이디어나 사람, 상품이 동시에 모든 곳에 널려 있는 듯이 보일 때, 그 순간은 바로 웜에 의해 초래된 것이다. 처음에 어디에서 접했는지 모르지만 분명 모든 사람이 그것에 대해 말한다. 이렇게 자생적으로 어디에나 있다고 느껴지는 것이 웜이 출현했다는 결정적인 지표이다.

매킨지 앤드 컴퍼니$^{Makinsey\ \&\ Company}$의 2001년 5월 보고서에 따르

면 미국 소비재 판매의 65퍼센트가 입소문 영향에서 기인한다고
한다.[1] 다른 말로 표현하면 버즈의 영향이다. 버즈라는 용어 그 자
체는 하나의 좋은 아이디어가 발견되고 채택되었을 때 일어나는
심한 흥분을 상기시킨다. 그 메시지가 자발적인 한 참여자에게서
다른 참여자에게로 기하급수적으로 퍼져나가는 말들의 웅성거
림, 딸깍거리는 키보드 소리, 기술에 대한 웅성거림 말이다. 그것
은 자기 스스로 추진된다. 그리고 일단 시작되면, 그것의 미덕뿐
만 아니라 위험성도 거의 중단시킬 수 없다.

> 사람들이 아이디어와 정보를 공유한 이래로 웜은 항상 우리 주변에 있었
> 다. 그리고 그만큼 오랫동안 사람들은 웜의 힘을 성장시키고 유통시키고
> 자 노력해왔다.

이 장에서 우리는 트렌드나 밈meme(유전자공학에서 유래한 용어로
우리 주변에서 바이러스처럼 스스로 복제하면서 증식하는 인자를 가리
킨다-옮긴이)이 발생하고 퍼지는 방식에서 웜의 가장 가치 있는
원천을 보고자 한다. 또한 소비자 선택에 대한 웜의 점증하는 영
향력도 보고자 한다.

## 누구에게 묻는가

최근의 온라인 조사에서 우리는 400명이 넘는 전세계의 응답자

들에게 5점 척도 설문——1점은 전혀 중요하지 않음, 5점은 매우 중요함——으로 그들 삶의 다양한 영역에서 입소문의 중요도를 조사하였다. 이 결과는 여러 영역에 대한 웜의 영향력 정도를 보여준다.(**그림2-1**을 보라) 지식과 체험이 필요한 소비자 결정에서 웜은 결정적이다. 그러나 어떤 음악을 들을 것인가의 문제처럼 보다 개인적인 결정에서는 웜의 중요성은 떨어진다.[2)]

　레스토랑이나 바에 대한 점수가 높은 것은 이해하기 쉽다. 우리가 어디서 먹고 마실까에 대해 친구에게 추천해 줄 것을 요청할 때, 일반적으로 우리는 취향과 습관이 자신과 비슷한 사람을 고른다. 친한 벗이 '페드로' 식당의 음식을 좋아한다면 우리도 좋아할 가능성이 크다. 상품이 보다 복잡하고 구매하기 전에 상당한 조사가 요구되는 경우에도 다른 사람들의 의견이 중요하게 고려된다. 우리가 PC나 오토바이 같은 상품에 대한 추천이나 점수를 보기 위해 잡지나 웹사이트를 검색한다 하더라도, 동시에 우리는 신뢰하는 사람들의 견해를 경청할 가능성이 높다. 특정 영역에 대해 식견 있는 친구들이나 신중하게 어떤 브랜드를 구매해 보았던 친구에게 묻기도 한다. 가장 낮은 점수를 받은 영역은 정치와 음악이었는데, 둘 다 매우 개인적인 영역이며 다른 사람의 선택과 상관없이 쉽게 결정할 수 있는 영역이다.

　또한 우리의 연구는 사람들이 미디어에 보도된 정보보다 친구로부터 들은 정보에 더욱 의존한다는 사실도 발견했다. 참여자들은 다음과 같은 질문들을 받았다. 미디어가 무언가를 보도했고 친구는 그것에 반대되는 견해를 표명했다면 누구의 견해를 믿을 것

입소문에서 바로 전달하는 것이 중요하다

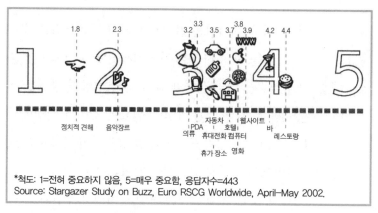

*척도: 1=전혀 중요하지 않음, 5=매우 중요함, 응답자수=443
Source: Stargazer Study on Buzz, Euro RSCG Worldwide, April–May 2002.

**그림2-1** 다양한 상품 인지에 대한 입소문의 영향력

같은가? 18퍼센트의 참여자만이 미디어를 믿을 것 같다고 답했고, 36퍼센트의 참여자는 친구의 견해를 믿을 것 같다고 답했다. 흥미롭게도 46퍼센트의 참여자는 둘 다 안 믿을 것 같다고 답했는데, 그들은 일반적인 불신을 가지고 있거나, 자신이 스스로 정보를 얻으려 하는 사람들이었다.[3]

### 투입이 클수록 산출도 크다

예전에는 정보나 편지를 주고받는 일이 쉬운 일은 아니었다. 그러나 인터넷, 전화, 대면접촉을 통해 우리가 하루에 소통하는 사람들의 수는 기하급수적으로 늘어났다. 2002년에는 미국 기업에서만 어림잡아 하루 8억 통의 이메일을 주고받는 것으로 추정되는데, 1999년에 이 숫자는 3억 5천만 통에 불과했다. 또한 한 보고에 따르면 평균적인 사무실 노동자가 하루에 주고받는 이메일, 팩스, 음성 메일, 일반 우편물 등은 모두 합쳐 200통 가까이 된다고

한다. IDC에 따르면 전세계 이메일 박스 수는 2000년에서 2005년까지 연평균 138퍼센트씩 성장해, 5억 5백만 개에서 12억 개로 늘어날 전망이다.[4] 이와 같이 비즈니스와 가정생활에서 우리는 보다 많은 사람들과 접촉할 수 있게 되었다.

우리의 사회적 네트워크에서 컴퓨터는 점점 더 중요한 역할을 담당하고 있다. 우리가 어떤 뉴스를 공유하고자 한다면, 전화나 직접적인 만남을 통해서보다는 사이버스페이스를 통해 퍼뜨리는 것이 더욱 쉽고 간편하다. 온라인 브랜드를 위한 광고게임 AdverGames을 개발한 야야YaYa의 CEO이자 회장인 키스 페라치Keith Ferrazzi는 《인터뷰Interview》지에서 다음과 같이 말했다. "인터넷은 결정적인 직접 소통 수단이다. 농담 한 마디를 온라인으로 20명의 친구에게 보내는 것은 수화기를 들고 20번 통화하는 것보다 엄청나게 쉽다. 그것이 얼마나 강력한지 생각해보라."[5]

우리의 조사 대상 열 명 중 여섯 명 이상(64퍼센트)이 이메일을 통해 상품, 브랜드, 사람, 장소 등에 대한 정보를 공유하고 전달받는다고 답했다. 그 수치는 실제로 만나서 공유하는 비율 85퍼센트보다는 적지만, 전화에 의해 공유하는 비율 55퍼센트보다는 두드러지게 많다. 앞으로 나타날 새로운 조짐으로, 9퍼센트 정도의 응답자들은 휴대전화 문자메시지(SMS)로 정보를 공유한다고 답했다.[6] SMS의 잠재력은 유럽과 아시아에서 분명히 드러나는데, 상업뿐만 아니라 정치적 수단으로도 사용되고 있다. 2001년에 필리핀 대통령 조셉 에스트라다를 퇴임시켰던 정치적 불안은 SMS 네트워크에 통해 전파된 조직적 전술과 루머에 의해 타올랐다.[7] 그

입소문에서 바로 전달하는 것이 중요하다

유럽연합의 SMS 메시지 전송은 2001년 10월의 매월 200억 개에서 2002년 10월에는 매월 270억 개까지 성장할 것으로 전망된다.[8]

룹 전송 기능을 통해 정보는 빠르게 전파되지만, 그것을 위해서는 몇 개의 버튼만 누르면 된다.


## 표적화된 모집 : 버즈를 발생시키는 모든 사람을 중시하라

이제 입소문이 얼마나 중요한가를 알았을 것이다. 그렇다면 버즈를 어떻게 발생시키고, 전달되도록 할 것인가? 이는 전적으로 적합한 사람들에 대해 아는 것에 달려 있다. 적어도 그들이 어디 있는지라도 알아야 한다.

우선 스스로에게 "누가 수다쟁이인가?"라고 질문해야 한다. 물론 이것은 구태의연한 허튼 소리를 지껄이는 사람을 이야기하는 것이 아니다. 당신이 찾아야 할 사람은 무언가 의미 있는 것을 이야기할 사람, 듣는 사람들을 매료시키는 사람이다. 간단히 말해 영향유발인이다. 그렇다. 우리는 알파와 비에 대해 이야기하고 있는 것이다. 그들을 찾는 것은 어렵지 않다. 무엇을 찾아야 할지 알기만 하면 된다.

### 알파들과 만나라

지난 10년간 우리는 연쇄 혹은 여섯 단계의 분리 접근을 통한 소비자 조사를 여러 차례 수행했다. 우리는 먼저 판단기준 리스트에 맞는 참여자들을 찾았다. 그리고 그들에게 그 기준에 맞는 다른 사람들을 모집해달라고 요청했다. 그렇게 모집된 두 번째 응답자들에게도 동일한 요청을 해서 사람들을 모았다. 계속 그렇게 진행하는 것이다.

우리 작업의 속성은 우리로 하여금 독립적이고 확신에 차 있으며 완고하고 탐험을 좋아하는 소비자들을 찾도록 이끌었다. 우리는 돈이 많아서 막강한 소비자가 아니라 영향력의 측면에서 막강한 소비자를 찾는다. 이들이 바로 우리가 알파라고 부르는 소비자들이다. 아마도 애완견과 친숙한 사람들은 이 용어에 익숙할 것이다. 알파는 지배력이 있으며 나머지 무리를 문자 그대로 지도하는 동물이다. 소비자들과 관련하여 우리는 인간 알파들이 새로운 체험과 정보를 획득하는 것을 중요하게 여긴다는 사실을 발견했다. 그들은 항상 모험을 추구하며, 현재 진행되고 있는 여러 가지 사건들에서부터 최고의 레스토랑, 그리고 고대의 역사에 이르기까지 다양한 주제들에 대해 박식하다. 흥미롭게도, 연구가 진행되면서 우리는 알파들이 광범위한 네트워크를 가지고 있지만 반드시 지나치게 사교적이지는 않으며, 군중보다는 그들의 비[Bee] 친구들과 더 잘 어울린다는 사실을 발견했다. 사회적으로 보면 그들은 큰 모임보다는 한 사람과의 깊은 대화 속에서 발견된다. 다른 이들은 이런 그들을 종종 '쿨' 하다고 묘사한다.

알파들이 냉정<sup>000</sup>할지는 모르지만, 일반적으로 그들은 접촉하기 쉬우며 지식과 인맥이 풍부하다. 그들은 반드시 자진해서 정보를 제공하는 것은 아니지만, 자신이 알고 있는 정보와 느낌을 공유하는 것을 좋아한다. 그들의 상황에 대한 직관적인 이해와 다양한 정보원에서 단서와 암시를 찾아내는 비범한 능력은 그들에게 다른 이들보다 빨리 이후에 무엇이 지속될 것인가에 대한 확신을 부여한다. 그들은 위험에 대한 두려움 없이 다른 사람보다 빨리 무언가를 체험하고 시도하는 경향이 있다.

암스테르담에서 우리와 인터뷰했던 한 알파는 자신이 새로운 무언가를 발견하는 첫 번째 사람들 중 하나라는 자부심을 표현했다. "어느 날 나는 백 번도 더 지나갔을 것이 분명한 한 조그만 점포의 전면을 보았다. 나는 안으로 들어가 매장 사장과 30분 정도 이야기를 나눴는데, 결국 독특하고 유일한 그녀의 두 벌의 티셔츠에서 이야기가 끝났다. 나는 들어가는 순간에 내가 보물을 찾았다는 것을 알았다. 요즘에는 모든 사람들이 내 입을 바라보면서 그것들을 어디에서 구했는지 알려주기를 바란다."

알파를 다른 소비자들과 구별하고 정의하는 세 가지 중요한 동인은 다음과 같다.

1. 자극에 대한 만족을 모르는 열망 알파들은 부단히 움직이면서도 "지루해 죽겠어"를 입에 달고 산다. 이는 아마도 그들이 새로운 만족감을 주는 즐거움을 추구하는 데 있어서 부진에 대한 두려움일 것이다. 혹은 그들이 새로운 즐거움을 찾는 지

적인 관능주의자*intellectual sensualists*이기 때문일 수도 있다.

2. 인습에 대한 경시 비들과는 달리 알파들은 인습적인 규율과 전통을 경시한다. 탐험적인 속성은 그들을 독창적이게 한다. 그들은 규율이란 어느 정도는 깨지기 위해 존재하는 것이라는 관념을 믿는 사람들이다.

3. 위험을 받아들이는 충동 다른 위험 추구자들과 달리 알파들은 스릴을 느끼기 위해 비행기에서 뛰어내리지는 않는다. 알파들은 이미 존재하는 상태를 바꾸는 경향이 있는 도전을 받아들인다. 그들은 이슈와 대의를 취하고, 그것들에 대한 저항을 분쇄하기 위해 싸운다. 알파들은 적어도 한 번은 거의 무엇이든 할 것이다. 그들은 어떤 목표라도 달성할 수 있다고 믿으며, "왜 안 되겠어?"라고 질문하고 앞으로 전진한다.

> 알파들은 새로운 아이디어에 대해 지속적이고 탐욕스러운 식성을 가지고 있다. 그들은 새로운 아이디어를 다양한 원천에서 끌어낸다.

신문, 잡지, 텔레비전, 라디오, 인터넷 등 모든 것이 알파들의 소재이다. 그들은 정보를 흡수하여, 새롭고 혁신적인 형태로 가공한다. 그것이 유행을 창조하면 미디어가 보도하고, 결국 그 유행은 소비자들의 구매에 영향을 미친다.

## 내부 정보

데일리 캔디<sup>the Daily Candy</sup>는 2000년에 뉴욕에서 출범한 옵트인 이메일<sup>opt-in-e-mail</sup>(수신을 허락한 고객에게만 발송되는 광고성 이메일 – 옮긴이) 서비스이다. 신청자들은 매일 세계적인 일러스트레이터 루벤 톨레도<sup>Ruben Toledo</sup>가 도안한 이메일을 통해 슈퍼제트 족<sup>the super-jet-set</sup>(비행기를 타고 전세계를 돌아다니는 상류계급을 가리킨다 – 옮긴이)의 은밀한 폐쇄 그룹으로 인도되었다. 레스토랑과 바의 개업, 패션 유행 탐지, 최고의 얼굴 피부 관리사, 모든 양상의 전위적인 뉴스들이 간략한 기사 속에 포함되었다. 내부자 뉴스 서비스는 오직 입소문을 통해 퍼졌다. 처음에 그 간행물은 알파의 천국이었다. 알파들은 기사의 정확성과 내막에 대해 서로 떠들었고 개업식에 열렬히 따라다녔다. 이것이 바로 그들의 간행물이었다. 그것은 빠르고, 정보를 제공하며, 진실하고, 엘리트적인 매체였다. 그러나 6개월이 지나자 우리는 그 서비스가 너무 주류<sup>mainstream</sup>가 되었다는 불평들을 듣기 시작했다. 그것은 더 이상 내부의 엘리트 그룹에게 한정되지 않았다. 모두가 알고 있다면 알고 있는 것이 무슨 묘미가 있겠는가? 데일리 캔디는 광고를 접수하기 시작했다. 또한 자매지를 로스앤젤레스에서 출범시켰고, 런던에서 서비스를 시작하겠다고 고지했다. 데일리 캔디를 위해서는 좋은 일이 아니겠는가? 그러나 우리와 대화했던 많은 알파들은 그 간행물을 포기하고 더욱 은밀한 다른 서비스로 옮겨갔다.[9]

알파들이 대단히 총명한 것은 사실이다. 다른 사람들은 정보가 너무 많다고 불평하는 반면에 알파들은 그것을 즐거워한다. 게다가 그들은 자신이 의존하는 정보원의 선택에 있어서도 까다롭다. 그들은 경험을 통해 어떻게 미디어적 양상mediascape(글로벌한 차원에서 미디어에 의해 생성된 문화 흐름−옮긴이)을 빠르게 훑어보고, 어떻게 그들에게 새로운 아이디어나 사고 및 시각을 제공할 수 있는 정보 원천을 발견할 것인가에 대해 습득해 왔다. 그들은 모든 것을 빨아들인다.

### 알파의 행동 참여

유럽에 있는 휴먼 아이Human-i 유로 RSCG는 온라인 마케팅과 커뮤니케이션을 전문으로 다룬다. 1999년에 이 에이전시는 정보, 새로운 체험, 그리고 내부에 있다는 느낌에 대한 알파의 요구에 부응하는 획기적인 게임을 '노키아Nokia'를 위해 개발했다. 네덜란드에서 유래한 노키아 게임은 1년 후 유럽 전역에 선을 보였다. 3주 동안 게임을 위해 노키아 웹사이트에 등록한 플레이어들은 모든 형태의 미디어를 활용하여 미스터리를 해결하고자 시도했다. 그들은 이를 위해 SMS 메시지, 웹사이트, TV 영화, 라디오 고지, 신문 및 잡지 광고 등에 숨겨져 있는 정보, 단서, 그리고 임무를 추적했다. 그 게임은 빠르게 충성스러운 지지자들을 확보했고, 강력한 바이러스 마케팅이 플레이어들 사이에 힌트와 팁을 공유할 수 있는 24개가 넘는 포럼과 웹사이트의 창출을 추동했다. 결국 5천만 명에 가까운 사람들이 멀티미디어 체험에 참여했다. 그 게임이 성공할 수 있었던 것은 복잡하게 얽힌 자극에 대한 알파의 욕망에 호소했기 때문이다. 그것은 노키아의 존재를 과시했다는 점에서 알파에게 내부자라는 느낌은 결정적이다. 그들은 무엇인가를 안 첫 번째 사람, 무엇인가를 한 첫 번째 사람, 어딘가에 간 첫 번째 사람이 되는 것을 좋아한다. 그들은 초대받은 사람만 참여하는 이벤트나 사전공개 파티, 그리고 상품이 대중에게 널리 알려지기 전에 먼저 소유하는 것을 좋아한다. 알파에게 한정판 상품이나 서비스를 제공하는 것은 그들의 승인을 얻을 가능성을 높인다. 또한 알파들이 그들만의 이벤트를 개최하도록 하는 것도 제품이나 서비스의 론칭에 그들을 참여시키는 좋은 방법이다.

커다란 성공이었다.[10]

또한 알파들이 세계 여러 곳을 두루 돌아다닌다는 것을 인식하는 것도 중요하다. 알파들은 도처에 있다. 그들은 매우 가동성이 높으며, 견문이 넓은 사람들이다. 유행에 대한 그들의 확신과 강한 개인적 감성은 상이한 문화에서 대상, 유행, 관습을 선택하고, 그것을 자신들의 고유한 생활에 통합시킨다. 그들은 삶에 대해 경계 없는 접근을 취하며, 외래문화의 새롭고 흥미로우며 독특한 측면을 높이 평가한다. 다수의 알파들은 외국에서 살거나 공부했으며, 그와 같이 풍부한 자극에 열중하는 진실성을 음미한다. 이 때문에 여행, 다문화주의, 그리고 진실성이 알파 소비자에게 다가가는 데 중요하다.

### 비들을 만나라

알파와의 작업은 뜻밖에도 다른 소비자 집단으로 우리를 이끌었다. 그리고 이제 우리는 그 집단이야말로 버즈 마케팅 캠페인에

너무 편협하거나 거짓된 어떤 것도 즉각 알파를 떠나게 만든다는 점을 인식하라. 대신 다른 나라에서 유행하는 것이나 문화에 기반한 어떤 것을 제공하라. 진실성이 가장 중요하다.

서 한층 더 중요한 자산이라고 믿는다. 알파들이 창의적이고 실험적인 반면에 이 다른 소비자 종족, 비는 연결되어 있고 말하기 좋아한다. 이 소비자들은 알파로부터 아이디어를 얻어내고, 그것을 대중이 쓰기에 편한 요약된 데이터로 번역한다.

한동안 우리는 이 소비자 그룹이 어느 수준인가에 대해 논쟁했다. 우리는 그들이 누구이며 소비자로서 어떻게 행동하는가에 대해서는 이해했지만 그들에게 적절한 명칭에 대해 합의할 수 없었다. 운이 좋게도 메리언이 그녀의 집 베란다에서 어느 주말 내내 이 문제를 숙고했다. 그녀는 '피티 크루저$^{PT\ Cruiser}$' 자동차를 보다가, 번호판에 쓰여 있는 글자 "NY Bee"에 눈이 멈췄다. 이름이 탄생한 것이다!

비는 매우 적절한 명칭인데, 왜냐하면 그들이 버즈의 명수들이며 여기에서 저기로, 이 사람에게서 저 사람에게로 날아다니면서 뉴스를 고르고, 전파하기 때문이다. 그들은 정보를 대중에게 전달하는 수도관이다.

비는 유행의 생성과 주류 소비자 세계에서의 구체화 사이를 연결시키는 결정적인 접속로이자 다리$^{bridge}$이다. 말콤 글래드웰의 용어를 사용하면, 그들은 대중의식의 주변에서 주류로 상품과 아이

디어를 "툭 쳐서 넘긴다tip." 그들은 혁신가의 아이디어를 다수의
대중이 이해하고 채택할 수 있는 어떤 것으로 번역한다.[11]

> 많은 마케터들이 잡히지 않는 알파들에게 도달하기 위해 시간과 돈을 소비
> 하는 동안, 비들은 실제로 상품과 아이디어를 전달한다. 결국 비들이야말
> 로 마케터들이 집중해야 할 소비자이다.

매킨지 앤드 컴퍼니의 르네 다이Renee Dye가 설명했듯이, "선도자
들(우리 용어로는 알파)은 한 상품에 대해 가장 먼저 아는 사람이
되는 것을 기뻐한다. 그들은 오로지 이것을 한껏 즐긴다. 다른 사
람들이 그 상품을 채택하기 시작하면 선도자들은 종종 다음의 거
대하고 배타적인 상품으로 이동한다. 반대로 일반 대중 전략은 다
른 사람들을 변환시켜 유저로 바꾸고자 시도하는 얼리어댑터(우
리 표현으로 비)들에 달려 있다."[12]

샌프란시스코에 있는 프리젠스 마케팅presence marketing 회사인 아모
마케팅Ammo Marketing은 DNA라는 부서를 '영향유발인들peer influencers'을
표적화하는 데 집중시켰다. 크리에이티브 디렉터인 에이미 핀은
다음과 같이 말했다. "영향유발인들은 모든 부문에 있다. 그들은
명사들이 아니며, 유행의 첨단을 걷는 사람들도 아니다. 그들은
최신 유행의 부티크boutique에 있는 여점원, 사회 모임의 가장 허물
없는 여자 친구, 사회적 행사를 지휘하는 친구일 수 있을 것이다.
이 사람들은 매우 귀중하다. 그들은 바로 당신의 대변자이다."[13]
핀은 비에 대해 이야기하고 있는 것이다.

마사 스튜어트는 비들을 지원하는 제국empire을 구축했다. 알파에 대한 열망에 호소함으로써 모방하고 사용할 수 있는 생활 방식——누군가 무한한 예산이 있고 20명의 가사 도우미가 있다면 가능한——을 창조한 것이다. "이제 당신도 뉴잉글랜드 콜로니얼 주택, 대자연을 자랑스럽게 만들어 주는 꽃장식과 냅킨을 소유할 수 있다. 가장 좋은 것은 나의 젊고 창조적인 무리가 당신을 위해 모든 것을 생각했다는 것이다. 단지 이 간편한 지시만 따르면 이웃의 부러움을 살 것이다."

알파들과 비들은 긴밀하게 상호보완적이다. 사실 종종 그들은 가장 친한 친구 사이이기도 하다. 당신이 알파라면 당신의 가장 친한 친구를 생각해보라. 그 친구는 비일 가능성이 높다. 비들은 알파들의 창의성을 정보원으로 이용하며, 알파들은 자신들을 보다 규모가 크고 다양한 사람들과 연계시키는 사교성 있고 사회적인 비들의 특성을 높이 평가한다.

비를 다른 소비자들과 구별하고 정의하는 세 가지 중요한 동인은 다음과 같다.

1. 타인들과 소통하고 공유하는 것에 대한 애호 진정한 비가 알고 있는 무언가를 말하지 않는 것은 거의 불가능하다. 타인들과 정보나 아이디어를 공유하는 것은 비의 본질적인 본성이다. 알파는 특별히 훌륭한 발견을 자신만의 것으로 간직할 가능성이 높은 반면에, 비는 경청하고자 하는 그 누구와도 정보를 기꺼이 공유한다. 샌프란시스코에 사는 한 비는 그녀의 알파

친구에 대해 이렇게 말했다. "그녀가 멋진 바를 발견한다면, 구석에서 낯선 사람과 대화를 나누기 위해 몰래 그 곳에 갈 것이다. 하지만 나는 사람들과 알기 위해 바에 간다. 내가 이런 비밀 정보를 동료들에게 누설하면 우리는 서로 싸운다. 단지 나는 모두가 같은 장소에 있기를 원할 뿐이다."[14]

친밀한 얼굴들에 둘러싸여 있기를 원하는 욕망은 다수의 비들이 사회 모임에서 중심이 되게 만든다. 비들은 정보의 보급에 대해 열려 있으며 차별하지 않는다. 최근의 신기술들은 비에게 정보를 수집하고 퍼뜨리는 편리한 수단을 부여했다. 우리 중 대다수는 자신의 주소록에 있는 모든 사람에게 이메일을 전송하는 적어도 한 사람의 비를 알고 있다. 그들은 말을 퍼뜨리지 않을 수 없다. 그것이 심지어 상스러운 농담일지라도 말이다.

---

### 버즈 나라의 비들

로스앤젤레스는 버즈 위에 건설되었다. 레드 카펫에 비치는 네온 불빛으로부터 당신은 웅성거리는 소리를 실제로 들을 수 있다. 장소이자 산업(둘은 분리될 수 없다)으로서 할리우드는 비들을 유인한다. 말이 되는 이야기다. 거의 전적으로 연줄에 의해 열리는 곳에서는 당연히 가장 연줄이 많은 사람이 대부분의 문을 여는 법이다.

로스앤젤레스에 사는 메리언의 친구, 제프 로즈는 유능한 비이다. 로즈는 '로즈 홍보와 마케팅 그룹'의 설립자로 오랫동안 할리우드에서 홍보 담당자로 일했다. 그의 롤로덱스Rolodex(전자수첩의 하나-옮긴이)는 무적이었다. 버즈 마케팅에 관해 논의하기 위해 로즈에게 전화했을 때, 그는 몇 가지 뛰어난 일화들을 이야기했다. 그 어투는 이런 식이었다. "정말 당신은 그 사람과 이야기해야만 해요", "그 문제에 대해 잘 아는 사람을 알고 있는데……", 그리고 "그 문제를 잘 아는 내 친구에게 전화해보죠" 등.[15] 연계를 구축하는 것은 비의 본능이다.

마케터이자 할리우드 내부자로서 로즈는 인기를 만드는 데 있어서 버즈의 중요성을 평가할 수 있는 독보적인 위치를 차지하고 있다. 그는 유명인사들이 상품에 대한 인식에 미치는 영향을 알고 있다. "할리우드에는 단지 버즈를 만들기 위해, 이벤트에 참석한 유명인사들과 논쟁하는 사람들이 있다. 이들은 믿을 수 없을 만큼의 네트워크를 가지고 있다. 그들은 이 네트워크로 최대의 효과를 만드는 데 정통하다. 그들은 욕망과 버즈로 귀결되는 자신만의 아우라aura를 가지고 있다. 모든 버즈의 창출에는 매우 목적지향적인 특징이 있다."

사람들과 상품들 주변에 버즈를 일으키는 로스의 재능은 그를 성공적인 마케터로 만들었다. 스스로가 철저히 비가 됨으로써 자신의 클라이언트를 유명하게 만들 수 있을 최선의 연계가 무엇인지 식별하는 타고난 재능을 구비한 최상의 연결자가 된 것이다. 그는 스스로에 대해 지금 최신의 것을 가장 먼저 아는 알파는 아니라고 이야기했다. 그의 영역에서 버즈를 낸다는 것이 무엇이냐고 질문했을 때, 그는 마지못해 몇 마디 했지만 만족스러운 답변은 아니었다. 그는 끙끙거리다가 웃었다. "저는 답변할 만한 사람이 아닙니다. 제가 거론했던 사람들에게 전화하는 것이 좋을 거예요. 제가 내일 당신에게 이메일을 보내서 그 사람들을 소개하겠습니다." 물론 그는 그렇게 했다.

2. 모방에 기초한 유행 감각 비들은 맹목적으로 알파들을 좇지는 않는다. 그들은 일반적으로 자신이 좋아하는 것과 싫어하는 것에 대한 탁월한 감각을 가지고 있으며, "그걸 보면 나는 알

아"라는 식이다. 그들은 알파들에게서 힌트를 발견하고 그것이 좋은 것인지 여부에 대해 판단을 한다. 어떤 면에서 비들은 알파들보다 더 분별력과 판단력이 있다. 알파들이 새롭고 독특한 사람, 장소, 물건에 대해 개방적인 경향이 있는 반면에 비들은 급진적인 변화에 대해 보다 폐쇄적인 경향이 있으며 빨리 판단을 내린다. 비들은 공공연하게 모방하는 경향이 있다. 잡지 《인스타일InStyle》은 비를 위한 최고의 간행물인데, 이 잡지는 비가 좋아하는 유명인사의 디자인을 모방하도록 돕거나 심지어 구매 가이드를 제공한다.

역설적으로 첫눈에 보기에는 종종 비들이 유행을 정착시키는 것처럼 보인다. 이는 그들이 가장 목소리가 크며, 가시적으로 상품이나 아이디어를 보급하기 때문이다. 역사에는 알파들로부터 이득을 취한 비들로 가득한데, 그 고전적인 예가 바로 마릴린 맨슨Marilyn Manson이다. 겉으로 알파와 비를 구별하는 것은 종종 어렵다. 스타일과 의견에서 둘 다 대담하다고 알려져 있기 때문이다. 둘 사이의 차이는 기저에 놓여 있는 동기에 있다. 알파들은 아이디어를 표현하고 자신들을 즐겁게 하기 위해 옷을 입고, 장식하고, 액세서리로 치장한다. 이것은 일반적으로 창조적인 행동이다. 비들은 자신이 보여지고 싶어하는 것을 표현하는 물질적인 것들의 상징성에 의존한다. 그들의 선택은 외부에 집중된다.

3. 승인에 대한 요구 비들은 부단히 확인과 확증을 추구한다. 확증은 잡지 지면이나 존중하는 알파 친구의 찬탄, 혹은 시장에

서의 일반적인 평판에서 올 수 있다. 중고 매장에서 쇼핑하는 것은 가격 흥정에 대한 자신의 능력을 불신하는 경향이 있는 비들에게는 두려운 일일 수 있다. 그들은 주로 알파나 비인 친구를 데리고 쇼핑을 간다.

비들은 그들이 구매한 것이 '만족스럽다'는 것을 느끼고, 거기서 오는 마음의 평화를 위해 더 많은 돈을 지출한다. 그들은 인테리어 디자이너를 고용하거나 고급 의류에 지출하거나 지위의 상징물을 사들일 가능성이 알파들보다 높다. 대중에 의해 이미 선택되고 검열된 이런 아이템들은 안전하기 때문이다. 뉴욕에 사는 한 남자 비는 다음과 같이 말했다. "나는 결국 내게 필요한 의류보다 더 많이 소비하고야 마는데 고급스러워진다는 느낌을 원하기 때문이다. 나는 거의 모든 유형의 토머스 핑크 셔츠를 가지고 있다. 누군가 그 옷을 입고 있는 것을 보면 그 모습을 좋아하고 가능한 한 여러 번 구매하면서 편안함을 느낀다. 나는 많은 돈을 지출하지만 편안함을 느낀다."[16]

### 마릴린 맨슨 : 알파인가 비인가?

알파와 비의 미묘한 차이를 묘사하는 데는 예를 드는 것이 좋을 듯하다. 오늘날 가장 특징적인 록 아이콘rock icons 중의 하나를 예로 들자. 팝문화의 적그리스도는 캐나다 오하이오의 칸톤에서 태어나 기독교계 학교에 입학했고, 좌창이란 병에 걸렸으며 친구도 별로 없었다. 그 때 그의 이름은 브라이언 워너였다. 오늘날 그는 마릴린 맨슨으로 알려져 있는데 악마적 유혹과 핀업 걸$^{pinup-girl}$(관능미와 청순미가 있는 모델 – 옮긴이)의 관능성, 연쇄 살인범의 야만성 등의 일그러진 결합으로 유명하다.[17] 캐릭터이자 밴드이며 현상으로서 마릴린 맨슨은 한계를 모르는 록의 세계에서조차도 받아들일 수 있는 모든 한계를 벗어나는 아이콘이 되었다. 그를 혐오하건 사랑하건 그가 자신의 목표를 달성했다는 것은 믿을 수밖에 없다. 1989년에 그는 '검열의 한계를 도발하는' 의도를 지닌 밴드를 구성했고,[18] 양식, 페르소나, 가사, 앨범 커버, 행동의 모든 면에서 그 지향을 수행했다.

언뜻 보기에는 마릴린 맨슨이 알파라고 생각할 수도 있다(혹은 심지어 이번 장의 후반부에서 다룰 '소수 과격파$^{Lunatic Fringe}$' 멤버라고도). 그러나 보다 가까이에서 조사해보면 그의 본성과 그가 널리 알려진 이유(이 적그리스도는 MTV에 출연해서 커트 로더$^{Kurt Loder}$(MTV의 앵커 – 옮긴이) 같은 사람과 인터뷰했음을 기억하라)가 드러난다. 마릴린 맨슨은 비다. 그는 자신의 전망을 달성하기 위해 주변의 알파들을 활용한 비다. 언론을 교묘하게 조종하고 충격과 논쟁으로 대중의 매력 속에 진입함으로써 그는 자신에 대한 수백만 달러의 가치가 있는 버즈를 만들었다.

브라이언 워너가 명성을 추구하기 시작한 것은 일찍이 플로리다에서 기자로 재직했을 때부터였다. 그는 학교에서 어느 정도는 주변인이었지만, 음악에 대한 사랑과 작문 능력이 있는 영리한 소년이었다. 창업기의 잡지에서 음악 칼럼니스트로로 활동한 그는 지역에서 열리는 라이브 공연에 출입했고, 지역 뮤지션들과 친해지게 되었다. 그는 순회 공연을 하는 유망한 밴드 '나인 인치 네일즈'와 인터뷰를 함으로써 메탈 록의 몽상가 트렌트 렌조와 중요한 관계를 구축했고 나중에는 친구가 되었다. 이 인터뷰와 렌조의 영향이 그가 꿈을 시작한 계기였다. 기사를 송고한 지 며칠 후 그는 편집장에게 자신은 더 이상 스타에 대해 쓰는 비평가가 아니라 스스로 스타가 되기를 원한다고 말했다. 그가 생각하기에 그곳에 도달하는 가장 빠른 길은 록 스타가 되는 것이었다. 그러나 한 가지 약점이 있었다. 워너는 음악적 재능이 없었고 그 때까지 밴드와 작업해 본 적도 없었던 것이다.

천재적인 홍보 노력으로 워너는 브라이언에서 마릴린으로 변신하기 시작했고 심지어 밴드 멤버를 결성하기도 전에 '마릴린 맨슨과 신경질적인 아이들Marilyn Manson & the Spooky Kids' (지금은 '마릴린 맨슨')을 프로모션하기 시작했다. 확인되지 않는 전언에 따르면 그는 자신의 페르소나——야만적인 장식을 한 여왕, 악마적인 스타일——를 한 밴드 동료의 스타일에 기초해 만들었다고 한다. 결국 이러한 팜므 파탈femme fatale(남성을 유혹해 죽이거나 고통 등 극한 상황으로 치닫게 만드는 숙명의 여인을 뜻하는 사회심리학 용어 – 옮긴이) 외모는 맨슨을 가장 잘 규정하는 측면 중 하나였고, 우리가 전해들은 정보가 정확하다면 그것은 그가 창출한 것이 아니라 그의 알파 친구에게서 유래한 것이었다.

맨슨의 세계에 두 번째로 영향을 끼친 알파 친구는 렌조이다. 진정한 알파인 렌조는 음악의 몽상가로 인정받고 있다. 렌조는 저널리스트에서 전향한 록 스타인 맨슨에게 깊은 인상을 받았고 재미있어 했으며, 1995년에 그의 회사 '낫씽/인터스코프 레코드 Nothing/Interscope Records' 는 맨슨과 계약을 맺었다. 렌조의 보증은 맨슨에게 충격적인 록의 신뢰성을 주었고 대중 무대에 빠른 접근을 가능하게 했다. 맨슨은 세상의 주목을 최대한 이용했고 확실한 진입을 위해 일련의 논쟁을 사용했다. 그는 한 치의 실수도 하지 않았다. 이 비는 흥미와 추진력을 구축하기 위해 버즈를 활용하는 명수였다. 1998년 맨슨의 앨범 《메커니컬 애니멀스Mechanical Animals》가 '도프 쇼Dope Show' 의 히트에 힘입어 빌보드 차트 1위까지 올랐다. MTV의 비디오 뮤직 시상식에서 그의 비디오와 퍼포먼스는 신체를 뒤트는 복장으로 장식된 남녀 양성의 마릴린 맨슨으로 특색을 이뤘다. 이것이 맨슨의 독창적인 아이디어였을까? 아니었다. 새 천년(2000년)이 시작하기 전부터 이미 비주류 문화the fringe culture에 의해 양성문화androgynous는 다양한 방식으로 폭발하고 있었다.

맨슨은 자신의 중앙 무대 진입을 위해 대중 매체의 힘을 활용한 매우 명료하고 주목하지 않을 수 없는 흥행사이다. 그러나 그는 알파가 아니었다. 그의 극단주의는 조립된 것이다. 그것은 다른 사람들이 발명한 것들의 전유와 모방이다. 그러나 이러한 사실이 흥행사로서의 맨슨의 재능을 축소하지는 않는다. 다른 진정한 비와 마찬가지로 그는 진보주의자의 급진적인 아이디어를 MTV에서 입고 표현함으로써 그것을 대중에게 전달하였다. 만약 맨슨이 진정으로 알파였다면 이런 정도까지 성공할 수는 없었을 것이다. 맨슨의 쇼맨십을 묘사하면서 《롤링스톤Rolling Stone》은 "마릴린 맨슨은 그 깊이를 이해할 수 없다"[19]라고 선언했다.

## 소매에서 알파들과 비들

알파와 비 사이의 차이는 양자가 각각 특정한 소비자 선택과 연계될 만큼 상이하다. 알파들도 그들의 매장이 있고 비들도 그러하다. 양자는 각각 자신들만 가는 레스토랑도 있다. 그리고 미용실, 체육시설, 휴가지도 마찬가지다. 이것이 양자가 결코 서로 만날 수 없다는 것을 의미하는가? 그렇지는 않다. 비들도 알파들이 이용하는 소매점을 방문할 것이지만, 알파와 함께 그러기를 선호한다. 또한 알파 역시 비를 위한 시설을 찾을 수 있다. 단지 각자 최초의 선택일 가능성이 낮다는 의미일 뿐이다.

몇 년에 걸친 조사를 통해 우리는 많은 소비자들(특히 여성이나 비들)이 사교활동으로 쇼핑을 즐기며, 친구와 함께 하기를 좋아한다는 것을 발견했다. 그러나 소매상들은 매우 자주 이러한 욕망을 충족시키는 것을 무시하며, 홀로 쇼핑하는 사람에게 보다 적합한 경도된 환경과 매장 체험을 창조한다. 메리언은 지난 4개월간 베이징, 런던, 그리고 파리의 화장품 가게에 가보았는데 어느 매장도 동행한 친구를 위해 따로 의자를 제공하지 않았다고 한다. 당신이 비의 편의를 도모하지 않고 있다면 무엇을 놓치게 될지 고려하라!

마케터들은 유통 장소의 효과를 더 넓은 수준에서 고려해야 한다. 하드 캔디Hard Candy 매니큐어의 경우는 한 상품이 유행을 선도하는 매장에 진출하면 얼마나 빠르게 버즈가 구축되는가를 보여준다. 하드 캔디는 남캘리포니아 대학의 한 학생이 자신의 개인

용도로 개발한 것이다. 그러나 그녀의 친구들도 그것을 좋아했고, 곧 하드 캔디는 캠퍼스 전체에 퍼졌으며 다음에는 초절정 유행의 의류 부티크인 프레드 시갈Fred Segal과 유행을 선도하는 다른 지역 살롱에 진출했다. 마침내 레블롱Revlon 같은 주류 기업들이 이 유행을 대중에게 전달했다.[20]

소매업자는 '적합한' 유형의 소비자를 매료시키기 위해 무엇을 할 수 있을까? 다음의 몇 가지 예를 보자.

### 의류 매장 : 헨리 벤델 대 익스프레스

전형적인 비의 소매점 익스프레스Express와 완전한 알파 매장인 헨리 벤델Henri Bendel은 오하이오 주의 컬럼버스에 있는 리미티드 브랜드Limited Brands라는 회사 소속이지만 서로 그렇게 다를 수가 없다.

헨리 벤델의 뉴욕 본부는 일류 소매 구역인 5번가Fifth Avenue에 위치해 있다. 젊고 유행을 선도하는 디자이너들에 의해 만들어진 비전통적이고, 심지어 급진적인 화장품 브랜드, 액세서리, 의류로 가득 찬 전통적인 레이아웃의 복합 매장이다. 매장은 에너지, 색채, 현란함이 눈에 띈다. 디스코 춤이 유행하던 시대에, 이 곳은 부자들과 멋쟁이들을 위한 유행을 선도하고 꼭 구매해야 할 것 같은 아이콘이 생성되는 진원지였다. 오늘날에도 그 매장은 여전히 유행을 선도하며, 얼 진Earl Jean 같은 최신 브랜드나 드레스 가격이 1,200달러도 넘는 소피아 코코솔라키Sophia Kokosolaki 같은 디자이너로 특징된다. 비관습적인 경향으로 알파의 욕구를 충족시키는 헨리 벤델은 오직 가장 최신의 것을 따라 잡는 사람들만이 엄청난 가격표를 이해할 수 있는 장소이다. 알파의 체험을 보다 강화하기 위해 맨 꼭대기 층의 레저렉션 부티크Resurrection boutique에서는 빈티지vintage(벼룩시장이나 보세가게에서 고른 것 같은 오래되고 낡은 느낌의 옷들을 크로스 코디네이트 해서 입는 스타일 — 옮긴이)와 유일하고 독특한one-of-a-kind 의류를 판매한다.

벤델과 극적으로 대비되는 곳이 비를 위한 매장인 익스프레스이다. 미국의 도시 근교 여러 곳에 있는 익스프레스 매장은 젊은 여성들에게 대도시 소녀들이 입는 스타일을 저렴하게 엿볼 기회를 제공한다. 갭Gap과 같이 색깔별로 코디된 세트(여섯 가지 상이한 색의 골반에 걸치는 통이 넓은 바지 세트도 있다)를 통해 익스프레스는 로리타Lolita 집단을 위한 보고로 인정받고 있다. 그 스타일들은 헨리 벤델 같은 최신 유행 매장에서 스타일을 창조하는 데 자신이 없는 젊은 여성들에게 진정으로 편안한, 유명인사가 입는 의류의 친숙한 모조품들이다.

이것이 보여주는 것은 트렌드를 자본화하기 위해서 반드시 선발 주자일 필요는 없다는 것이다. 벤델 같은 알파 매장을 근접 주시하고 대중시장 대안mass-market alternative, 즉 비가 편안함을 느끼고 대중이 어쨌든 유행을 선도한다고 인정하는 장소를 제공함으로써 동일하게 (때로는 더 많이) 성공할 수 있다. 광고가 중요한 역할을 수행하기 시작하는 때는 오직 이러한 대중의 수준으로 진입할 때뿐이다.

## 레스토랑 : 노부 대 피에프 창스 차이나 비스트로

먹는 것이 당신을 표현한다면, 알파들과 비들이 찾는 전형적인 음식점은 어떤 곳일까? 우리는 두 개의 비교 가능한 체험들, 즉 둘 다 아시아 테마의 최고급 레스토랑이지만 손님이나 다른 기준에서 매우 상이한 체험들을 선택했다.

1990년 중반 노부<sup>Nobu</sup>가 맨해튼 근방의 트리베카에서 개업했을 때, 멋진 저녁 식사가 재정의되었다. 품위 있고 극적이며 무엇보다도 섹시한 이 레스토랑은 잘 식사하는 법을 아는 이 도시에서 감명 깊은 식사의 상징이 되었다. '새로운 스타일의 일본식 요리'를 크게 선전하면서 이 레스토랑은 모델, 슈퍼스타, 권력의 막후 인물들로 가득 찼다. 로버트 드니로, 전설적인 요리사 노부유키 마추히사, 그리고 유명한 요리점 주인 드류 니포랑 등, 후원자들조차도 신비감을 더했다. 최고의 뉴욕 환락가가 그렇듯 첫 2년 동안 예약을 위해서는 신임장<sup>credentials</sup>이 요구되었다. 고급 요리의 성채인 노부는 모든 면에서 알파를 위한 체험이다. 노부 웹사이트가 다음과 같이 썼듯이. "노부 마추히사 주방장의 전설적인 요리를 즐기면서 섹시하고 유행을 선도하는 무리들과 어울려라."<sup>21)</sup>

피에프 창스 차이나 비스트로<sup>PF. Chang's China Bistro</sup>는 노부의 대중시장 버전이다. 노부의 개업보다 1년 전인 1993년에 개장한 피에프 창은 전국의 열성적인 비들이 중국식 식당의 분위기와 요리를 체험하기 위해 모여들 만큼 폭발적인 인기를 끌었다. 일반적으로 최고급 상가 지역에 위치한 피에프 창 매장은 거대하고 소란스러우며 매일 저녁 손님들로 꽉 찬다. 종업원 교육, 메뉴, 그리고 매장 분위기는 색다르면서도 대중의 비위에 맞게, 그리고 약간 세련된 식사 체험을 제공하도록 주의 깊게 디자인되었다. 다른 모든 체인 매장들과 마찬가지로 피에프 창 매장의 컨셉트는 '편안함'이고, 어디서든 동일한 체험을 하도록 하는 것이었다. 알파들이 자신의 행동을 고수한 반면에 일관성과 호황기의 사회 환경은 비들을 행복하게 했다(피에프 창 매장은 거의 매일 저녁마다 주로 젊은 전문직 종사자들로 가득 찼다).

### 망고 : 알파의 천국, 비의 안식처

이미 상술했듯이 알파와 비는 상이하게 쇼핑을 한다. 알파는 개인적인 스타일의 표현을 보조하는 원재료를 찾고자 쇼핑을 한다. 그들은 혁신, 독창성, 그리고 다양성을 높이 평가하며, 선택 사항이 주어지는 것을 좋아하고, 적합한 아이템을 선정하는 자신의 능력을 신뢰한다. 비는 무엇이 유행하고, 무엇이 쿨하며, 자신이 친구나 역할 모델의 무엇에 대해 감탄했는지 등을 목적으로 삼고 쇼핑한다. 비는 유행의 복제를 목표로 삼는 반면에 알파는 일반적으로 유행의 창조를 목표로 삼는다.

이런 불일치를 고려하면 알파와 비가 조화롭게 쇼핑할 장소는 없는 듯이 보인다. 그러나 그런 장소가 있으며, 그것은 망고<sup>Mango</sup>라고 불린다. 1984년에 스페인의 바르셀로나에 있는 개인회사 푼토 파, SL<sup>Punto Fa, SL</sup>에 의해 설립된 망고는 유럽, 아프리카, 아시아, 남아메리카 등 68개국에 500개의 매장을 개장할 정도로 성장했다.[22] 보다 덜 유연한 소매 형태의 매니저들은 스페인의 거대 기업이 알파와 비 양쪽 세계에서 성장하는 것을 찬탄과 경이를 보내며 지켜보고 있다. "어떻게 저렇게 할 수 있지?"

경쟁사 자라<sup>Zara</sup>처럼 망고는 '저스트 인 타임<sup>just in time</sup>(제 시간에 맞춰—옮긴이)'이라고 불리는 마술 공식을 수립했다. 망고 매장이 고객에게 제공하는 것은 여타 다른 매장들과 달리 매우 한정된 수량의 재고상품이다. 매장 데이터베이스, 매일의 판매량, 그리고 전세계 스태프들로부터 들어오는 정규적인 피드백으로 구성된 인상적인 물류 부서와 직관의 결합은 망고가 2주 안에 사업을 시작하고 번창하도록 만들었다. 갭<sup>Gap</sup>이나 스웨덴의 헨즈 앤드 모리츠<sup>Hennes & Mauritz</sup>(H&M, 의류 체인업체—옮긴이)가 동일한 과정에 3~5개월이 소요된다는 점을 고려하면 이는 극적인 성취다. 품질과 컨텐츠의 측면에서 보더라도 망고가 명백히 경쟁 우위에 섰다는 것은 의심의 여지가 없다.

알파에게 특정한 호소력을 지니는 매장 재고 시스템의 특징은 일단 한 아이템이 팔리면 그 아이템이 다시 채워지지 않는다는 점이다. 이것은 알파가 즐기는 긴박감과 알파가 열망하는 배타성의 감성을 창출한다. 그것은 다른 알파가 진입하여 동일한 아이템을 입는 기회——비도 마찬가지다——를 줄인다.

물류 말고도 망고는 자신의 브랜드 이미지를 심는 데 매우 정통하다. 의도적이건 아니건 망고는 완고한 패션 업계에서 풍부한 틈새<sup>niche</sup>를 개척했으며, 아무도 진정으로 알지 못했던 소비자 요구를 충족시켰다. 신선한 상품과 적당한 가격으로 인해 망고는 현대 여성의 메카이다. 망고는 서로 다른 동기로 매장을 방문하는 알파와 비에 대해 관능적이고 감각적으로 호소한다. 모험적인 알파는 가장 최신의 유럽 트렌드를 돈 걱정 없이 자유롭게 탐험할 수 있으며, 비는 자신이 존중하는 알파 소비자와 어깨를 맞대고 쇼핑하면서 자기에게 적합한 장소에 있다고 확신할 수 있다.

벤델과 익스프레스의 사례가 알파와 비의 분리를 설명하는 반면에 망고는 둘 다에게 호소함으로써 성공했다. 망고는 가장 커다란 가능한 토대에 접근함으로써 버즈 효과를 극대화했으며 자신의 생산라인을 신선하고, 위신을 지킬 만큼 충분히 배타적으로 유지함으로써 믿을 만한 상태——알파에게도——를 유지한다.

## 버즈 연속체

물론 알파와 비는 소비자 집단의 단 두 부분을 표상할 뿐이다. 마케터들에게 이들 소비자들은 궁극적인 타깃이거나 혹은 대다수 대중에게 도달하는 단순한 경로일 것이다. 버즈 연속체the buzz continuum는 실제로 적지만 중요한 극단적 비주류Lunatic Fringe인 왼쪽의 알파에서 시작된다.(**그림2-2**를 보라)

### 국면 1. 개념화와 비주류

연속체의 맨 왼쪽에는 광(狂) 혹은 좀 유순하게 표현하면 극단적 비주류가 있다. 이들은 경계나 관습 외부에서 상상하지 못했던 결과를 성취하는 급진파이자 이상가이다. 유명한 애플 컴퓨터의

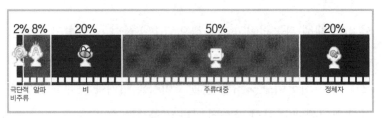

| 2% 8% | 20% | 50% | 20% |

극단적 비주류　알파　비　주류대중　정체자

**그림2-2** 트렌드 연속체

캠페인에서 표현한 것처럼 이들은 '다르게 생각<sup>Think Different</sup>' 하는 사람들이다.

우리는 우리 업종 내에서 스스로가 비주류인 사람을 알고 있다는 데 자부심을 느낀다. 광고 에이전시 치아트/데이의 공동 설립자인 제이 치아트는 침체된 업계에서 기대하지 않았던 한 줄기 빛이었다. 그는 예나 지금이나 재창조를 요구하는 업계의 사람들을 격려했고 변화를 추동했다. 치아트의 별난 비전 덕분에 세계는 달라졌다. 그가 성공시킨 광고들 말고도 우리는 치아트가 가상 사무실<sup>virtual office</sup>의 개척자 중 한 사람이라는 것에 감사한다. 그는 대부분의 사람들이 인터넷에 대해 들어보기도 전에 이미 재택근무와 핫데스킹<sup>hot desking</sup>(근무자에게 특정한 자리가 지정되지 않은 사무실 체제─옮긴이)을 옹호하고 있었다.

비주류는 일반적으로 알파를 고무할 뿐, 다른 사람들을 고무하지는 않는다. 그들의 아이디어나 상품, 그리고 행동은 결코 안정적인 것으로 받아들여지지 않을 것이다. 그들은 주류대중과 너무 멀리 떨어져 있으며 심지어 비와도 멀리 떨어져 있다. 이들은 종종 마케터에 의해 무시되는데 그럴 만한 이유가 있다. 그들이 영향을 미치는 극소수의 사람들은 결코 상업적 성공을 위한 결정적인 대중적 필요를 구성하지는 않기 때문이다.

> 멋지고 창의적이며 호기심을 자극하는 아이디어가 비주류 세상에서 나올 지는 모르지만, 그것을 많은 대중들과 좀더 가깝게 만드는 알파와 비의 세상에 다가가는 길을 만들지 못한다면 소멸하고야 만다.

비주류 중 많은 이들이 비록 나머지 사람들에게는 여전히 정체를 모를 사람으로 남아 있다 하더라도 제이 치아트처럼 자신의 영역에서 인정을 받는 사람들도 있다. 프린스Prince(미국의 록 뮤지션 – 옮긴이), 피카소, 머스 커닝햄Merce Cunningham(미국의 현대무용가 – 옮긴이) 등이 그러하다. 반면에 일부는 권력을 획득하자 불안을 주고 위협적으로 되기도 했다. 히틀러, 핌 퍼튠Pim Fortuyn(네덜란드의 정치가 – 옮긴이), 장 마리 르 펜Jean-Marie Le Pen(프랑스의 극우파 정치가 – 옮긴이) 등이 그러하다. 어떤 이들은 생전에는 배척당했지만 죽은 후에야 시대를 앞서간 사람이란 말을 듣기도 한다. 빈센트 반 고흐, 오스카 와일드, 존 케이지John Cage(미국의 전위 음악가 – 옮긴이) 등이 그러하다. 위대한 과학자나 예술가, 혹은 모험가들이 우리에게 그가 미치지 않았다는 것을 입증하기 위해 극단으로 치우쳤다는 이야기는 고전적인 줄거리이다. 물론 모든 사람이 이러한 예들에 동의하지는 않을 것이다. 어떤 사람을 비주류로 분류할 것인가는 버즈 연속체에서 차지하고 있는 그 사람의 위치에 달려 있을 수도 있다.

알파에서 비로 전달하는 것이 중요하다

하지만 결국에는 대중의 의식 속으로 서서히 퍼질 몇 가지 급진적인 아이디어의 창출과 관련된다는 사실에도 불구하고 비주류는 버즈와 정보 확산에 거의 관련이 없다. 그것은 알파와 비에 관련되어 있다.

### 국면 2. 채택과 알파

여기서부터가 마케터의 흥미를 끌기 시작하는 곳이다. 우리는 비주류가 전 인구의 2퍼센트를, 알파는 8퍼센트를 차지한다고 추정한다. 이미 언급했듯이 알파는 가장 영향력 있는 소비자인데, 그 이유는 그들이 돈을 많이 소비해서가 아니라, 그들이 생각에 끼치는 영향 때문이다. 그들은 급진적 비주류들the redical fringe의 아이디어를 듣고 흡수하고 음미하며 그것을 소화하기 쉽게 만드는 호기심이 강하고 연결된 소비자이다. 그러나 이들은 단순히 비주류의 열성적 팬wanna-bes만은 아니다. 그들은 자신만의 고유한 방식으로 무언가를 하는 것과 자신만의 고유한 아이디어를 제안하는 것에 커다란 가치를 둔다. 그들에게 길을 가르쳐줄 사람은 필요 없다. 알파는 항상 지금 무엇이 일어나고 있는지에 대해 알고 싶어하고 정보를 입수한다. 연속체에서 그들의 역할은 창조자/채택자이자 비로 연결되는 통로이다.

버즈 마케팅 시도에서 당신은 왜 알파에게 집중하지 않는가? 당신도 할 수 있다. 그리고 어느 정도는 그렇게 해야만 한다. 그러나 연속체의 다음 집단 비에 의해 당신의 메시지가 채택되지 않는다면 일반 대중 사이에서 그것이 선택될 수는 없을 것이다. 만약 비가 알파 세계의 어떤 것을 채택하고 적응시키는 것을 선택하지 않는다면 그 때가 바로 그것이 소멸하는 때이다. 이런 상황은 최고급 한정판 손목시계 제조 회사에게는 좋겠지만, 휴대폰 제조 회사에게는 결코 좋지 않을 것이다.

### 국면 3. 보급과 버즈를 만드는 비

여기가 버즈의 세계에 실제 행동이 개입하는 영역이다. 간단히 말해 비는 버즈를 퍼뜨릴 수 있는 연단broadcast platform이다. 그들은 네트워크의 사회적 구조에서 정보 제공자로 활동하는 사람들이다. 유행을 만드는 알파와 달리 비는 일반적으로 새로운 것에 대한 뉴스 라인의 두 번째에 위치한다. 비는 훌륭한 회사의 보장과 편안함을 즐긴다. 그들은 그러한 확증을 첫째가 된다는 명성보다 선호한다. 그들은 시장을 만드는 사람들이다.

비는 알파에 의해 숙고되고 공식화된 아이디어를 받아들여 그것을 움직이게 한다. 그들은 메시지 전파자이자 아이디어 파종자며 최고의 연결자이다. 당신이 가는 곳마다 어떤 것에 대해 듣고 본다고 느껴질 때, 그것은 비가 작업중이라는 것을 의미한다. 로지 오도넬Rosie O'Donnell(미국의 토크 쇼 진행자이자 배우, 코미디언─옮긴이)의 쇼가 공중파를 탔을 때, 그녀는 전형적인 비였다. 특정 상품에 대한 그녀의 열광은 광고보다 훨씬 많이 판매를 신장시켰다. 그것이 보다 유보적인 알파에 의해서는 부정되는 위력, 바로 비의 위력이다.

## 실천적인 이론

알파/비 세계의 소우주는 암스테르담에서 개최된 유로 RSCG의 첫 번째 세계 청년회의인 익스플로러 2002 주간 동안에 뚜렷해졌다. 20명의 참가자들은 말과 행동을 통해 매우 신속하게 그들의 진정한 속성을 드러냈다. 그룹 내에는 진정한 알파 두 명이 있었다. 네덜란드의 라누 반드시다르와 러시아의 세르게이 도브도프가 그들이었다. 참가한 모든 청년들이 그들 세계에 대해 호기심이 많고 창의적이며 모험적이었다(그것이 그들을 선정한 이유다). 하지만 이들 두 명은 많은 이들이 제공하는 것을 흡수하고, 그것으로부터 풍부해지고 영감을 받지만 변하지는 않는 그들의 능력과 개성에서 두드러졌다.

그들은 서로가 몹시 다르면서도 독특했기 때문에, 다른 사람들보다 그들로부터 하나의 스타일과 이데올로기를 뽑아내는 것은 더욱 어려웠다. '영향influence'에 대해 토론하는 그룹에서 반드시다르Bandsidhar는 자신의 개인적인 스타일이 어느 누구나 어느 무엇에 의해서 영향 받는 것을 확고하게 거부했다. 그는 그가 어디선가 아이디어를 얻고 있는 것이 분명하다는 다른 패널들의 주장에 몹시 혼란스러워했다. 그리고 나머지 성원들도 그의 이런 저항에 동일하게 혼란스러워했다. 이후 보다 솔직한 대화에서 반드시다르는 전형적인 알파의 방식으로 자신의 입장을 설명했다. "나는 아이디어를 구할 때 TV나 MTV, 혹은 유명인사에 의존하지 않는다. 나는 그것들을 상상한다. 이미지가 떠오르고 상상한 것을 현실화하는 의상, 액세서리, 그 밖의 다른 것들을 찾기 시작한다. 때때로 나는 다른 문화권에서 온 사람으로부터, 또는 다른 도시의 클럽에서 무엇인가를 보고 나의 생각을 시작한다. 때때로 내가 생각한 것들이 아직 세상에 존재하지 않기 때문에, 무(無)에서 그것들을 만드는 방법을 찾아내야만 한다. 나는 너무 쉽게 옷을 사는 것을 좋아하지 않는다. 그게 바로 나다. 나는 독특하며 나의 스타일도 그렇다."

세르게이 도브도프는 또 다른 유형의 알파다. 지적이며 사교적인 도브도프는 체험과 모험에 대한 열망을 사랑한다. 그는 알코올과 마약을 하지 않는 파티 가이party guy이다. 누가 말해서가 아니라, 그가 한때 경험해 보았지만 절제 없는 그 느낌이 싫었기 때문이다. 그는 독특한 방식으로 호기심이 강하며 익살맞고, 사람들이 그에게 응답하는가 아닌가에 대해 다소 무관심하다. 그는 자신에게 진실하며 사람들이 그를 그로써 받아들인다는 확신을 가지고 있다. 암스테르담 모임에서도 예외는 없었다. 그는 낯선 나라에 와 있고, 한 번도 접해보지 못한 문화들을 다루면서도 사실상 지도자가 되었다.

브랜드 메시지에 저항하는 그들의 경향 때문에 전통적인 광고를 통해 반드시다르나 도브도프에게 다가가기는 매우 어려울 것이다. 진정한 영향을 주는 사람, 즉 알파는 메시지를 들으려 하지 않고, 진정한 메시지 전파자인 비는 알파의 예를 본받고자 할 때 마케터가 해야 할 일은 무엇인가? 단순한 답은 양 집단의 성원들을 찾아내고 버즈 연속체 내에서 그들이 차지하는 독특한 역할에 입각해 그들에게 집중하는 것이다. 영감과 표적화된 파종을 위해 알파에게 의존하고, 비라는 매체를 통해 메시지를 공유하라.

# 제3장

## 최고의 연결자들과 접촉하라

당신은 비를 표적으로 삼을 준비가 되었다. 즉 그들을 어디에서 찾고 어떻게 확인하는지 알고 있다. 이제 당신 앞에는 다른 임무가 놓여 있다. 적합한 비에 대해 연마하는 것이다.

## 모든 비들이 동일하게 창조되지는 않는다

비(그리고 알파도)는 전문가들이다. 그들 각자는 전문적인 영역을 가지고 있다. 패션에 대해서는 많은 버즈를 만들어내는 비가 자동차에 대해서는 할 말이 없을 수도 있다. 버즈 마케터들의 가장 일반적인 실수는 가장 유행을 선도하는 사람이나 장소에는 집중하지만, 이들이 유행, 트렌드, 버즈를 낼 가치가 있는 소재에 대한 보편적인 바로미터는 아니라는 사실을 잊는 것이다. 그들이 소비하는 미디어처럼 그들의 관심과 영향력도 분화되어 있다.

같은 메시지를 동일한 비에게 되풀이해서 전달하는 것도 무의미하다. 아모 마케팅의 에이미 핀은 다음과 같이 말한다. "부단히 동일한 영향유발인을 표적으로 삼는 것은 반발을 야기하는 지름길이다. 동일한 시점에 같은 사람에게 너무 자주 다른 상품들을 선보이는 것은 그들의 관심을 끌지 못한다."[1] 캐피탈 레코드의 본부장인 키스 클롬프 역시 모든 브랜드에 의해 표적이 되는 소위 영향유발인들은 과도하게 많은 접근을 당하고 있으며, 마침내 무가치하고 지쳐버렸다고 믿는다. 그는 각각의 프로젝트를 누가 그 주제에 영향력이 있고 없는지에 대해 신선한 시각으로 바라보아야 한다고 믿는다. "내가 콘Korn(5인조 록 밴드 – 옮긴이)의 팬들을 표적으로 삼고자 한다면, 나는 가장 중요한 콘의 팬들에게 이야기한다. 바로 그것이다."[2]

장편 영화에 대한 버즈를 내기 위해 한 영화 회사가 뉴욕에 있는 유로 RSCG 서클Circle(지금은 유로 RSCG MVBMS Partners의 지부)에 접근했다. 버즈가 상품의 승패를 좌우하는 산업 영역에서 서클은 가장 먼저 영화를 보고 그 영화에 엄지손가락을 들어줄 가능성이 높은 소비자들, 즉 주연 배우에 대한 완고한 팬들에게 집중했다. 당시 서클과 함께 작업했던 프리랜서 컨설턴트인 크리스 헤이즈Chris Hayes에 따르면 마케팅 팀은 온라인에서 가장 활동적인 팬 사이트의 웹마스터와 계약을 맺고 주연 배우를 입후보자로 내세운 모의 대통령 선거 유세를 벌일 것을 제안했다. 또한 서클은 '내각 성원 고르기' 같은 인터렉티브 기능이 있는 웹사이트를 구축했고 버즈에 불을 붙이기 위해 전자 티저 광고를 발송했다. 서클 지부와 팬 사이트를 통해 퍼진 원래의 이메일은 사이트에 6만 명이 넘는 방문자를 불러들이는 결과를 만들었다. 이러한 노력의 이유, 실제 영화에 대해서는 영화에 대한 광고 캠페인이 진행되기 전에는 언급되지 않았지만, 이 때 이미 믿을 수 없는 버즈가 대통령 유세에 방문한 사람들과 주연 배우의 팬들 사이에서 유포되었다. 이 캠페인이 성공한 이유는 무엇일까? 서클이 국외자의 관점에서 팬들에게 접근하지 않았기 때문이다. 대신에 그들은 침투하고자 한 세계에 가장 버즈를 잘 전달할 사람들 사이에서 신뢰를 구축함으로써 동맹을 만들었다.[3]

## 버즈 디자이너

전형적이지 않은 접근은 유럽의 철강 회사 간의 비투비$^{B-to-B}$에서도 발견된다. 이 영역은 영향유발인에 대해 주목할 만한 이야기가 있기 힘든 영역처럼 보이지만, 런던에 있는 홍보회사인 비스 랭카스터$^{Biss \ Lancaster}$가 코루스 패키징 플러스$^{Corus \ Packaging \ Plus}$를 위해 수행한 것은 혁명적이었다. 알다시피 철강은 유연성이 없고 무거운 금속으로 여겨진다. 이것은 몇몇 사업 라인에서는 좋은 이미지이지만 다른 라인에서는 방해물이기도 하다. 포장용 강철이라는 틈새 세계에서 철강 회사들은 다른 가벼운 소재들과 경쟁에 직면해 있었다. 에이전시가 발견한 것은 코루스 패키징 플러스의 거의 모든 마케팅이 자신이 생산한 강철을 사용해 무언가를 만드는 제조업자들을 표적으로 삼았다는 것이다. 이는 말이 되는 것처럼 보인

다. 결국 상품을 구매하는 것이 이 사람들이니까 말이다.[4]

그러나 현실에서는 이러한 마케팅 노선은 불충분했다. 상품 유통의 이 지점에는 영향을 끼칠 틈이 거의 없다. 결정은 이미 내려졌고 기계들은 그것에 맞게 조정되었다. 비스 랭카스터와 코루스 패키징 플러스가 수행한 접근은 디자이너들을 타깃으로 한 것이었다. 이 접근은 특정한 상품이 만들어지기 전에 회사가 아이디어 메이커들과 접촉할 수 있게 해줄 것이고, 가장 영향력 있고 상호 연결된 네트워크 중 하나에서 코루스 패키징 플러스에 대한 말이 돌게 만들 것이다. 디자인 커뮤니티는 코루스 패키징 플러스가 제한적으로만 접할 수 있었던 젊고 유행을 선도하며 창조적인, 국제적인 알파와 비로 구성되는 경향이 있다.

코루스 패키징에게는 중요한 출발점이 될 스타일과 색조로 설계된 일련의 프로모션 아이템을 통해 비스 랭카스터는 상품에 대한 버즈를 시작할 수 있었다. 마케팅 팀은 디자인 커뮤니티에 침투했는데 첫째는 디자인 내부 집단을 위한 배타적인 이벤트를 후원함으로써, 다음에는 영국의 유명한 디자인 회사인 네이비 블루 Navy Blue에 의해 디자인 된 한정판 보도 자료와 함께 창의적인 엽서와 특정한 목적을 위한 웹사이트를 통해 침투하였다. 어떤 광고도 없이 매우 한정된 예산으로 진행된 이 시도는 24개가 넘는 업계 톱뉴스와 최고의 포장 관련 잡지의 상세한 커버 기사, 그리고 톱 디자이너들의 추천과 제휴를 이끌어냈다.

오늘날 많은 마케터들이 잊고 있는 것 중 하나는 모든 마케팅 영역에는 광대한 표적 청중이 존재한다는 사실이다. (또 하나는 완

코루스 패키징 플러스의 예가 보여주듯이 정보가 퍼지는 방식에서 패러다임 이동은 편안하게 여겨지는 영역의 범위를 벗어나서 바라보기 시작할 때 가능할 수 있다. 때때로 적절한 버즈를 내는 사람[buzzer]에게 기대하지 못했던 방식으로 버즈가 일어날 때가 있다. 코루스 패키징 플러스가 국제적인 디자인 그룹과 관계를 만드는 것의 가치를 발견했을 때, 사고와 판매의 새로운 방식의 문이 열렸다. (그리고 이 모든 것은 비투비 수준——이전에는 바이러스 마케팅 혹은 버즈 마케팅에 대한 더욱 세련된 흐름에서 주로 배제되었던 영역——에서의 일이었다.)

전히 통제할 수 있는 광고 혹은 피고용인의 의상에서부터 통제가 불가능한 출판물이나 인터넷 채팅 룸에서 이루어지는 비정규 경로의 대화들에 이르기까지 모든 것이 소통한다는 사실이다.) 이런 간단한 사실을 잊지 않는 마케터, 그리고 각각의 청중은 동일하지 않는 니즈[needs]를 가지고 있다는 사실을 인식하는 마케터만이 성공할 수 있다.

## 슈퍼커넥터를 당신의 팀으로 구성하라

입소문이 유통하는 매개체는 커뮤니티이다. 그것은 커뮤니티가 가장 강력한 곳, 즉 온라인이나 언더그라운드 같은 하위문화[sub-culture]의 커뮤니티에서 가장 잘 유통된다. 또한 그러한 커뮤니티로, 그리고 커뮤니티를 통해 입소문을 유통하는 결정적인 방식은 슈퍼커넥터[superconnector]들을 통하는 것이다.

말콤 글래드웰은 찬탄을 불러일으킨 《티핑 포인트 *The Tipping Point*》를 쓰기 전에 '로이스 와이즈버그의 여섯 단계' 라는 글을 《뉴요커 *New Yorker*》에 썼다. 이 글은 시카고에 살면서 거의 모든 사람들을 아는 상대적으로 주목받지 못한 로이스 와이즈버그에 대한 글이었다. 그 글에서 글래드웰은 우리가 가지고 있는 보통의 선별되지 않은 연결성과 비교하여 와이즈버그처럼 극소수의 사람들이 가지고 있는 최고의 연결성 개념에 집중하면서 여섯 단계의 분리 개념을 더욱 발전시킨다.[5]

여섯 단계의 분리 개념을 창시한 스탠리 밀그램이 수집한 원(原) 데이터를 인용하면서 글래드웰은 다음과 같이 결론짓는다. "여섯 단계의 분리는 단순히 모든 사람이 모든 사람과 여섯 단계 이내로 연계된다는 의미가 아니다. 그것은 대단히 적은 수의 사람이 적은 단계 이내로 모든 사람들과 연계되어 있으며, 나머지 대다수는 그 소수의 사람들을 통해 세계와 연계된다는 것을 의미한다."[6] 슈퍼커넥터는 바로 이 소수(소수라는 것은 상대적인 개념이다)이다.

슈퍼커넥터가 된다는 것이 필연적으로 트렌드 창출자와 관련되는 것은 아니다. 사실 대부분의 경우 그들은 아무 관련도 없다. 로이스 와이즈버그는 어떤 특정한 트렌드도 시작하지 않았으며 그녀의 아이디어가 세상을 떠들썩하게 만드는 것도 아니다. 슈퍼커넥터는 단지 아이디어와 사람 사이에 적합한 연계를 만들어 내는 비범한 숙련자일 뿐이다. 그들은 시작하는 사람이 아니라 전달자이다.

## 옥시콘틴은 어디에든 있다

제이는 슈퍼커넥터로 특정한 정보를 친구나 아는 이에게 퍼뜨릴 의도를 가진 사람들의 광범위한 네트워크를 가지고 있는 설득력 있는 사람이다. 펜실베이니아에 있는 그의 집으로부터 제이가 퍼뜨리는 버즈는 어떤 회사의 후원도 받지 않고 있다. 그가 퍼뜨리고 있는 버즈는 1970년대에서 80년대에 뉴욕, 로스앤젤레스, 워싱턴의 거리에서 크랙 코카인crack cocaine(고체 코카인-옮긴이)이 출현한 이래로 마약과의 전쟁에서 가장 중요한 진전이라 평가받고 있는 옥시콘틴OxyContine에 대한 것이다.[7]

옥시콘틴은 만성적인 통증에 일반적으로 처방되는 마취성 진통제이자 진정제이다. 그것은 의도적인 남용을 방지하기 위해 20, 40, 80밀리그램의 알약으로 출시되는데, 남용자들은 약의 유통량을 조절하는 지속적인 기제를 무력화하기 위해 그것을 가루로 부순다. 그들은 도취감과 행복감을 얻기 위해 그 가루를 코로 흡입하거나 물과 혼합하여 주사하는데, 이러한 방법은 헤로인을 포함한 모든 아편제의 특징적인 활용 방식이다. 그 약은 미국의 평판이 좋은 제약회사인 퍼듀파마Purdue Pharma에 의해 제조되었고, 모든 생산 공정은 미국 마약청DEA과 미국 식품의약국FDA의 규제와 승인을 받았다.

옥시콘틴의 남용은 1990년대 후반 외딴 아팔라치아에서 시작되었으며, 곧이어 웨스트버지니아와 켄터키에서 메인, 오하이오, 펜실베이니아에 이르기까지 수많은 지역으로 퍼져나갔다. 2001년의《뉴욕 타임스》기사에 따르면 이들 지역을 통한 유행성 전파는 전적으로 '친구에서 친구에로, 마을에서 마을로 번지는' 입소문을 통한 것이었다. 이들 초기 마을에는 몇 가지 공통된 특징이 있었다. 그 마을들은 모두 규모가 작고, 수많은 장기 통증 피해자들이 살고 있었으며, 주나 도시를 연결하는 샛길에 있었고, 경제적 기회의 결여와 가난으로 고통받는 주민이 사는 곳으로 코카인이나 헤로인처럼 불법적인 약품의 교류가 어려운 곳이었다. 과거에도 이 마을들은 약품 남용의 관습을 공유한 경험이 있었지만, 옥시콘틴 전염만한 정도는 아니었다.[8]

몇 년 동안 이 문제는 별칭이 '촌놈의 헤로인<sup>hillbilly heroin</sup>' 인 약을 입수하는 외딴 지역에만 고립된 현상이었다. 그러나 2001년 초가 되자 과량 복용 사례가 마이애미나 필라델피아 같은 규모가 더욱 큰 도시에서 출현하기 시작했다. 약은 퍼지고 있었다. 아니 차라리 약을 역이용하는 아이디어가 퍼지고 있었다.

이것이 사람들을 통한 아이디어 확산과 정보 유통에 대한 우리의 토론에서 가장 흥미로운 옥시콘틴 사례이다. 역사적으로 불법 약품은 딜러에서 사용자로, 마을에서 마을로 상대적으로 체계적인 경로를 통해 퍼져나갔다. 그러나 옥시콘틴의 경로는 추적하기가 쉽지 않다. 폴 토프가 《뉴욕 타임스》에 다음과 같이 썼듯이 말이다. "무엇이 옥시콘틴 남용의 확산을 만들었는가에 대해 추적하기 어려운 이유 중 일부는 약이 물리적으로 이동한 것이 아니라 개념적으로 이동했기 때문이다. 크랙 코카인이 해안 인근의 대도시들에서 미국의 중앙 지역으로 퍼졌을 때 그것은 점차적으로, 주에서 주로, 도시에서 도시로 유통되었다. 그러나 옥시콘틴 남용은 예기치 못한 장소들에서 갑자기 나타났다. 알래스카의 케나이, 투 쏜, 플로리다의 웨스트 팜비치가 그 곳이었다.”9) 이전의 옥시콘틴 사용자이자 하찮은 딜러였던 슈퍼커넥터, 제이와의 인터뷰에서 토프는 입소문이 난 약에 대해 더 많은 것을 찾아냈다. 제이는 다음과 같이 말했다. “유통된 것은 아이디어다. 그것이 약이 퍼진 방식이다. 마을을 건너 운송하는 운반책은 없다. 그것은 입소문으로 거래된다. 나는 콜로라도의 한 친구에게 전화해서 옥시콘틴에 대해 설명한다. ‘이봐, 내가 이 기묘한 약을 구했어. 80밀리그램 하나와 40밀리그램 하나야. 의사에게 가서 그것을 구하라고. 의사에게 과거의 상처를 이야기하라고.’”10)

‘나쁜 녀석bad guys’들의 도당(徒黨)도 없었고, 처방용으로 사용되는 그 약이 실제로 통증으로 고통받는 사람들을 위한 최선의 치료약이었기 때문에, 법 집행 기관들도 이러한 남용을 중단시키는 데 어려움을 겪었다. 전화, 이메일, 혹은 대화를 통해 아이디어는 추동력을 얻었고, 더욱 빠르게 퍼져나가면서 새로운 시장에 진입했다. 이것이 버즈의 위력이다. 일단 최대로 움직이기 시작하면, 그것은 눈사태처럼 멈추기가 어렵다. 토프가 진술했듯이 그 공을 굴리는 것은 전적으로 소수의 슈퍼커넥터이다. “옥시콘틴 남용은 전염성 아이디어, 즉 밈meme이다. 의약품인 옥시콘틴은 모든 약국에서 구할 수 있기 때문에 약품 옥시콘틴을 다른 용도로 바꾼 것은 전적으로 제이처럼 설득력 있는 이야기꾼이다. 강력한 오락성 마약이 지금은 다소간의 전화 통화를 통해 지역을 가로질러 유통된다.”11)

옥시콘틴의 광범위한 남용 사례는 곤혹스럽기는 하지만 그와 같은 추진력이 메시지나 아이디어의 확산에 얼마나 강력한 것인가에 대해 조명해준다. 필요한 모든 것은 적합한 아이디어로 적시에 적합한 사람을 강타하는 것, 그 사람들을 고무하여 친구에서 친구로, 마을에서 마을로 말을 전파하게 하는 것이다.

버즈의 성장에서 제이나 와이즈버그 같은 슈퍼커넥터는 결정적이다. 마케터들에게는 이 사람들이야말로 성배the holy grail다. 글래드웰이 다음과 같이 설명했듯이 말이다. "모든 사람을 아는 사람은 어느 정도는 간접적인 방식으로라도 실제로 세계를 움직이는지도 모른다. 이것은 그들이 연방 정부the Fed나 제너럴 모터스, 혹은 마이크로소프트를 주재하는 사람들이란 의미가 아니라 매우 실제적이고 일상적인 방식으로 세계를 움직이도록 한다는 의미이다. 그들은 아이디어나 정보를 퍼뜨린다. 그들은 사회의 잡다하고 격리된 부분들을 연결한다."12)

## 어떻게 슈퍼커넥터와 연결할 것인가

옥시콘틴 이야기는 아이디어의 전파가 얼마나 예상하기 힘들 수 있는가를 설명한다. 소비자에게서 소비자로의 아이디어의 바이러스성 경로를 추적하는 것이 불가능한 임무라는 것이 사실이라 해도 그것의 개념화와 전파에서 핵심적인 계기와 참가자들을 확인하는 것은 가능하다. 결국에는 아이디어가 어떻게 세계를 떠

돌게 되었는지 혹은 수천 명의 사람들에게 전파되었는지 정확히는 모르겠지만 마케터로서 우리는 그것이 신중한 계획과 최선의 경로를 발견하는 것을 통해 조장되었다는 사실을 아는 것으로 만족할 수 있다. 우리는 마치 부모처럼 아이디어를 낳고, 그것의 여정을 준비하고 가능한 모든 문을 열어줌으로써 그것이 세상에서 자신의 고유한 길을 만들도록 한다. 행운을 빌면서 우리는 자부심을 느낀다.

### 진정성을 유지하라

내부자의 조력으로 버즈를 야기한다는 아이디어는 미묘한 제안이다. 그리고 가장 큰 장애물은 진정성과 관련된다. 알파와 비는 모두 프로슈머의 범주에 속하며, 마케팅에 정통하고 마케터가 진행하는 게임의 볼모로 이용되는 것을 매우 싫어한다. 그러나 그것이 그들이 기꺼이 게임을 즐기지 않는다는 의미는 아니다. 단지 그들은 그 게임의 모든 것을 알기를 원한다. 모든 것을 아는 것은 그 게임의 각각의 단계를 알고 자발적인 참여자가 되는 것이다. 그리고 그들이 그들 공동체에서 다른 사람들에 앞서서 배타적인 초대를 받는다면 더욱 좋다.

많은 버즈 마케팅은 "비밀을 엄수한다"와 "모두가 그것을 행한다" 사이에 있는 임계 영역에서 활성화된다. 한 상품이 대중에게 갈 때, 그것은 저절로 쿨하지 않게 되는 것일까?

대중 시장에서의 성공이 매진<sup>selling out</sup>과 동의어일까? 반대로 대규모 브랜드가 버즈 마케팅으로 장난치는 것이 불장난을 하는 것일까? 그들은 지나치게 배타적인 그룹에 진입하고자 시도하는 것일까? 대규모와 소규모라는 두 개의 세상은 양립 불가능한 것일까? 틈새가 주류에게 아이디어를 공급해서 양육하는 반면에 주류는 전체 순환을 작동하게 하는 광범위한 성공과 인식을 추동하는 것, 이것이 성공과 유행의 음과 양이다. 중요한 추동력은 진정성, 창의성, 그리고 세계를 웅성거리게 만드는 알파와 비와의 연계 구축이다.

지속적으로 버즈를 출범시키는 세 가지 영역인 엔터테인먼트, 패션, 그리고 화장품에 대해 생각해 보라. 이 세 가지 영역의 각각의 상품들은 일부러 가능한 한 빨리 주류 대중에게 도입되며, 새로운 상품으로 교체된다. 결국 그것은 버즈의 대량 생산과 관계된다. 즉 그것은 계절에서 화장품 색조에 이르기까지 무언가 이야깃거리를 사람들에게 공급한다. 버즈는 이야깃거리를 만들고 키우고 이용한다. 그리고 돈을 벌면서 성공 자체가 버즈거리가 된다.


## 유명인사 슈퍼커넥터

슈퍼커넥터는 군중 속의 이름 없는 얼굴일 수도 있다. 로이스 와이즈버그나 제이가 그런 예이다. 그러나 운동선수, 뉴스 해설자, 혹은 팝 가수처럼 슈퍼커넥터는 대중의 시선을 끄는 위치에 있을 수도 있다.

우리는 로시 오도넬이 토크쇼를 진행했을 때 유능한 비였다고 언급한 바 있다. 특정 상품에 대한 오도넬의 열의는 너무 대단하고 진실해서 그녀가 특정 상품에 대해 야기하는 버즈는 텔레비전과 스튜디오 청중을 넘어서 그들의 친구나 심지어 다른 매체로 급속히 확산되었다. 또한 오도넬은 1996년에 장난감 '티클 미 엘모 Tickle Me Elmo'의 대열풍에 박차를 가하는 데 기여한 것으로 광범위한 명성을 얻었다.[13] 보도에 따르면 이 장난감은 회색시장gray-market(품귀 상품을 비싸게 판매하는 시장으로 보통시장과 암시장의 중간에 해당한다 – 옮긴이)에서 2천 달러에 이르는 높은 가격에 판매되었다고 한다. 껴안으면 낄낄 웃는 보풀 달린 세서미 스트리트Sesame Street 인형이 2천 달러나 하는 것, 이것이 바로 버즈의 힘이다.

토크쇼가 종영된 후, 오도넬은 코네티컷의 카지노에서 신성모독적인 연극을 공연하고 그녀의 이름을 딴 잡지와 결별함으로써 비난을 초래했다. 이 모든 것은 매우 짧은 기간 동안의 일이었다. 후자의 행위로《로시Rosie》의 발행사인 그루너자르Gruner+Jahr(세계적인 출판 그룹인 베텔스만의 잡지부문 회사 – 옮긴이)는 오도넬에게 소송을 걸었다(그녀 역시 역소송을 걸었다).[14] 이 사건들은 슈퍼커넥터로서 로시의 위치를 위태롭게 했지만, 그녀에게 잠재된 비의 성향이 끊임없이 그녀를 긍정적인 방식으로 대중과 재결속하게 한다 해도 우리는 놀라지 않을 것이다.

유명인사가 광범위한 청중과 전염성 있는 열의를 가지고 있다면 그의 모든 양상은 슈퍼커넥터의 정의에 부합한다. 최근에 우리

최고의 연결자들과 접촉하라

는 특히 강력하게 성장하는 두 가지 유형의 유명인사 슈퍼커넥터를 확인했다. 역설적으로 두 유형 다 식품 업계에 집중되어 있는데, 한 사람은 유명 요리사이고 다른 한 사람은 유명 다이어트 관리사이다.

### 유명 요리사 : 모든 사람의 심장으로 가는 길?

요리사들이 새로운 섹스 심벌이라는 것은 완벽하게 맞는 말이다. 카리스마를 지닌 채 요리하는 잘 생긴 남자나 여자라면? 왜 우리는 일찍이 이해하지 못했을까? 지난 몇 년 간 요리사들——그리고 광범위하게 말해 음식 업계——은 요리를 최우선 관심사로 내세우는 몇 가지 트렌드에 의해 이득을 얻어왔다. 자주 여행을 다니게 되면서, 사람들은 좀더 섬세한 미각을 발전시켰고 그 결과로 집에서 요리하는 모험을 더욱 추구한다. 편안함과 전통을 추구하는 속에서 우리 일상생활의 혼돈은 많은 것을 가정으로 돌려보냈다. 음식을 요리하고 함께 식사를 하는 것이 패스트푸드와 바쁜 식사를 버린 젊은 세대에게 새로운 호소력을 가지게 되었다. 또 이국적 요리 트렌드를 선도하는 식품점과 농산물시장은 독특한 장소에서 동경하는 요리를 즐길 수 있는 무한한 즐거움을 만들어냈다. 이에 더해 인터넷 조리법 은행 덕분에 요리의 황금시대를 맞고 있다.

이러한 열풍을 이끈 사람들은 바로 사람들에게 음식 및 조리에 대한 자신들의 정보를 제공하는, 세계로 뻗은 텔레비전 음식 네트워크의 유명 요리사들이다. 사실 대다수의 시청자들은 완벽한 요리 예술을 배우려는 어떤 의도도 없다. 그들에게 요리 쇼는 재미, 친밀함, 그리고 이국적인 삶에 대한 어렴풋한 구경거리의 감질나는 혼합물을 제공할 뿐이다.

요리가 예술이라면 누가 최고의 예술가인가? 그것은 각자의 취향에 달려 있다. 영국 '푸드 네트워크'의 요리 쇼《벌거벗은 요리사 Naked Chef》의 젊은 스타이자 슈퍼마켓 체인 '세인즈베리Sainsbury'의 대변인인 제이미 올리버Jamie Oliver. 자신의 부엌을 우아하게 돌아다니며 여성을 감동시키고 남성을 매혹하는 중년의 아름다운 여성, 니겔라 로슨Nigella Lawson. 요리에 맛을 낼 때마다 "빵!" 소리를 내어 라이브 쇼 청중에게 놀라움과 즐거움을 불어넣는 소란하고 자유분방한 뉴올리언즈 요리사 에머릴 라가세Emeril Lagasse(자신의 시트콤이 실패하면서 라가세는 진정성에 대해 엄중한 교훈을 얻었다. 그는 자신을 코믹 배우가 아니라 진정으로 요리사로 생각한다). 다양한 세계의 요리만큼이나 인물들도 많다. 요리와 관련된 모든 것이 밝혀졌다고 생각될 때, 우리를 새로운 방향으로 이끄는 또 다른 젊은 요리사가 나타난다. 우리가 이런 인물들을 사랑하게 되는 이유, 그리고 그들이 슈퍼커넥터가 될 잠재력을 지닌 이유는 음식의 근본적인 기술에 대해 그들이 전문가라는 사실이다. 음식은 우리에게 일상의 생계 수단 이상을 상징한다. 그것은 단지 영양을 공급할 뿐만 아니라, 심지어 위협이거나 강한 즐거움일 수도 있다. 그것은 다양한 수준에서 우리를 즐겁게 하고 만족시킨다. 음식을 만드는 것에는 언뜻 보기에 무한한 재료에서 무언가 멋진 것을 창조한다는 형체를 볼 수 없으며, 마술적인 요소가 있다. 요리 쇼는 그 마

최고의 연결자들과 접촉하라

술이 실제로 수행된다는 것을 입증하면서 요리 책의 약속을 넘어 한 단계 더 보여준다. 우리는 바로 눈앞에서 진행되는 변환 과정을 보면서 "나도 할 수 있겠는데" 혹은 "누군가가 나를 위해 이런 음식을 준비할 만큼 배려해 준다면 얼마나 좋을까?" 하고 잠시 동안 생각한다. 그러나 착각하지 마라. 부엌은 어느 모로 보나 침실만큼 개인적일 수 있다.

영국 리버풀의 《데일리 포스트*Daily Post*》에 따르면 2002년에 종합대학이나 단과대학의 요리학과에 등록하는 학생 수가 2001년에 비해 두 배나 상승했다고 한다. 어린이 요리 세트는 열광을 불러일으켰을 뿐만 아니라 7세에서 15세까지의 '어린이 요리사' 강습에 대한 치솟는 욕구를 초래했다.[15] 유명 요리사는 많은 이익을 얻는 것으로 여겨졌다.

또한 요리 책 시장은 유명 요리사 현상의 후광 효과를 체험하고 있다. 《하이페리온*Hyperion*》의 편집장인 윌 슈발베*Will Schwalbe*는 《퍼블리셔스 위클리*Publishers Weekly*》에 요리에 대해 명확한 태도를 지닌 개성 있는 저자가 쓴 요리책이 매우 잘 팔린다고 썼다. 그는 그 이유에 대해 요리사가 "텔레비전 출연으로 인기를 얻고 있고, 보통 그들의 책은 도판이 매우 많으며, 구매자들은 그들에게 강한 애정을 품고 일치감을 느낀다"라고 이야기했다.[16] 요리 도구 제조업체 또한 이익을 얻었고 타깃*Target*, 콜스*Kohl's* 그리고 시어스*Sears* 같은 소매점들은 취급하는 주방용품의 범위를 확장했고, 소수민족의 독특한 조리 기구까지 포함시켰다.

## 체중감량자들

유명 요리사는 슈퍼커넥터가 될 잠재력을 가지고 있다. 대체로 그들은 사교적이고 허물이 없으며 관대하기 때문이다. 그들은 고전적인 비의 성향을 가지고 있지만 평균적인 수준의 입소문을 내는 사람들에 비하면 훨씬 많은 청중을 지니고 있다. 우리가 그들에게 반응하는 이유 중 하나는 친숙하다는 점 때문이다. 우리 대다수는 요리를 한다. 비록 토스터기에 빵 한 조각 집어넣는 수준일지라도 말이다. 그리고 우리 모두는 음식을 먹는다. 이것이 모두가 공유하는 체험이다.

우리 모두가 공유하는 체험에는 한 가지가 더 있다. 과식, 유전자 조작 식품, 혹은 그릇된 먹을거리의 선택 문제가 그것이다. 국립보건센터의 보고에 따르면 오늘날 미국인의 네 명 중 한 명은 과도한 비만이라고 하며, 혹자는 몸무게에 대한 고민이 국민적인 강박 관념이라고 이야기한다.[17]

물론 이런 강박 관념이 서민들에게만 있는 것은 아니다. 가장 성공한 명사들조차도 나오는 배와의 전투에서 무기력함을 드러낸다. 엘리자베스 테일러나 말론 브란도를 생각해보라. 더 좋은 예로는 오프라 윈프리가 있다. 그녀는 경쟁자 로시와 마찬가지로 전형적인 비다. 거의 20여 년 동안 그녀는 헌신적인 팬들에게 테라피스트, 문학, 명사들, 그리고 최신 유행의 다이어트를 포함한 자기 개선의 모든 방식들을 소개함으로써 그들을 배려해 왔다. 옵티패스트 리퀴드 다이어트<sup>Optifast liquid diet</sup>(극저칼로리 다이어트 프로그램 – 옮긴이)에서 고단백의 탄수화물 다이어트<sup>Carbohydrate Addicts diet</sup>에 이르기까지 그녀는 자신의 다이어트 체험과 노력을 수백만 명의 시청자들과 공유했다. 시청자들은 그녀의 말을 듣고 믿었다. 왜냐하면 그들은 그녀를 참되고 진실하며 자신들과 마찬가지의 삶을 사는 사람으로 여겼기 때문이다. 그리고 그렇다고 알게 되는 방식 중 하나는 그들이 때로는 명백한 성공의 증거로, 때로는 실패로 귀결하는 그녀의 체격의 변동을 지켜보고 있기 때문이다.

체중 감량 시도로 미국인의 가슴에 파고든 것은 오프라만이 아니었다. 우리는 체중 감량에 도전하고 실패한 이들을 마음으로 공감하듯이 실제로 체중 감량에 도전하고 성공한 사람에게도 감탄한다. 그리고 그런 감탄은 그들이 명사나 왕족이든지 아니면 완전히 무명의 사람이든지 여부와는 조금도 관계가 없다. 영국의 사라 퍼거슨과 보통 사람 자레드 포글이 그 예이다. 둘 다 체중을 의식하는 미국인들에게 커다란 영향을 미치는 대표자들이다.

### '돼지 공작부인'

감량 노력을 하는 사람들은 사라 퍼거슨에게서 완전한 대변인을 찾았다. 어느 잔인한 미디어는 그녀에게 요크 공작부인 혹은 '돼지 공작부인Duchess of Pork'이라는 별명을 붙였다.[18] 퍼기의 개방되고 접근하기 용이한 스타일과 귀족적 지위는 그녀를 거부할 수 없는 동경의 아이콘으로 만들었다. 심지어 영국의 귀족 가문 사람에게도 감량 문제가 있다는 것을 알게 되면서 보통의 삶을 사는 많은 사람들은 편안한 무언가를 느꼈다. 창립한 지 40년이 넘는 한 기업의 역사상 가장 주도적인 이벤트 론칭에 관여함으로써, 이미 그 기업의 대변인이었던 사라 퍼거슨은 2000년에 체중 감량자들을 위한 프로그램의 최고 치어리더가 되었다. 그 이후에 그녀는 그 회사와 함께 《요크 공작부인과 함께 당신을 재발명하라 : 체중 감량 리더들의 성공 전략과 고무적인 이야기 *Reinventing Yourself with the Duchess of York: Success Strategies and Inspiring Stories from Weight Watchers Leaders*》라는 고무적인 다이어트 책을 공동 저술했고 현재 미국 심장 협회 대변인으로 활동하고 있다.[19]

퍼기는 왕가를 포함한 극소수의 사람들에게서 비판을 받았다. 왕가는 그녀가 1996년 앤드류 왕자와 이혼한 후부터 그녀를 극도로 피했다. 그러나 그녀는 그녀가 체중 감량자들과 다른 회사들의 대변인이자 저자로서 성공적인 경력을 유지하고 있는 것에 의해 많은 사람들의 칭송을 받았다. 영국의 《선데이 미러 *Sunday Mirror*》에 따르면 "통찰력과 노력에 의해 한때 국민적 즐거움의 대상이었던 퍼기는 통찰력 있고 존경받는 재계의 경영자가 되었다."[20]

### 서브웨이 사의 얼굴

아마 퍼기가 지속적으로 대중의 시선을 사로잡는 것이 그리 놀랍지는 않을 것이다. 그러나 자레드 포글의 경우도 그럴까? 어떻게 이런 특징 없는 사람이 슈퍼커넥터가 되었을까? 그것은 왕가와의 연계나 성공적인 경력을 통해 성취되지 않았다. 그것은 단지 그가 체중을 감량했다는 사실을 통해 성취되었다. 그는 정확히 245파운드(약 111킬로그램 – 옮긴이)를 감량했다.

자레드는 그의 친구가 1999년 인디애나 대학 신문에 그의 다이어트에 관한 기사를 썼을 때 처음으로 서브웨이<sup>subway</sup>(미국의 프랜차이즈 회사. 잠수함 모양의 샌드위치로 유명하다 – 옮긴이) 사의 주목을 받았다. 자레드는 점심에는 6인치 터키 브리스트 샌드위치로, 저녁은 베지스디라이트 샌드위치로 식사를 제한함으로써 단 1년 만에 245파운드의 몸무게를 줄인 것이다. 이 이야기는 《멘스헬스<sup>Men's Health</sup>》라는 잡지에도 실렸다. 이것은 어떻게 보면 별로 주목할 가치가 없는 사람에 대한 주목할 만한 이야기였다. 당시 서브웨이의 에이전시였던 시카고의 퍼블릭스 앤드 할 리니<sup>Publics & Hal Riney</sup>는 자레드와 계약을 맺었고 그 이후 그는 수많은 서브웨이 광고에 출연했으며 결국 많은 미국인들에게 대중 문화의 아이콘이자 격려자가 되었다. 유로 RSCG MVBMS는 이어지는 두 개의 캠페인 '자레드의 친구들<sup>Friends of Jared</sup>' 과 '자레드가 나를 고무한다<sup>Jared Inspired Me</sup>'를 행했는데 두 캠페인에는 자레드의 방법을 따라 성공적인 감량을 이룬 자레드의 팬과 대중적인 캐릭터 자레드가 출현하였다.[21]

서브웨이는 자레드에게서 완전한 대변인을 창조했다. 그는 진실하고 믿을 만했다. 그는 미국인들이 좋아하는 아침 방송 진행자인 캐이티 쿠릭<sup>Katie Couric</sup> 인터뷰를 포함해 거의 2천 번의 인터뷰를 했다. 그는 정기적으로 자신이 전에 입었던 58인치짜리 낡은 리바이스 진을 들고 대중 앞에 나서며 결국 아이콘 지위의 상징이 되었고, 《새터데이 나이트 라이브<sup>Saturday Night Live</sup>》 쇼에서 패러디되기도 했다. 아마 자레드의 가장 커다란 호소력은 그가 일부러 주목을 끌려고 하지 않았다는 사실일 것이다. 그의 말대로 "나는 선천적인 유명인사가 아니다. 유명인사가 되기를 원하지도 않았다. 그것은 내가 갈망한 것이 아니다. 여러 측면으로 그것은 대단한 것이지만 피로한 일이기도 하다. 그것을 단순히 만들어낼 수는 없을 것이다."[22]

그 캠페인은 서브웨이에게 확실히 대가를 가져다 주었다. 《에드버타이징 에이지*Advertising Age*》의 보도에 따르면 2000년 외식 업계 전체의 판매 증가율이 4.4퍼센트였던 반면에 서브웨이는 무려 19퍼센트의 증가율을 달성했다고 한다.

잘 알려진 얼굴과 체중 감량 상품을 결합하는 것이 자동적으로 성공을 가져다 줄까? 반드시 그렇지만은 않다. 제니 크레이그*Jenny Craig*(체중 감량 체인 기업 – 옮긴이)는 매우 논쟁적인 전임 클린턴 대통령의 정부, 모니카 르윈스키를 고용했을 때 엄청난 어려움을 겪었다.

제니 크레이그가 이해하지 못한 것은 슈퍼커넥터가 눈에 띄기 때문에 권위를 획득하는 것이 아니라 그가 자신과 사람들을 연결시키는 특질을 갖추고 있을 때 권위를 획득한다는 사실이다. 우리는 그들에게 진실하고 믿을 만한 무언가가 있기 때문에 그들이 하는 말을 듣고, 때때로 그들의 충고와 추천을 따른다. 제니 크레이그는 모니카 르윈스키가 많은 이들의 경탄이나 신뢰를 받는 대상이 아니라는 것을 인정했어야 했다. 아마도 제니 크레이그는 그녀가 떨어진 판매량에 증가시킬 무엇인가를 야기할 것이라는 계산으로 캠페인을 그대로 진행했을 것이다. 즉 버즈를 노린 것이다.

과연 그렇게 되었을까? 물론 엄청난 버즈가 야기되었다. 그러나 그 버즈는 사람들이 체중 감량을 위해 자기가 사는 지역의 제

최고의 연결자들과 접촉하라

니 크레이그 센터에 방문하도록 촉구하는 종류의 버즈는 아니었다. 버즈는 대체로 부정적인 것이었으며, 화가 난 고객들은 센터에 걸린 르윈스키의 사진에 불평했고 결국 화가 난 프렌차이즈 가입 센터들도 이 새로운 모델이 등장하는 광고를 거부하기에 이르렀다.

5주 만에 광고는 중단되었고, 이 캠페인을 창안한 광고 에이전시는 해고되었다. 물론 회사는 이러한 결정이 대중의 반발과 무관하다고 부정하지만, 그 캠페인과 전혀 무관하다는 말을 믿기는 어렵다. 르윈스키는 보스턴에 살면서 제니 크레이그 프로그램으로 80파운드를 감량한 36살의 행정 보좌관인 덜 논쟁적인 모델, 쉐일라 플린Sheila Flynn으로 교체되었다.[23]

## 당신의 돈과 시간으로 최선의 것을 획득하라

최신 휴대전화에 대한 흥미를 끌기 위해 대학생을 고용하든 혹은 햄버거를 팔기 위해 유명인사를 고용하든, 위에서 열거한 교훈들에서 이끌어낼 가장 중요한 것은 긍정적인 버즈를 야기하고 퍼뜨리는 그들의 능력에서 모든 소비자가 동일하게 창조되지는 않는다는 것이다. 온라인 바이러스 마케팅 회사인 '일렉트릭 아티스트Electric Artists'의 CEO인 마크 쉴러Marc Schiller는《아시아위크Asia Week》지에 다음과 같이 썼다. "버즈 마케팅은 유행을 퍼뜨리는 사람을 발견하는 것과 관련된다. 따라서 다음을 이해해야 한다. 한 영화

3천 명의 적합한 사람을 찾는 것은 전적으로 '영향유발인에게 영향을 미치는' 슈퍼커넥터를 발견하는 것과 관련된다. 이것이 표적화되고 성공적인 버즈 전략의 결정판이다. 트렌드를 퍼뜨리는 사람들에게 다가가서, 그들의 레이더에 당신 자신을 심어라. 현명하게 그들이 누구며 어떻게 그들에게 접근할지 판단하는 것이 우리 마케터의 임무다. 그리고 말을 퍼뜨리는 것은 그들의 소관이다.

를 보거나 한 상품을 구매하는 3천만 명의 사람은 3백만 명의 사람으로부터 영향을 받는다. 그리고 그 3백만 명의 사람은 3천 명의 사람으로부터 영향을 받는다."[24]

**제4장**

무엇이 오르는가

브랜드를 구축하는 것은 결코 간단한 문제가 아니다. 누구도 변덕스런 소비자 태도와 시장 변동에서 면제되지 않으며 심지어 가장 성공적인 브랜드조차도 전진과 후퇴를 겪는다. 브랜드가 최대의 수명을 누리게 하기 위해서는 소비자와 업계의 부침에 대한 저항력을 구축해야만 한다. 그렇다면 어떻게 하면 그렇게 할 수 있을까? 부분적으로 그것은 어떤 주어진 시점(時點)에서 브랜드가 청중들과 함께 있는 장소를 명료하게 인식하는 것을 통해 가능하다. 이번 장에서 우리는 버즈의 에너지가 무엇이며, 현재 브랜드가 어디에 서 있는지 그리고 내일은 어디에 서 있을지 추적하는 것이 얼마나 중요한가에 대해 다룬다.

우리는 트렌드의 변화, 속도, 범위에 대해 많은 것을 알고 있고, 또 그래야만 했다. 그것은 우리가 10년 넘게 집중했던 임무이다. 특정한 브랜드나 시장에 대한 확률적이며 가능한 영향을 예측하고 변화를 이해하는 것은 클라이언트가 우리에게 돈을 지불하는 이유이다. 그러나 출현하는 트렌드를 발견하는 것만으로는 충분하지 않다. 그 트렌드의 추진력을 이해해야 한다. 모든 게 제대로 굴러간다고 느끼는 날들에 대해 생각해보자. 제시간에 일어나, 시간에 맞추어 지하철을 탄다. 직장에서도 모든 일이 생산적이다. 모든 전화에 응답하고, 새로운 고객을 만들고, 오래된 친구의 이야기도 듣고, 잘 먹고, 기분은 좋고……. 어떤 것도 당신을 멈출 수 없을 듯이 보인다. 추진력을 얻은 것이다. 그런데 다음 날 일어나자 갑자기 모든 일이 제대로 되지 않고, 일에 착수할 수 없을 것처럼 여겨진다. 하룻밤 새에 어떻게 그렇게 상황이 바뀌는지 놀라지 않을 수 없다.

우리가 동기부여 강사라면 당신에게 이 모든 것이 태도의 문제라고 이야기해 줄 것이다. 그러나 그 답변이 전적으로 진리인 것은 아니다. 태도와 불굴의 노력이 결정적인 역할을 수행할지는 모르지만, 지속적인 조사와 분석이 없이는 유용성이 없다. 그러나 이것은 예를 들어 전분기의 판매량이나 어제의 주가 같은 것에 초점을 두고 조사하라는 말이 아니다. 매일 변동하는 날씨 앞에 서고자 한다면 현재와 미래에 시점을 고정시키고 올지도 모를 최악의 미래를 대비하며, 올지도 모를 최선의 미래에서 최대의 이익을 얻을 준비를 하는 위치에 있어야 한다. 그러면 그 날은 올 것이다. '다이어 스트레이츠$^{Dire\ Straits}$'의 불멸의 가사처럼, "때때로 당신은 바람막이이이지요. 때때로 당신은 버그$^{bug}$이지요."[1]

버즈는 양날의 칼이라는 것을 인식하는 것이 중요하다. 버즈는

버즈마케팅

회사나 브랜드에 대해 좋은 소식을 퍼뜨리는 만큼, 아니 심지어 그보다 더 빠르게 나쁜 소식을 퍼뜨릴 수 있다. 이에 대해 외식업계에서 전해지는 오랜 격언이 있다. "한 인간에게 좋은 경험을 부여하면 그는 여섯 사람에게 말을 전할 것이다. 한 사람에게 나쁜 경험을 부여하면 그는 만나는 모든 사람에게 말을 전할 것이다." 불행히도 이 격언은 어떤 산업에도 의미를 지닌다. 잔소리하고 불평하는 것은 인간의 본성이며, 특히 돈이 관련되어 있거나, 무시당하거나 강탈당했다고 느낄 때 더욱 그러하다.

> 부정적인 버즈를 진압하거나 최소한 제한하는 방법을 이해하는 것은 모든 면에서 좋은 버즈를 야기하는 것만큼 중요할 수 있다.

놀랄 만큼 성공적인 버즈 마케팅 캠페인은 드물 뿐만 아니라, 있다 하더라도 운수 좋은 뜻밖의 일일 뿐이다. 대부분 그런 캠페인은 고된 노력, 훌륭한 직관, 그리고 한없는 에너지와 창조성의 결과이다. 핵심은 어떻게 버즈를 시작할지 아는 것에만 있지 않고, 어떻게 버즈를 향상시키고 그 방향과 속도를 관리하는가를 아는 것에 있다. 삶에서와 마찬가지로 자연스럽게 일어난 것처럼 보이는 일에도 시동을 거는 추진력이 있는 법이다. 사람과 브랜드에게 있어 적절한 시점에 적절한 방식으로 자극이 가해진다면 작은 것이라도 오랫동안 지속될 수 있다. 활기찬 아침에 마시는 한 잔의 커피에 있는 카페인이 당신을 취하게 한다는 말은 우연이 아니다. 충분히 버즈는 충격<sup>jolt</sup>, 즉 비즈니스 영역에서 브랜드나 비즈니스, 심지어는 전 산업조차 재활성화시킬 수 있는 그 무엇이 될 수 있다.

다음의 충격들을 보자.

- 뉴 비틀<sup>new Beetle</sup>은 폭스바겐의 자극제였다.
- 스위퍼<sup>Swiffer™</sup>는 청소의 자극제였다.
- 청색은 아메리칸익스프레스<sup>American Express</sup>와 엠엔엠즈<sup>M&Ms</sup>의 자극제였다.
- 톰 포드<sup>Tom Ford</sup>(유명 디자이너 – 옮긴이)는 구찌의 자극제였다.
- 쿠엔틴 타란티노<sup>Quentin Tarantino</sup>(영화감독 – 옮긴이)는 존 트라볼타<sup>John Travolta</sup>(영화배우 – 옮긴이)의 자극제였다.
- 《섹스 앤드 더 시티<sup>Sex and the City</sup>》(텔레비전 드라마 – 옮긴이)는 칵테일의 자극제였다.
- 9 · 11은 미국의 자극제였다.

갑작스런 충격은 변화이자 엄청난 기회를 의미한다. 그러나 운동량이 계속될 수 있도록 준비되어 있어야만 대중의 시선 속에서 브랜드나 아이디어의 시기를 최대로 이용할 수 있다. 그리고 그것은 다음의 3D에 대한 이해를 요구한다.

- 정의<sup>Definition</sup> : 무엇이 빨리 불을 지피고 무엇이 오랫동안 불꽃이 지속되도록 연료를 공급할지를 포함한 운동량의 물리학

을 이해하는 것. 모든 열이 동일하게 만들어지지는 않는다.

- 진단Diagnosis : 주어진 시점에 브랜드가 운동량 연속체momentum continuum상의 어떤 위치에 있는지에 대한 인식.

- 예견Divination : 변화가 일기 전에 변화에 대해 예측하는 능력. 미래를 준비하기 위해서는 매우 귀중한 도구이다.

## 정의 : 운동량의 물리학

버즈는 운동량과 풀 수 없게 얽혀 있다. 운동량이 없으면 버즈의 내용인 메시지는 시들어 죽는다. 반면에 적절한 속도의 운동량이 있으면 메시지가 넓고, 멀리 퍼질 것이다. 존 다이어트Zone Diet (영양 분포 영역별 식이요법, 어떤 영양분이 어떤 비율로 함유되어 있는지에 따라 영역(領域)을 정해 놓고 각 사람에 따라 가장 알맞은 음식을 처방하는 식이요법이다-옮긴이)나 70년대 레그 워머leg warmer (발목에서 무릎까지 쌀 수 있는 뜨개질로 만든 방한구-옮긴이)처럼 불쾌하지 않은 어떤 상품의 급속한 파급 속도를 고려해 보자. 어느 날 그것들은 레이더망에서 벗어나 있지만, 다음 날 그것들은 보이는 곳 어디에든 있다.

운동량의 정의는 "어떤 물체의 운동량은 그 질량과 속도의 곱과 같다."[2] 그림4-1은 이를 방정식의 형태로 나타낸 것이다. 브랜드나 메시지가 전파되는 방식을 설명하는 목적에 부합하게 이 방정식을 재정의하면 그림4-1의 정식화가 된다.

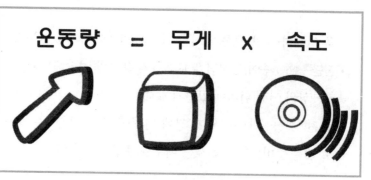

**그림4-1** 운동량의 물리학

당신의 브랜드 메시지는 얼마나 큰가? 이것은 한 메시지가 버즈를 낼 만한 가치가 있는지 고려하기 위해 물어봐야 할 질문이다. 사람들이 그것에 관해 이야기하기를 원하는가? 사람들이 그것을 이메일로 전달하기 위해 자신의 시간을 사용할까? 사람들의 참여를 이끄는 약간의 유인 양식——엔터테인먼트, 할인, 공동체라는 감정——이 있는가? 다른 말로 표현하면 메시지가 퍼지는 속도는 얼마나 될 것 같은가? 사람들이 그 메시지를 단 한 명의 친구와 공유할 것 같은가, 아니면 20명의 친구들과 공유할 것 같은가? 그것은 용이하게 전달될 수 있는 메시지인가? 당신은 사람들이 메시지를 전달하기 쉽게 만들어야 하며, 전달할 만한 이유를 사람들에게 부여해야 한다.

동시에 버즈의 정점과 버즈가 사라지기 시작하는 하강 국면 사이에는 미묘한 경계가 있다. 과도한 선전은 운동량에 대한 죽음의 종소리를 의미할 수 있다. 분명 사람들은 여전히 메시지를 받겠지만, 그들의 반응은 더 이상 긍정적이지 않을 것이다. 반발이 빠르게 형성되며, 캠페인이 성취한 모든 장점들을 쉽게 날려 버릴 수

브랜드 버즈
혹은 대중성 = 아이디어의
중요도와 관련성 X 아이디어의
확산 속도

**그림4-2** 버즈의 물리학

도 있다. 때로는 일이 매끄럽게 돌아가는 듯이 보일 때에도 마케터가 고삐를 늦추는 사태까지 이를 수도 있다.

ABC 방송이 《누가 백만장자가 되길 원하나 *Who Wants to Be a Millionaire*》라는 쇼를 운영했던 방식을 생각해 보자. 1999년에 쇼가 시작되었을 때는 ABC의 시청률이 떨어지고 있었다. 쇼는 시작된 지 2주 만에 갑자기 대중의 주목을 받았고, 경쟁사를 날려버렸다. 그 해 가을에 그 쇼가 일주일에 세 번, 가장 황금시간대에 정착하기 전에 또 한 번의 2주 동안의 론칭이 있었다. 모든 것은 잘 진행되었다. 시청률은 대단했고, 쇼의 캐치프레이즈인 "저것이 당신의 마지막 대답입니까?*Is that your final answer?*"는 미국의 어휘 목록에 들어갔다. 심지어 진행자인 레지스 필빈*Regis Philbin*은 필립스 반 호이센*Phillips Van Heusen*과 쇼에 출연할 때 입는 셔츠와 타이를 판매하는 계약을 맺기까지 했다. 그러나 3년도 지나지 않아 그 쇼는 종영되었다(비록 이 글을 쓰는 시점에 토너먼트 방식이 여전히 혹평을 받고 있지만).[3]

문제는 너무 많이 노출된 것이었다. 방송사는 이 캐시카우*cash cow*(자금 창출원 – 옮긴이)의 모든 가치를 남김없이 짜냈다. 그 짧은 기간에 프로듀서들은 350가지의 에피소드를 만들었는데, 그것은 일반적인 시리즈물이 16년 동안 만들어내는 양과 같을 정도다.[4] 한때는 일주일에 네 번이 방송되기도 했다. 마침내 대중은 식상하게 되었고, 다른 방송으로 채널을 돌려버렸다. 쇼는 10억 달러의 이윤을 남길 만큼 엄청나게 성공적이었지만, 그 쇼가 만든 스타는 빠르게 타오르다 조급하게 꺼졌다. 아무도 버즈의 고삐를 당겨 세우고, 청중이 더 이상의 것을 바라는 상태를 유지할 수 있는 결정을 내리지 않았다.

## 예측 불가능한 것을 기대하라

비록 누군가는 그 쇼의 수입이 방송사의 고통을 더는 데 기여했다고 항의할지도 모르지만 ABC는 운동량에 대한 쓴 교훈을 배웠다. 우리가 제공한 유사 수학pseudomathematic의 방정식으로 표현된 버즈의 운동량의 물리학이 매우 단순해 보일지도 모르지만, 대중의 지각력은 현실적이고 과학적이다. 한편 때로는 운동량이 전혀 예측 불가능하기도 하다. 그것은 가장 작은 자극만으로도 오르내리며 즉각 변한다. 마케터로서 우리가 할 수 있는 최선은 좋은 일이건 나쁜 일이건 우리 앞에 오는 모든 문제에 대처할 수 있도록 준비하는 것이다. 위기를 계획하는 데 있어 가장 나쁜 순간은 위기가 이미 시작된 후이다.

## 기복을 도표로 그려라

1996년에 새롭게 출발한 온라인 기업이 우리의 눈을 사로잡았

**그림4-3** 인기의 운동량

다. 할리우드 주식 시장Hollywood Stock Exchange®(HSX)은 대중문화의 아이콘, 유명인사, 그리고 엔터테인먼트 자산의 상승과 하강을 도표로 그렸다. 웹사이트 방문자들은 할리우드 달러로 불리는 가상 현금으로 유명인사, 영화, 그리고 음악에 대한 가상 주식을 매매했다. 그 사이트에 매료되게 만드는 것, 그리고 그 사이트에서 노는 것을 즐겁게 만드는 것은 어떤 상품의 시장 가치가 실제로 혹은 인위적으로 조장되는 버즈에 전적으로 근거한다는 점이다. 주어진 한 주 동안 투자설명회가 개최되고, 그에 따라 주가가 오르내리며 투자자들은 잃거나 얻는다. HSX의 홈페이지를 보면 엔터테인먼트에 대한 대중의 운동량 수치를 가장 유사하게 볼 수 있다.[5] (**그림4-3**을 보라)

　HSX는 소식통insider을 위해 고안되었다. 승리하는 유일한 방식은 게임에 한 발 앞서서 낮은 주식을 사고, 높은 가격에 주식을 파는 것이다. 이것은 단순한 판타지 게임이 아니며 파악된 가치의 실제 상승과 하락을 반영한다. 그 사이트가 수집한 정보 가치를 인식한 이 회사는 2001년 5월에 엔터테인먼트 시장을 위해 예약 판매에 기반한 정보원으로서 'HSX 리서치HSX Research'를 출범시켰다.

무엇이 오르는가

HSX는 단순히 버즈에 관한 사업이 아니다. 그 회사는 버즈 위에 구축되었다. 그것은 결코 전통적인 감각의 광고를 하지 않았고, 오히려 표적화된 노출을 통해 바이러스처럼 성장했다. 1999년에 하우스 오브 블루스the House of Blues에서 열린, 제프 벡Jeff Beck과 크리스탈 메소드Crystal Method가 출연한 오스카 파티로부터 선덴스 영화제Sundance Film Festival 동안 주최한 HSX 프레소 카페HSX-Presso Café에 이르기까지 회사는 항상 이야깃거리가 되는 무언가와 연관되어 있었다. 언제나 사용자들의 주시를 받는 주식에서 얻는 교훈은 상승하는 운동량의 가치를 중요시한다는 점이다.

### 교묘해져라

우리가 HSX에서 스타들의 부침을 보면서 배우는 가장 중요한 교훈 중의 하나는 마케터인 우리는 브랜드의 운동량에 영향을 미치는 많은 힘들 중 하나에 불과하다는 점이다. 우리는 운동량의 구축에 대해 자주 이야기한다. 이것이 일반적인 목표이긴 하지만 우리가 최대로 할 수 있는 일은 교묘하게 운동량을 다룬다는 정도가 정확할 것이다. 운동량은 우리가 있건 없건 일어날 것이며 모든 브랜드나 영향유발인은 주어진 시점에 대중 속에서 상승하거나 하락할 것이다. 우리가 할 수 있는 최선의 것은 우리에게 '질량'을 주는 내적이고 외적인 요소들을 이해하고, 갈망하는 '속도'를 얻을 수 있는 적절한 채널을 결정하는 것이다.

록 밴드인 월플라워스The Wallflowers는 세 번째 앨범을 출시하면서 운동량에 관한 매우 많은 교훈을 배웠다. 상업적으로도 그리고 비

| 버 즈 를   구 축 하 라 |
|---|

당신이 버즈를 창출하고 구축하고 가속화하거나 고삐를 당기는 어떤 경우라도 소비자에게 전달되는 메시지와 브랜드에 대한 인식을 부단히 평가해야만 한다. 그것은 시장에서 당신 편에서 혹은 당신을 거슬러 작용하는 영향들을 추적하라는 의미이다. 버즈 마케팅에서 당신의 표적 청중이 누군지 아는 것만으로는 불충분하다. 무엇이 그 버즈를 움직이는지 알아야 한다.

평적으로도 갈채 받았던 무려 400만 장 이상이 팔린 두 번째 앨범이 나오자, 밥 딜런Bob Dylan의 아들 제이콥Jakob을 필두로 그 밴드의 버즈는 환하게 타올랐다. 그들의 인기는 치솟았다. 그러나 시간이 흐르면서 아무것도 없었다. 새 앨범도 없고, 주목할 만한 프로모션이나 뉴스거리도 없었고 버즈가 될 만한 아무것도 없었으며, 오직 지루한 기다림만 있었을 뿐이다. 그 밴드의 세 번째 앨범이 마침내 출시되었을 때는 이미 너무 늦었다. 일부의 비평은 인상적이었지만 팬의 토대는 이미 다른 새로운 것으로 이동한 뒤였다. 그 앨범은 실망스럽게도 출시 이후 3개월 동안 겨우 30만 장이 팔렸을 뿐이었다.[6]

우리는 J. K. 롤링J. K. Rowling의 다음 편 해리 포터가 잘 해낼지 궁금하다. 현재의 버즈는 책 자체에 집중된 것이 아니라 다음 편이 나올 때까지의 긴 지연에 집중되어 있기 때문이다. 신선한 내용이 없는 상태에서 버즈가 얼마나 버텨줄까?

### 영구적인 버즈와 일시적인 버즈

영향의 에너지를 파악하는 것은 정확한 과학이 아니다. 명쾌한 순간이 있고 어두운 회색의 순간이 있다. 모든 회사는 자신의 브랜드가 하락하는 것보다는 상승하는 것을 예상할 것이다. 그러나 현명한 회사는 '상승'이 긍정적으로 보일지라도 옛말이 그르지 않다는 것을 알고 있다. 오르막이 있으면 내리막이 있다.

> 언제 어디서 어떻게 당신의 브랜드가 하락하는지 아는 것이야말로 어떻게 브랜드를 구축할지 아는 것만큼 중요하다.

버즈는 한정된 생존 기간을 갖는다. 그것은 순식간에 올라가거나 성공의 부침을 넘어 오래 지속할 수도 있다. 영구적인 버즈는 어떤 면에서는 도해법iconography(예술적 재현에 있어서 유명한 문화적 상징이나 다중성의 상징들을 사용하는 것 - 옮긴이)의 선조이다. 역사를 창조하거나 산업을 변화시키는 것은 버즈이다. (흥미롭게도《누가 백만장자가 되길 원하나》는 이 묘사에 적합하다. 그 영향은 실제 쇼의 수명보다 훨씬 오래 갈 것이다.) 일시적인 버즈는 그것에 상응하는 한정된 맥락에 포함된다.

정치 세계는 두 유형 모두의 버즈가 일어나는 영역의 좋은 예이다. 2002년 4월에 세계는 장 마리 르 팽에 대한 버즈로 웅성거렸다. 프랑스의 2002년 대통령 1차 선거에서 예상치 못한 강력한 흥행을 보인 것이다. 르 팽의 국민전선이 중앙 무대에 서자 프랑스 외부의 사람들은 그것에 주목했다.[7] 그러나 르 펭이 결선에서 패배하고 선거가 끝난 지 몇 달 후, 적어도 미국에서는 그 버즈가 급격하게 소멸했다. 그 버즈가 다시 부상할지 여부는 차기 선거에서 국민전선의 성공 수준에 달려 있을 것이다.

평범한 미국인이 살아 있는 동안 부통령 후보에 지명될 수 있을까? 첫 번째 여성 후보로 돋보이는 제랄딘 페라로Geraldin Ferraro나 첫 번째 유태인 후보로 돋보이는 조셉 리버만Joseph Liberman을 빼고는 우리는 아마도 그렇지 못할 것이라고 답할 것이다. 효과적이게도, 아메리칸 익스프레스는 유명한 "나를 아시나요?Do you know me?" 캠페인을 베리 골드워터Barry Goldwater의 부통령 러닝 메이트였던 윌리엄 밀러William Miller로 시작했다. 여러분은 어떤 이름이 갑자기 부상하지는 않을 것이라고 생각할 것이다. 그러나 선거 기간은 과장된 버즈가 도는 시기이다. 선거를 전후한 몇 주 혹은 몇 달 동안 후보자에 대한 정보, 스캔들, 공약, 열광(실제로 혹은 교묘하게 조작된 채로), 아이디어, 그리고 메시지가 입소문과 미디어를 통해 자유롭게 흐른다. 그러나 일단 선거 후 운동량이 느려지고 마침내 멈춘 다음에는 영구적인 버즈만 남고 일시적인 버즈는 사라진다.

마케터의 직무는 불꽃이 완전히 꺼지지 않게 하고, 버즈를 퍼뜨리는 데 흥미 있는 사람들에게 부단히 새로운 투입 요소를 밀어 넣는 것이다. 엠엔엠즈 초콜릿의 새로운 색을 소비자가 고르게 한 마스터푸즈Masterfoods의 급격한 이익 상승을 생각해 보자. 혹은 크레욜라Crayola(문구회사—옮긴이)가 일부 색을 퇴장시키고 약간의 새로운 색을 추가한 경우도 생각해보자. 이면에 있는 어떤 것, 더 이상 토론의 가치가 없는 어떤 것이 중심으로서의 자신의 위치를 탈환했다. 이것은 커다란 변화도 아니며, 중요한 상품의 총점검이나 기대하지 못한 혁신이 일어난 것도 아니다. 단순히 속도의 변화일 뿐이다. 주목을 다시 한 번 끌게 하는 어떤 것일 뿐이다.

## 진단 : 잠재적인 질량과 속도를 예측하라

우리가 말했듯이 운동량 방정식의 결정적인 부분은 질량이다. 중량 있는 아이디어는 표적 청중들 사이에서 버즈가 돌게 만들 가능성이 매우 높다. 사람들에 이야기하기를 원하는 중량감 있는 뉴스를 만드는 진리는 다음과 같다.

진리 : 사람들은 자신의 개인 생활, 가족, 친구, 사랑, 그리고 대인관계에 영향을 미치는 아이디어에 대해 버즈를 낸다.

지난 몇 년 간 커다랗게 버즈가 일어난 주제 중 하나는 독립적인 독신 여성의 증가이다. 우리는 그들에 관해 텔레비전 프로그램(《섹스 앤드 더 시티》,《엘리 맥빌*Ally McBeal*》)이나 책(《브리짓 존스의 일기 *Bridget Jones's Diary*》), 그리고 만혼이나 동거, 출산율의 저하 등에 대해 말하는 뉴스 보도나 기사를 보고 듣는다. 사실 독신 여성에 대한 우리의 연구 중 하나는 꽤나 평판이 자자했었다.《타임 *Time*》의 커버스토리에서부터 지금은《라이브 위드 레지스 앤드 켈리 *Live with Regis* *and Kelly*》인《라이브 위드 레지스 앤드 캐시 리*Live with Regis and Kathie Lee*》에 이르기까지 우리의 발견은 모든 곳에서 갑자기 다뤄졌다.

3 · 40대 독신 여성 대부분은 지금까지의 노처녀의 판에 박힌 삶에서 벗어나 새로 발견한 자유를 즐기고 있었다. 그러나 최근에는 버즈가 방향을 바꿔 이들 여성들이 직면한 무자비한 현실, 특히 출생률에 관한 무자비한 현실에 초점을 두고 있다. 많은 여성들은 가정을 이루는 것에 우선하여 자신의 커리어를 구축하겠다는 그들의 결정이 그것을 불가능하지는 않더라도 힘들게 만든다는 것을 알게 되었다. 일부 여성들은 그들이 결혼해 정착할 수 있는 충분한 시간이 여전히 있다고 믿도록 속아왔다고 느낀다.[8] 또한 많은 여성들이 온라인 데이트 서비스로 돌아서고 있다. 2002년 4월에 매치닷컴*Match.com*은 유료 가입자 수가 전년도에 비해 178퍼센트나 증가했다고 보도했다.[9] 이들 가입자들 중 일부는 스피드 데이트와 같은 전술을 구사하는데, 그것은 애인을 찾기 위해 하룻밤에 30명 정도의 파트너를 바꿔가며 만나는 미팅이다. 이 주제는 더 이상 금기가 아니며 독신자 광고*singles ads*(인터넷이나 잡지에 내는 '애인 구함' 식의 광고. 주로 다양한 섹스 체험의 추구로 이어진다─옮긴이)도 '애타게 찾는' 사람들로 제한되지 않는다. 이런 문화는 이제 생활의 일부분이 되고 있다.

진리: 사람들은 자신의 직업적 삶에 영향을 미칠 정보에 대해 버즈를 낸다.

닷컴 시기를 거쳐 살아남은 인터넷 사이트 중 하나는 역설적으로 동종 업계 회사들의 사망을 예측하고 분류하고 장난치며 그것에서 수익을 얻어 부를 쌓은 무정한 사이트다. 퍼드<sup>Pud</sup>(실제 세계에서는 필 카플란<sup>Phil Kaplan</sup>)에 의해 시작된 퍽크드 컴퍼니<sup>Fucked Company</sup>(www.fuckedcompany.com)는 회사 '데스풀<sup>deathpool</sup>(유명인사나 사람들의 사망 시기를 예측하는 내기를 하는 사이트 – 옮긴이)'로 디자인되었다. 그곳에서 사용자들은 내부자 정보, 사이트에 공식적으로 있는 내부자 메모<sup>internal memo</sup>(회사 사이트에 internalmemo.com이 따로 있다–옮긴이), 논평, 그리고 일반 지식을 근거로 그들의 죽음의 고통을 가지고 내기를 한다. 사용자들은 은밀한 정보를 보내고 회사의 비리를 공개적으로 퍼뜨리면서 콘텐츠를 스스로 제공한다. 심지어 그 사이트의 이름조차도 닷컴 시절 잡지의 아이콘이었던 《패스트 컴퍼니<sup>Fast Company</sup>(인터넷 비즈니스 트렌드 잡지 – 옮긴이)》를 놀림조로 참조해 만든 것이다.[10]

퍼크드 컴퍼니가 출범한 방식은 순전히 버즈였다. 카플란은 단순히 친구들과 자신을 즐겁게 하기 위해 재미로 그 사이트를 만들었다. 그 사이트를 만든 후, 그는 여섯 명의 친구에게 사이트 주소를 이메일로 보내고 일주일간 휴가를 떠났다. 그가 돌아올 때까지 그 사이트에 약 2만 명이 방문했다. 그 모든 것이 버즈에 의해 추동되었다.

닷컴 버블의 시초부터 종말까지 퍼크드 컴퍼니는 자신이 다니는 회사의 파산 여부에 대한 정보에 목마른 피고용자들에 의해 매일, 심지어 매시간 참조되었다. 닷컴사람들<sup>dot-commies</sup>은 임박한 해고의 조짐을 찾기 위해 그 사이트의 한 섹션인 '리센트 펔스<sup>Recent Fucks</sup>' 를 조회하고자 접속했다. 이후에는 구직자들도 잠재적인 고용주들이 어떻게 악영향에 대처하는지 사전 정보를 얻기 위해 그 사이트의 기록들을 철저히 수색했을 것이다. 지난 2년간 사이트의 존재 이유가 덜 필요해지자 퍼크드 컴퍼니는 모든 산업계와 심지어 일부 버즈가 날 만한 명사들에 대한 기록, 불평, 그리고 루머를 다루고 있다.

완전히 불경스러운 것이든 아니면 매우 유익한 것이든, 이 사이트는 있는 그대로 말한다. 모든 기업이 혐의를 받는 포스트-엔론 시대<sup>post-Enron era</sup>에 퍼크드 컴퍼니는 번창하고 있다. 이 사이트는 '루머와 논평<sup>Rumors and Comments</sup>' 의 유료 가입자만으로 연간 1억 달러를 버는 것으로 추정된다. (티셔츠와 그 외의 소지품들도 온라인에서 판매되고 있다.) 기업 경영자들은 이 사이트를 주기적으로 조회하는 것이 현명할 것이다. 한 달에 12달러로 당신은 당신 회사에 대한 '루머 경보<sup>Rumour Alerts</sup>' 와 당신의 이메일로 직접 전송되는 다른 네 가지 정보를 받을 수 있다.

진리 : 사람들은 배타적인 정보, 상품, 혹은 서비스에 대한 접근이 부여되었을 때 버즈를 낸다.

비는 그들의 기호를 매료시키는 그 무엇에 대해서도 버즈를 낸다는 사실을 기억하라. 그러나 알파는 그렇게 하는 것이 엘리트의 일원이라는 신뢰를 그들에게 부여할 때 더욱 버즈를 내기 쉽다. 고급 브랜드에 대한 그들의 가치를 돋보이게 하면 그들은 폭풍을 만들 것이다!

이것은 샌프란시스코의 아모 마케팅이 젊은 도시인들 사이에서 볼보Volvo 브랜드에 대한 인식을 바꾸기 위한 프로그램을 개발했을 때 사용한 진리이다. 아모는 로스앤젤레스 지역에서 200명의 젊은 알파를 선정해 그들에게 2주 동안 신형 볼보를 몰 수 있는 열쇠를 주었다. 또한 아모는 그 차들이 적절한 장소와 길에서 실제 운행되게 하기 위해 VIP 상품권과 최신 유행의 레스토랑과 바에 출입할 수 있는 패스를 주었다.[11]

그에 더하여 아모는 선택된 극소수에게만 볼보 전용 관리인에게 접근할 수 있게 허용했다. 그럼으로써 그들과 일반인들 사이에 장벽을 세운 것이다. VIP들은 판매 대리점에 한 발도 들어서지 않은 채 2주가 끝나면 관리인으로부터 직접 볼보를 구입할 수 있었다. 그렇게 구매한 사람들에게는 유사한 VIP 대접을 받고, 직접 볼보에 접근할 수 있는 친구 다섯 명을 관리인에게 소개하도록 허용되었다. 아모의 마케팅 전략가이자 크리에이티브 디렉터인 에이미 핀에 따르면 이것은 거래에서 VIP가 가장 좋아하는 부분이었다. 알파는 첫 시승을 자랑하는 것도 좋아했지만, 가장 가까운 친구들이 관리인의 초배타적인 서비스에 접근할 수 있도록 해준다는 아이디어를 그보다 더 좋아했다.

진리 : 사람들은 첫 번째로 체험한 독특한 것에 대해 버즈를 낸다.

버즈를 내는 무언가에 대한 은밀한 정보를 공유하는 것을 싫어
할 사람이 있겠는가? 지진에서 살아남은 정보든 마크 맥과이어가
로저 마리스의 홈런 기록을 깨뜨린 정보든, 우리 대부분은 정보에
목말라 하는 청중에게 첫 번째로 정보를 제공하는 것을 좋아한다.
또한 우리는 자신이 겪은 비범한 체험을 설명하면서 친구들을 기
쁘게 하는 것을 좋아한다. 그것이 우리가 '좌담식 유통conversational cur-
rency' 이라 부르는 것이다. 메리언은 광대한 지역을 여행하는 동안
좌담식 유통의 모든 양상을 축적했다. 그녀의 이야기 중 하나——
프랑크푸르트 호텔에서 창문을 통해 그녀 방으로 들어온 한 창문
닦는 사람에 관한 이야기——는《뉴욕 타임스》에 실리기까지 했
다.[12] (그녀의 비명을 들은 호텔 근무자들이 재빨리 이 일에 대처한 것
은 다행이었다. 보도에 따르면 이미 이전의 여성 투숙객들도 이와 같은
경험을 했다고 한다.)

지금은 MVBMS Fuel Europe에서 일하는 우리 동료 사빈느 반 데
르 벨덴은 "지난 밤 내가 무엇을 했는지 당신은 절대 못 믿을 거
야!"라고 외치고 싶어하는 사람들의 열망을 이용해 성공한 TV 리
얼리티 게임 쇼《더 바The Bar》를 지난 여름에 론칭한 경험을 이야기
했다. 바텐더들을 서로 경쟁시키는 이 쇼의 촬영장으로 사용된 로
테르담에 있는 바의 문이 열리자 1천 명의 열정적인 참가자들이

> 알파와 비 사이에서 그리고 사회 활동을 하는 모든 사람 사이에서 좌담식
> 유통은 진정으로 가장 가치 있는 형태의 자원이라는 것을 명심하라.

몰려들었다. 그들은 단 1, 2초 동안 텔레비전 화면에 비칠 기회를 얻는 것이 몇 시간이나 기다릴 만한 가치가 있다고 여겼던 사람들이다. 그러나 그들 중 아무도 군중들을 비추는 5초 동안의 파노라마 화면 한 컷이 부와 명성을 가져다줄 것이라 생각하지 않았고, 대부분은 어느 바텐더가 승리하는지에 대해 유념하지도 않았다. 그들은 단지 독특한 체험을 공유하기 위해, 그리고 다음 날 학교나 일터에서 이야기할 무언가를 만들기 위해 그 곳에 있었다.[13]

오늘날 소위 체험 경제experience economy, 즉 사람들에게 매우 제한된 방식으로라도 특정 브랜드에 참여할 기회를 주는 것은 매우 드문 일이다. 우리와의 한 인터뷰에서 로스앤젤레스에 자리잡은 야야의 사장이자 CEO이며 광고인을 위한 인터넷 게임 구축자인 키스 페라치는 수동적인 소비자를 브랜드에 대한 능동적인 참여자로 움직이게 만드는 힘에 대해 말했다.

"당신은 분명히 유에스 오픈U.S. Open(메이저 골프 대회 중 하니 — 옮긴이)에 광고를 할 수 있다. 그러나 만약 당신이 '클로지스트 투더 핀Closest to the Pin' (파 3인 홀에서 핀에 가장 가깝게 다가간 사람의 순서로 퍼트하여 두 퍼트 안에 홀 아웃하는 사람에게 상금을 주는 골프 게임 — 옮긴이) 게임을 개최하고, 유에스 오픈에다 15초짜리 텔레비전 스팟 광고를 해서 크라이슬러의 홈페이지(www.chrysler.com)를 통

해 친구들에게 시합을 걸 수 있다고 알린다면 어떨까? 당신이 행한 것은 스포츠맨을 매료하고 그들에게 경쟁심과 절박감을 부여한다. 소비자들을 구경꾼의 상태로 남기지 않고 소비자들과 관계를 맺는 상황이 되는 것이다."[14]

진리: 사람들은 충격적인 것이나 예측하지 못했던 것에 관해 버즈를 낸다.

농담이건 fcuk 캠페인의 성적으로 빗댄 충격이건 혹은 왕세자비의 죽음의 비극적 충격이건 사람들은 예측하지 못했던 것에 대해 이야기하는 것을 좋아한다. "최근에 보거나 들은 적 있니?"라는 말은 버즈의 시작을 알리는 것이다. 교묘한 광고 방송 '정돈하라 Tide Up'는 가구 및 홈 액세서리 업체 IKEA에 의해 만들어졌다. 그 광고는 장난감들이 흩어져 있는 마루 위에서 놀고 있는 작은 소년의 모습에서부터 시작한다. 자동차, 트럭, 농장 동물, 그리고 블록들이 흩어져 있다. 카메라는 소년이 놀고 있는 장난감과 소년을 교대로 비춘다. 소년은 미니어처 마을을 달리는 자동차와 트럭을 가지고 있으며, 소년이 놀고 있을 때 적합한 음향 효과를 낸다. 그 장면은 아이들이 무아지경으로 놀 때 항상 그렇듯이 즐겁다. 소년이 유선형의 우주선을 가지고 놀고 있을 때쯤, 대부분의 사람들은 '도대체 무슨 말을 하는 광고지' 라는 의문을 느낄 것이다. 소년이 그 우주선을 엔진 소리를 내면서 동물 위로 날리고, 그 다음에는 유머가 지닌 막강한 위력을 이해하라. 특히 청중에게 무언가 외설적이거나 불쾌한 느낌을 주는 대상에 적용할 때 유머는 더욱 위력적이다. 싱그러운 미소가 첨부된다면 웬만한 것은 용서가 된다.

단단한 목재로 만들어진 마루 위로 착륙시킨다. 소년이 우주선의 손잡이를 돌리는 순간 시청자는 문득 그 우주선이 실제로는 바이브레이터Vibrator(여성용 자위기구 – 옮긴이)라는 사실을 깨닫는다.[15] 단단한 목재로 만들어진 마루 위에서 바이브레이터가 큰 소리로 진동하고, 소년은 순진무구하게 웃는다. 이 광고는 충격적인 요소와 가벼운 놀라움뿐만 아니라 궁극적으로는 사람의 마음을 끄는 내용 때문에 소비자에서 소비자에게로 퍼진 수많은 광고 중의 한 예일 뿐이다.

진리: 사람들은 열정을 느끼는 무언가에 대해 버즈를 낸다.

ESPN은 스포츠팬의 정열을 토대로 이윤이 매우 많이 남는 사업을 구축했다. 20년도 더 전에 브리스톨과 코네티컷의 지역 스포츠 채널로 방송이 시작되었을 때, 스포츠 뉴스 시장이 24시간 연속 방송을 지원할 정도로 강력할 것이라고 생각했던 사람은 거의 없었다. 그러나 오늘날 ESPN은 8천만이 넘는 가족이 시청하고 19개의 국제 네트워크는 아홉 가지 언어로 140개가 넘는 나라에 프로그램을 공급하고 있다. 완고한 스포츠팬들에게 이 방송은 꿈의 실현이었고 버즈는 즉시 구축되기 시작했다. 상상할 수 있는 모든 스포츠에 대한 색다른 취재와 보도로 이 방송은 매우 빠르게 명성을 얻었다. 아메리카 컵$^{\text{America's Cup}}$(조정 대회—옮긴이)에서 데니스 코너가 우승하는 순간과 같은 비주류 스포츠의 위대한 순간들이 전통적인 스포츠 애호가들에게 친숙하지 않은 스포츠조차도 흥미로울 수 있다는 것을 입증했다. 스포츠 중독자의 새로운 세대가 탄생한 것이다.[16]

ESPN이 자사의 프로그램인 스포츠센터$^{\text{SportCenter}}$를 위한 유명한 상업광고에 이용한 것이 바로 이러한 틈새$^{\text{niche}}$, 도를 넘어선 스포츠 형제애였다. 《애드버타이징 에이지》의 기자인 로라 페트레카는 다음과 같이 말한다. "ESPN을 컬트의 지위$^{\text{cultlike status}}$까지 올려놓은 것은 스포츠센터 광고이다. ESPN은 단순한 방송을 초월한다. ESPN은 최첨단의 그 무엇이다."[17]

평범한 사람들과 비범한 운동 선수를 출연시키고, 부조리한 시나리오를 가지고 한 시간 동안 지속되는 인기 스포츠 프로그램이라는 특징을 가진 이 광고는 컬트 추종자를 낳았고 '어젯밤의 게임$^{\text{last night's game}}$' 과 같은 대중적인 대화$^{\text{watercooler conversation}}$의 주제가 되었다. 이러한 광고 방송과 스포츠센터 프로그램의 불손하고 변덕스러운 스타일은 수많은 미국 남성들이 매일 밤 이 프로그램을 시청할 정도로 버즈가 났다. 《뉴욕 타임스》의 기자인 리처드 산도미르가 《뉴스아워 위드 짐 레러$^{\textit{The NewsHour with Jim Lehrer}}$》와의 인터뷰에서 말했듯이 "ESPN 현상은 한 소절로 요약될 수 있다. 다 다 다, 다 다 다$^{\text{Dah dah dah, dah dah dah}}$. 미국에서 가장 널리 알려진 후렴구인 스포츠센터의 오프닝 테마로 말이다."[18]

진리 : 사람들은 자신의 분노나 두려움을 발산하기 위해 버즈를 낸다.

> 사람들은 그들이 공유할 부정적인 뉴스가 있을 때 가장 강하고 크게 버즈를 낸다. 이것은 인터넷 접속 시대에 수많은 브랜드가 쓰라린 경험을 통해 배운 교훈이다.

대다수의 마케터는 부정적인 버즈를 피하기 위해 시간을 지출하지만 파리의 한 에이전시는 버즈 불꽃의 이러한 가장 두려운 측면을 매우 효과적으로 이용하는 위력을 입증했다.

2002년 6월, 프랑스 시청자들은 저녁 텔레비전 방송 순서를 알리는 프로그램이 방송되는 동안 나타난 수수께끼 같은 공중(公衆) 서비스 공고에 사로잡혔다. 수위를 달리는 방송사 TF1에서 8시 뉴스가 시작되기 직전에 아세톤, 암모니아, 청산가리, 수은 등이 포함된 '대량 소비 상품mass consumption product'이 발견되었다는 경고성 문구가 뜬 검은 화면이 12초 동안 방송되었다. 더 이상의 정보를 원하면 연락할 수 있는 전화번호도 있었다. 몇 분도 되지 않아 거의 50만 명에 달하는 시청자들이 전화를 걸었다. 저녁이 끝날 무렵에 그 숫자는 100만 명에 육박했다. 그 전화는 소비자들에게 담배가 바로 그 상품이라고 알려주었고, 정부의 금연 사이트로 방문하도록 안내했다.[19]

프랑스 에이전시인 BETC 유로 RSCG가 '건강 자각과 예방 연구소Institute of Health Awareness and Prevention'를 위해 제작한 이 광고는 뛰어난 효과로 인해 언론과 그 일을 의뢰한 공무원들에게서 찬사를 받았다. 그렇다면 대중들 사이에서의 반응은 어땠는가? 우선 이 광고가 방영된 날 밤부터 버즈로 인해 귀가 멍멍하게 되었다. 초기 통화량 폭주가 '프랑스 텔레콤'이 예상했던 것의 열 배나 되었기 때문에 전화를 걸었던 많은 사람들이 통화를 할 수 없었다. BETC는 자신의 전략이 소비자 패닉을 전례가 없는 인식으로 바꾸는 의도를 포함하고 있다는 것을 명백히 했다. BETC의 플래닝 디렉터인 제롬 길버트는 대중의 반응이 오손 웰즈가 연출한《우주 전쟁War of the Worlds》 방영 후 일어났던 패닉과 유사했다고 말한다(1938년 10월 30일, 당시 라디오 캐스터였던 영화감독 오손 웰즈가 연출한 라디오 드라마. 미국 전역에 방송되던 라디오 드라마 정규편성 시간에 갑자기 비상 사이렌과 함께 화성인의 침공을 알리는 긴급뉴스 식으로 방송을 시작하자, 미국 전역에서 화성침공을 사실로 믿고 자살한 사람이 60명이 넘을 정도로 패닉을 야기했다 – 옮긴이).

이 금연 광고는 에이전시와 클라이언트 모두에게 도드라진 도약이었고, 양자 모두 성난 소비자들이 드러낼 반발의 잠재력을 알고 있었다. 광고가 방영되기 전에 에이전시는 위험한 소비재가 선반 위에 있다고 경고하는 약간의 팸플릿 뭉치와 비디오카메라로 무장한 채 거리를 덮쳤다. 카메라 군단은 흡연자들의 근심을 촬영하고 다음에 그들이 팸플릿 한 페이지를 펼쳐 보고는 문제가 되는 상품이 자신의 손 안에 있는 것임을 알았을 때의 반응을 촬영했다. 이러한 거리에서의 인터뷰는 이후의 검은 화면 광고를 위한 토대가 되었다. 길버트는 그 결과에 기뻐했지만 놀라지는 않았다. 그는 다음과 같이 말했다. "그 캠페인은 엄청난 성공이었다. 흡연자들은 대경실색했으며, 금연은 뉴스에서 되풀이하는 중요한 이슈가 되었다. 언론 보도는 믿어지지 않을 정도였다." 길버트는 새로운 각도로 그 임무에 접근하고자 하는 클라이언트와 에이전시의 의향을 신뢰했다. "이 과정은 매우 실험적이었으며, 우리를 바이러스처럼 사용되는 새로운 종류의 광고로 이끌었다."[20]

## 타이밍이 가장 중요하다

버즈가 날 만한 아이디어나 메시지를 안출(案出)하는 것은 첫걸음일 뿐이다. 방정식의 두 번째 부분은 속도이다. 즉 버즈를 발화시키고 소통이 진척되게 하는 최선의 방법을 찾는 것이다.

적시에 적합한 아이디어로 적합한 사람들을 명중시키는 것은 급상승하는 버즈와 출발지를 벗어나지 못하는 버즈 사이의 차이를 만들어낸다. 여기에는 세 가지 변수가 있다. 각 변수의 중요성을 설명하기 위해 MTV의 대형 히트작인 《오스본 가족 *The Osbournes*》을 예로 들어보자. MTV에 있는 어느 누구도 나이가 들어가는 헤비메탈 록커인 오지 오스본Ozzy Osbourne과 그의 가족의 일상에 근거한 리얼리티 시트콤이 정규 케이블 방송 역사상 공전의 히트작이 될 것이라고 합리적으로 예측할 수 없었을 것이다. 분명히 그 아이디어는 흥미로우며 그 쇼는 진기한 가치로 인해 이익을 볼 것이었다. 그러나 시청률이 정점에 달했을 때 각 편당 거의 800만 명 정도가 시청하게 될 것이라고 상상이나 했을까? 이것은 케이블 텔레비전에서 가장 높은 시청률을 기록하는 시리즈물이 되었다.[21]

이 모든 일이 어떻게 일어났을까? 모두 버즈와 관계가 있었다. 첫째로 오스본 가족의 집이 방영된 것은 MTV의 시리즈물《크립스*Gribs*》에서였는데 그 프로는 유명인사들, 특히 음악계 유명인사들의 가족을 탐방해 방영하는 프로그램이었다. 그것이 운동의 회전을 시작했고 시청자들도 그 가족의 변덕스러운 특성과 집의 중세풍 장식에 대해 버즈를 내기 시작했다. 버즈가 커지자 방송사는 우리가 생각하기에 10년 동안 내렸던 것 중에서 최고의 결정을 내렸다. MTV의 카메라가 오스본 가족을 따라다니는 대가로 방송사는 그 가족에게 20만 달러를 제공했다. 그 결과로 탄생한 13가지 에피소드를 가진 프로그램은 매우 성공적이어서, 보도에 따르면 이후 2년 동안 MTV는 2천만 달러를 제공했다.[22] 샤론 오스본*Sharon Osbourne*(오지 오스본의 부인이자 매니저이다 – 옮긴이)은 탁월한 협상가였다!

무엇이《오스본 가족》을 그렇게 성공할 수 있도록 만들었을까? 런던의 해로드 백화점*Harrods of London*을 위해 일하는 독립 엔터테인먼트 컨설턴트인 마크 리버스가 언급하듯이 "그것은 평범하지 않은 사람이 평범한 일을 하는 것과 관련된다. 즉 오지 넬슨*Ozzy Nelson*으로서의 오지 오즈본인 것이다."[23] 이것은 진실이다. 우리가《오스본 가족》을 좋아하는 이유는 가장 충격적인 록커 중 하나가 항상 이웃들과 승강이를 하고 버릇없는 그의 자식들에게 잔소리하며, 끊임없이 대소변을 누는 아내의 강아지가 용변을 본 후 청소를 말끔히 하는 모습을 사랑하기 때문이다. 빠르게 변화하는 세상에서 시청자들은 일상의 찬양에서 오는 안도를 얻는다. 전통적인 가족의 가치——그러나《오스본 가족》에서는 뒤틀려 있기도 한——가 고이 간직되는 것이다.

《오스본 가족》의 경우에는 버즈의 3대 변수의 교차점이 분명하게 드러난다.

1. 적합한 아이디어 적합한 아이디어가 적합한 사람과 교차하기 전에는 그것은 결코 분명하지 않다. 위대한 아이디어가 적합한 청중을 발견하는 것은 몇 년 혹은 몇 세기가 걸릴 수도 있다. 그 과정에서 많은 아이디어는 부정되고 오용되거나 조롱거리가 되었다.

《오스본 가족》의 아이디어의 핵심은 분명 새로운 것이 아니다. 가족 지향적인 시추에이션 코미디는 미국의 가정에 텔레비전이 보급된 후 생활의 일부가 되었다. 다른 록 음악계의 아이콘인 리키 넬슨도 50년 전에 시작한 한 프로그램에 출연하기도 했다. 텔레비전의 소재로서 역기능적 가족dysfunctional family이라는 개념은 오래 전에 도입되었는데, 혹자는 '리키와 루시Ricky and Lucy'를 다른 이들은 '랄프와 엘리스Ralph and Alice'를, 또 다른 이들은 '아치와 에디스Archie and Edith'를 효시라고 말한다. 1970년대 초반에는 매우 기능 장애가 심한 캘리포니아의 '라우드 가족Loud Family'이 출연한 리얼리티 텔레비전 프로그램도 있었다.

무엇이 오스본 가족을 우리 시대에 적합하게 했을까? 무엇보다도 가까스로 통제되는 가족생활의 카오스가 매우 재미있다는 것이다. 그리고 거의 풍자만화처럼 보이는 실제 사는 사람들, 즉 캐릭터들이 있다. 비틀거리며 걷는 '어둠의 왕자Prince of Darkness' 오지, 입이 거칠지만 가족을 담당하는 엄마 샤론, 핑크빛 머리카락을 가진 자라나는 팝 스타 켈리, 그리고 무력을 행사하고 음악에 사로잡힌 잭. 그러나 이 쇼의 호소력은 오락적 가치를 넘어선다. 일반적으로 팬들은 그 기묘함에도 불구하고 오스본 가족이 서로를 진정으로 사랑하고 있으며 역기능적이기보다는 순기능적일 거라고 평가한다. 우리는 유머스럽고 불경하며 지나치게 심각하게 받아들이지 않아도 되는 꾸러미로 포장된, 우리가 갈망하는 전통적인 가족의 가치를 얻는다.

2. 적합한 사람 적합한 사람이 아이디어를 채택하고 기꺼이 받아들인다. 그들은 그 아이디어에 맥락과 생명을 부여한다. 만약 이것이 '적합한 시간대'와 일치하게 되면 그 아이디어는 자신만의 생명력을 얻게 된다. 접근하기 용이한《오스본 가족》의 경우는 알파의 도움이 필요하지 않다. 비가 필요한 버즈를 모두 다 낼 수 있다.

MTV는 메시지를 퍼뜨릴 적합한 사람들을 찾는 데 문제가 없었다. MTV는 젊고 유행을 선도하며, 음악을 사랑하고 대중문화에 젖어 새롭고 흥미로운 것을 추구하는 자발적인 청중을 가지고 있었다. 프로그램이 FOX나 VH1(모두 미국의 케이블 방송이다-옮긴이)이 아니라 MTV에서 처음으로 방송되었다는 사실이《오스본 가족》에 진정성을 주었다. 또한 만약 PBS나 온라인에서 방영되었다면 그것은 결코 틈새 청중을 넘어서지 못했을 것이다.

MTV는 1차적으로 비를 위한 최고의 수로(水路) 중 하나이다. 그것은 당혹스럽게 신랄하지 않으며 모호하지도 급진적이지도 않은 방식으로 삭이기 쉬운 오락을 제공한다. 알파나 유행을 만드는 사람들은 MTV에서 영감과 정보를 얻지 않는다. 오히려 그들은 대개 MTV 프로그램 개발의 주체들이다.

물론《오스본 가족》을 성공시킨 가장 강력한 요소는 오스본 가족 그 자체이다. 만약 다른 가족이 출연했어도 그 정도의 성공이 재현되었을지는 의문이다. 그렇다고 이러한 의문이 프로듀서들의 시도를 중단시킨 것은 아니다. 우리 생각으로는 E!는 형편없는《안나 니콜 쇼 *The Anna Nicole Show*》를 방송해 왔고, 반면에 VH1은 리자 미넬리와 그녀의 새 남편 데이비드 게스트의 삶에 초점을 둔, 보다 기묘한 아이디어를 제안했다 (이후 그 계획은 보류되었다).

3. 적합한 타이밍 "자신의 때가 온 것이 바로 아이디어다." 우리는 얼마나 자주 이 말을 들어 왔는가? 그러나 그 전제는 진리다. 역사의 특정 시점에 적합한 사람과 아이디어의 결합이 혁명을 출발시킬 수 있다. 유사하게 개인들의 삶에서도 일들이 쉽게 잘 풀리며 때를 타고나서 쉽게 위대한 아이디어에 응답할 대비가 되어 있는 특정한 시점이 있다. 이것은 운동이 빠

버즈마케팅

르고, 느리고, 차고, 기울고 하는 효력을 나타내는 국면이다. 아이디어와 메시지는 상품과 서비스처럼 수명을 가지고 있다. 적합한 때는 기회의 창을 나타낸다. 그 창은 일단 닫히면 다시는 열리지 않는다.

우리는 진정성이 요구되는 시대에 살고 있다. 매리 카의 《거짓말쟁이 클럽*The Liars Club*》처럼 가족에 대한 회상을 담은 책이 베스트셀러가 된다. 주로 《서바이버*Survivor*》의 성공에 의해 불이 지펴진 리얼리티 TV 열풍은 그 열기가 사라졌다. 그 이유는 참가자들이 점점 덜 현실적이게 된 것에 기인할 것이다. 그들은 카메라 앞에서 지나치게 연기를 하며, 지나치게 편집에 집착한다. 《오스본 가족》은 그 정직성과 개방성, 즉 진정성으로 우리를 놀라게 했다. 그와 같은 가족에게 누구도 무언가 숨기고 있다고 비난할 수 없을 것이다. 그들이 표현하는 감정과 언어는 생생하고 현실적이며, 유명인사의 매니저나 홍보담당자에 의해 인공적으로 빚어진 세계에서 고마운 휴식을 준다.

버즈 마케팅 영역에서 성공하는 것은 과학보다는 운에 달린 듯이 보이지만, 이 세 가지 요소의 적합한 조합을 찾는 것이 마케터가 출발하기에 가장 좋은 장소다. 이것은 브랜드를 내부에서 외부로, 동시에 내부에서 외부로 총체적이고 현실적으로 이해하는 것을 요구한다.

무엇이 오르는가

## 예견 : 정세를 점쳐라

많은 경우에 브랜드 메시지가 운동할 것인지 여부는 마치 점을 치는 것과 같다. 집시는 사람들의 여러 가지 측면(버릇, 신호, 복장 상태, 장신구)을 관찰한 후 유리알을 들여다보면서 영감과 경험에 근거한 추측을 한다. 그러면 사람들은 그 추측이 어느 정도까지 현실이 될지 여부를 결정한다. 강연과 설명에서도 그것은 마찬가지이다.

우리는 종종 우리의 우선적인 임무 중 하나는 확률적이고 가능한 미래의 배열을 클라이언트에게 제출하고, 그들이 원하는 것을 성취하고 싫어하는 것을 회피하도록 돕는 것이라고 말해왔다. 버즈 캠페인의 미래를 예측하는 것은 대체로 파악해야 할 변수가 보다 적다는 점에서만 상이하다. 적어도 시초에 어느 정도까지는 '누가, 언제, 어디서, 무엇을'을 포함한 가장 중요한 변수들의 많은 영역을 조정할 수 있다. 초기의 사람들은 당신의 무리이며, 당신은 당신이 원하는 사람을 들여놓을 수 있다. 그러나 축제가 최고 속도에 달하고 초대받지 않은 사람들이 흥겨움을 듣고는 축제를 깨뜨리기로 결정할 때, 일들은 점점 더 통제에서 벗어나기 시작한다. 그 때가 버즈의 대가the buzz master가 열렬한 팬으로부터 분리되는 때이다.

제5장에서는 자신의 청중보다 한 발 앞선 상태를 유지해온 마케터의 세 가지 중요한 예, 즉 팝스타 마돈나, 애플 컴퓨터, 그리고 디자이너 캘빈 클라인을 검토할 것이다.

게릴라 아티스트인 세파드 페어리Shepard Fairey는 10년이 넘도록 청년문화의 최첨단을 유지해왔다. 페어리가 기업 권력the corporate powers에 자신의 재능을 팔았다고 비난하는 사람도 그를 그리 나쁘게 평가하지는 않는다.[24]

대도시에 사는 사람들이라면 스텐실로 인쇄된 앙드레 더 자이언트Andre the Giant(1993년에 사망한 유명한 프로 레슬러 – 옮긴이)와 명령적인 "복종하라" 혹은 "자이언트에게 복종하라"라는 문구가 적힌 포스터를 봤을 것이다.(그림4-4를 보라) 이 포스터는 상품이나 서비스 혹은 어떤 밴드의 광고가 아니다. 또한 배후의 빅 브라더Big Brother를 따르라는 판에 박힌 명령도 아니다. 그것은 페어리의 로드아일랜드 디자인 학교Rhode Island School of Design 졸업작품이다. 그는 13년이 넘도록 앙드레 더 자이언트와 그 외 인물들이 출현한 프로파간다 스타일의 포스터나 스티커를 뉴욕에서 도쿄, 필라델피아, 그리고 런던에 이르기까지 전세계의 도시들에 덕지덕지 붙였다. 페어리에 따르면 그는 백만 장이 넘는 스티커와 수천 장의 포스터를 고속도로 광고판, 빌딩의 벽, 거리의 간판, 버스정류장, 그리고 그 외의 장소들에 붙였다고 한다. 페어리의 팬들은 그 그림들에 경의를 표하면서 희극배우 앤디 카우프만Andy Kaufman에서 만화책 캐릭터인 알프레드 E. 뉴만Alfred E. Newman에 이르기까지 아이러니한 특성을 지닌 사람들을 소재로 하여 직접 그린 복제품들을 추가했다.[25]

광고판을 뒤덮느라고, 그리고 경찰을 피해 다니느라고 바쁘지 않을 때(그는 자신이 다섯 번 체포됐었다고 이야기했다) 그는 그래픽 디자인 회사인 Blk/Mrkt Inc.을 경영하면서 자신의 클라이언트들인 레비 스트로스 앤드 컴

**그림4-4** 자이언트에게 복종하라

퍼니<sup>Levi Strauss & company</sup>, 어스링크<sup>EarthLink</sup>, 버진 레코드, 그리고 포드의 일원으로 일한다. 몇 년 전 그는 마운틴 듀<sup>the Mountain Dew</sup>가 청년층의 '최고의<sup>extreme</sup>' 음료수가 되도록 재디자인해 줄 것을 요청받았다. 많은 신봉자들은 이것을 상업주의(페어리가 수행하기를 거부한 역할)에 대한 격렬한 반대의 표명으로 여긴다.

페어리는 버즈를 창출하고 퍼뜨리는 자신의 재능 때문만이 아니라 사람들을 즐겁게 하기도 하고 화나게 하기도 하는 새로운 특색<sup>touch</sup>과 스타일을 부단히 추가함으로써 운동이 지속되도록 유지한 능란한 일솜씨 때문에라도 우리에게 깊은 인상을 준다. 32세라는 적지 않은 원숙한 나이 때에도 그는 자신이 출발했던 지점인 스케이터<sup>the skater</sup>나 펑크 록 문화와도 조화를 이룰 수 있었다. 페어리의 추종자를 구성하는 무리에게 상업적 성공은 그 자체가 아주 싫은 것이기에 그것은 쉽지 않은 일이다.

페어리가 자기 팬들의 마음에 관습이나 빅 브라더에 대항하는 목소리로 남아 있을 수 있다는 사실은 그의 작품이 런던의 빅토리아 앤드 앨버트 전시관, 뉴욕의 현대 미술관에 전시될 정도라 하더라도 그가 자신의 작품의 핵심적 요소에 여전히 진실하다는 것, 즉 예전 이미지에 대한 아이러니하고 신선한 시각을 유지하고 있다는 것을 입증한다. 비록 기업의 간부로 임명될 것이 예정되었다 하더라도 그는 거리예술 성전(聖戰)을 지속함으로써 자기 작품의 진정성을 유지한다. 자신의 팬들에 대해 충분히 알고 있는 페어리는 사람들이 자신의 작품을 모방하도록 고무하고 심지어 자신의 작품을 웹사이트에서 무료로 다운받게 함으로써 지나치게 상업적이 되는 것을 피한다.

페어리는 버즈의 물리학을 이해하고 있다. 즉 자신의 본래 의도를 양보하지 않으면서 어떻게 버즈가 빠르고 멀리 퍼질 수 있는지를 이해하고 있다. 그는 그렇게 많은 마케터들도 이해하지 못한 것을 직관적으로 아는 것 같다. 긍정적인 버즈를 야기시키는 것과 반발을 야기시키는 것 사이에는 미묘한 경계가 있다. 자신의 청중을 이해하는 것은 운동을 지탱하는 데 결정적이다.

# 제5장

상승과 하락을 관리하라 : 지속적인 브랜드에서 배우는 교훈

    사랑하든 미워하는 간에 사람, 장소, 사물 등 질리지 않는 브랜드가 있다. 그것들은 우리의 생활과 현대 문화에 지울 수 없게 각인되어 있다. 우리는 그 브랜드들을 우리 스스로를 규정하는 것을 돕는 것으로, 그리고 우리가 그것과 관련하여 어느 영역에 부합하는지 알게 하는 것으로 여긴다.

    이번 장에서는 우리를 규정했던 세 가지 브랜드의 케이스 스터디를 서술하고자 한다.(**그림5-1**을 보라) 그들은 시동을 거는 데 명수들이다. 그들은 한물가거나 진부해지지도 않은 채 반복적으로 컴백한다. 그들은 부단히 자신의 이미지를 쇄신하면서도 자신의 핵심 가치에서 벗어나지 않으면서 우리에게 다가온다. 우리는 그들이 운동의 다음 파도를 어떻게 정상에 올려놓을지 미리 보고자 한다. 이들 부단한 승자들, 마돈나, 애플 컴퓨터, 그리고 캘빈 클라인에게서 배우는 교훈은 어떤 브랜드라도 경기에서 이기게 하는

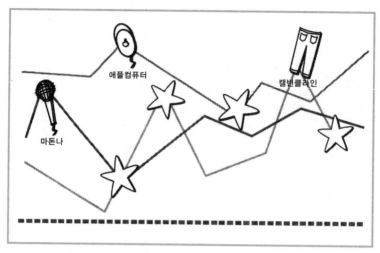

**그림5-1** 지속적인 브랜드

데 적용될 수 있다.

## 변신하는 마돈나

어떤 점 때문에 마돈나라는 여자<sup>Madonna the woman</sup>가 마돈나라는 아이콘<sup>Madonna the icon</sup>이 되었을까? 한때 통통하고 코맹맹이 목소리를 가진 십대의 팝 여왕이 여전히 사라지지 않고 있다는 것을 언제 갑자기 깨달았을까? 《수잔을 찾아서<sup>Desperately Seeking Susan</sup>》의 스타가 자기 안에 《에비타<sup>Evita</sup>》(모두 마돈나가 주연을 맡은 영화이다―옮긴이)를 지니고 있다는 것을 누가 알았을까? 혹은 한때 '라이크 어 버진<sup>Like a Virgin</sup>'을 불렀던 소녀가 불현듯 《섹스<sup>Sex</sup>》라 불리는 책을 출판할지 누가 알았을까? 항상 우리가 가고자 했던 곳보다 더 멀리 우리를 밀어붙이던 마돈나는 20년 이상 버즈의 명수였다.[1] 그 역사를 돌아보자.

### 국면 1 : 십대의 여왕

1978  1958년에 마돈나 루이스 베로니카 시콘느라는 이름으로 출생한 마돈나는 미시간 대학을 중퇴하고 뉴욕으로 갔다. 그녀의 유일한 목표는 부와 명성이었다. 그 목표를 위해 춤추고 노래하고 연기하면서 4년을 보냈다. 그녀는 무례할 정도로 야심이 많으며 어떤 기회도 얻지 못할 것이라는 루머가 돌았다.

1982  마돈나의 첫 번째 싱글 앨범 '에브리바디Everybody' 가 댄스클럽의 히트곡이 되다.

1983  마돈나의 셀프-타이틀 데뷔 앨범이 출시되다.

1984  25살에 《아메리칸 밴드스탠드American Bandstand》에 출연하여 '홀리데이Holiday' 를 공연하고는 만족스럽게 웃으면서 사회자 딕 클라크Dick Clark에게 "나는 세계를 지배하고 싶다"고 말하다.[2] 그녀는 '보더라인borderline' 으로 톱 텐에 올랐고, MTV의 비디오 뮤직상 후보로 올랐다(수상하지는 못했다). 거기에서 그녀는 '라이크 어 버진' 의 흥겨운 공연

으로 평판이 자자해졌다. 이후 동일 이름의 앨범이 그 해에 출시되다.

1985  여러 면에서 이것이 마돈나의 오랜 경력의 정점이자 최초로 명성을 얻은 절정의 계기다. '라이크 어 버진'이 날개 돋친 듯이 팔리다. 《수잔을 찾아서》에서 보여준 연기에 대해 비평가들이 칭송하면서 배우 마돈나가 탄생하다. 배우 숀 펜Sean Penn과 결혼하다. 그녀의 아이콘적 지위를 확인하듯 1985년 5월 "마돈나—왜 그녀가 유행인가?"라는 타이틀로 《타임》지 커버에 실리다.[3]

## 국면 2 : 성장기의 신경통

1986  이 때 마돈나의 두 번째 변신의 발전이 일어난다. 숀 펜과
−1988  의 결혼은 재앙이었다. 물론 그들이 함께 출연했던 영화 《상하이 서프라이즈Shanghai Surprise》보다는 덜 파국적이었지만.《트루 블루True Blue》앨범이 출시되었는데, 그것은 마돈나의 십대 여왕 이미지에서의 첫 번째 탈피를 보여주었다. 수록된 노래들은 음악성과 양식상에서 약간 더 안정되고 성숙해지다. 영화《후즈 댓 걸Who's That Girl》이 실패하다. 리믹스 앨범《유 캔 댄스You Can Dance》가 임시변통의 수단으로 출시되다. 이 시점에 많은 사람들이 그녀의 초기 버즈에 불을 다시 지피려고 노력했지만 결국 실패했다.

1989  그녀가 돌아오다. 삼 년의 침체를 회복하면서 숀 펜과 결별하고 《라이크 어 프레이어 *Like a Prayer*》를 출시했으며 펩시 ^Pepsi와 스폰서를 체결하다. 다시 그녀에 대한 버즈가 돌다. 이 버즈의 대부분은 앨범의 타이틀 트랙을 위해 제작한 논쟁적인 비디오에 대한 것이었다. 그 비디오에서 마돈나는 살아난 검은 예수의 상과 애무를 한다. 마돈나는 언론을 타는 데 귀재다. 펩시는 그녀를 버렸지만, 그것은 오직 대중들의 관심의 불꽃에 풀무질을 한 격이었다.

1990  우리는 마돈나의 새롭고 더욱 성숙한 변신을 받아들이게 된다. 보통 그것은 섹스와 많이 관련되지만 이전과는 달리 남자들의 노리갯감보다는 자기 능력과 육체적 힘에 집중된다. '블론드 앰비션 투어 ^The Blonde Ambition tour' 는 장-폴 고티에 ^Jean-Paul Gaultier (프랑스의 디자이너 - 옮긴이)가 디자인한 원뿔형 브래지어를 유명하게 만들었다. 그녀의 첫 번째 컴필레이션 앨범 《이매큘러트 컬렉션 *The Immaculate Collection*》이 출시되어, 파티의 믹싱 레코드와 운동경기용 테이프로 모든 곳의 젊은이들에 의해 선택되다.

## 국면 3 : 공공연하게

1991  진실과 논쟁이 마돈나의 이 시절을 특징짓는다. 다큐멘터리 《진실 혹은 대담 *Truth or Dare*》이 마돈나라는 인간의 용

성숙과 허락을 관리하라 : 지속적인 브랜드에서 배우는 교훈

감한 일면을 보여주다. 그녀의 비디오《저스티파이 마이 러브_Justify My Love_》가 MTV의 저주를 받고, ABC의《나이트라인_Nightline_》에 단 한 번 소개되다. 그러나 바로 이듬해에 그녀의 첫 번째 진정한 영예인 그래미상_Grammy_을 받다.

1992  그래미상을 받은 후 마돈나가 다시 그녀 자신을 드러내는 엑스 등급의 포토 에세이《섹스》의 출판으로 충격의 가치를 탈환하다. 진정한 분노에서 참신함의 결여에 대한 실망까지 반응이 뒤섞이다. 많은 이들에게 그것은 헛소동이었다. 동시에 마치 그녀의 야망은 한계를 모른다는 것을 입증하듯 매버릭 레코드_Maverick Records_를 설립하고 사업을 시작하다.

### 국면 4 : 성숙과 모성

1994  '테이크 어 보우_Take a Bow_' 의 히트로 마돈나의 스타일이 성숙해지다. 이 곡은 9주 동안 팝 차트 1위를 차지했다.

1996  이 시기는 마돈나가 약간의 존경을 얻기 시작한 단계다.
−1997  《에비타》에서의 열연으로 골든글로브상_Golden Globe_을 수상했고 10월에는 딸을 낳았다. 많은 사람들이 이전의 '버진' 걸이 어떻게 모성을 잘 다룰지 우려했다. 팝 스타로서의 그녀의 능력_relevance_이 쇠퇴할 것이 유망해 보였다.

## 국면 5 : 총체적인 마돈나

1998  여전히 그녀가 그러리라고 생각하지 못했던 사람들에게
-1999  는 놀랍게도, 마돈나는 유행을 선도하는 디스크자키인
윌리엄 오비트$^{William\ Orbit}$(유명 프로듀서 - 옮긴이)에게 자신
의 커리어를 되살려 줄 것을 요청하다. 그들은《레이 오
브 라이트$^{Ray\ of\ Light}$》를 성공시키고, 그로 인해 세 개가 넘는
그래미상을 수상하다.

2000  41세가 넘는 나이에《뷰티풀 스트레인저$^{Beautiful\ Stranger}$》로 다
시 그래미상을 수상하고 둘째 아이의 엄마가 되다. (당시
매우 유행하던) 아시탄가 요가$^{Ashtanga\ yoga}$와 총체적 삶$^{holistic\ living}$을 신봉하기 시작하다. 연말에는 영국의 매력 있는 남
자 감독 가이 릿치$^{Guy\ Ritchie}$와 결혼하다.《뮤직$^{Music}$》이 '게토
파불로우스$^{Ghetto\ Fabulous}$(갱스터 래퍼 '미스티칼$^{Mystikal}$'의 앨범
제목 - 옮긴이)' 스타일을 새로운 정점에 올려놓은 비디
오와 함께 출시되었다.

2001  마돈나의 8년 만의 투어가 케이블 텔레비전을 통해 방송
되다. 팬들과 비평가들은 모두 조건을 단 칭송(그녀의 나
이와, 일렉트로니카$^{electronica}$(전자기기를 통해 창출해내는 음악 - 옮
긴이)와 힙합 장르까지 섭렵하는 그녀의 취향을 고려하여)을
하였다. 그러나 매진된 경기장은 거짓말을 못하다. 여전

히 80년대의 소녀가 어떻게 이렇게 전적으로 새로운 시대에도 그 위치를 유지하는지 사람들은 의아해한다.

어느 누구도 마돈나처럼 다양한 삶을 누려보지 못했으며, 어느 누구도 그렇게 오랫동안 엄청난 대중성을 유지하거나 많은 시절을 규정할 만큼 마케팅에 정통하지 못했다. 그녀는 한두 번이 아니라 반복적으로 버즈를 창출하는 재능으로 존경을 받아왔다. 비록 그녀가 생각하는 만큼 충격적이지는 않지만, 그녀는 여전히 한계를 모르는 알파처럼 궁극적인 규율 파괴자로 스스로를 자리매김한다.

마돈나와 같은 시대에 활동했던 스타들을 생각해보자. 1980년대 초반 누가 스타였는가? 분명 마이클 잭슨이었다. 그러나 '팝의 제왕'의 왕관은 지난 20년 동안 몹시 빛이 바랬다. 영화에서는 브랫 팩Brat Pack(1980년대 당시의 10대 스타 군단-옮긴이)이 있었다. 그런데 그들은 지금 어디 있는가? 롭 로Rob Lowe는 히트를 친 쇼《웨스트 윙The West Wing》에서 다시 주목을 받았다. 그리고 앤서니 마이클 홀Anthony Michael Hall은 케이블 TV 쇼《데드 존The Dead Zone》의 스타로 다시 떠올랐다. 그러나 몰리 링월드Molly Ringwald, 주드 넬슨Judd Nelson, 엘리 쉬디Ally Sheedy는 어떤가? 데미 무어Demi Moore는 또 어떻고? 만약 그녀가 브루스 윌리스와 결혼하지 않았다면 무어는 지금은 타블로이드 신문에서 완전히 사라졌을 것이다. 현실은 당대의 스타들이 다시 주목을 받는다 하더라도 그들이 더 이상 1980년대의 위상과 같지 않다는 것이다. 우리는 그들의 최근 변신을 받아들일 수 있지만 그들의 초기 페르소나는 동결된 채 그대로다. 우리들 대부분에게 항상 그들은 덥수룩한 머리카락과 지나치게 큰 벨트의 영역에 속할 것이다.

지금도 마돈나를 유행하게 만드는 것, 혹은 적어도 그녀 연배의 대다수 연예인보다 더 유행하게 만드는 것은 거리에서 이미 일어나고 있는 것들을 취해서 그것에 자신의 각인을 새기는 그녀의 능력이다. 그녀는 궁극적으로 트렌드를 퍼뜨리는 사람, 즉 비다. 대중의 견해와는 반대로 그녀가 트렌드 시초자였던 적은 없다. 보깅 vogue-ing이라 불리는 매우 양식화된 모델식 캣워킹은, 마돈나가 그것을 변덕스런 대중을 사로잡은 시각적으로 매력적인 비디오와 히트곡으로 바꾸기 선에 이미 게이 클럽에서는 센세이션이었다. 《레이 오브 라이트》는 일렉트로니카의 수장인 윌리엄 오비트의 혁신을 소개했고,《뮤직》비디오 훨씬 전에 이미 게토 파불로우스는 사건happening이었다.

> 훌륭한 서퍼처럼 마돈나는 작은 파도가 올 때까지 기다리고 그녀를 해안으로 데려갈 파도를 찾으면서 대중 문화에 주의 깊게 참여한다. 대부분의 스타에게 이런 편승은 한두 번 일어날 뿐이다. 그러나 마돈나에게는 그것이 삶의 양식이다.

## 애플의 신비감과 돌아온 탕아

브랜드는 주요 잡지나 몇몇 팬 사이트, 혹은 기업에 대한 루머를 진화하기 위한 사이트나 수천 명이 참석하는 연례 총회에서 다루어질 때 헌신적인 추종자들을 획득한다. 어떤 브랜드에 '-헤즈<sup>-head</sup>' 란 용어가 붙는다면 그것은 아이콘의 위치에 꽤나 다가간 것이다. 데드헤즈<sup>Deadheads</sup>(그레이트풀 데드<sup>the Greatful Dead</sup>라는 밴드의 헌신적인 추종자들-옮긴이)는 자신들이 숭배하는 브랜드에 대한 신봉을 표시하기 위해 별명을 사용한 최초의 예이다. 맥헤즈<sup>Mac-heads</sup>도 또 다른 문화적 종교<sup>cultural religion</sup>이다. 그들은 맥<sup>the Mac</sup>의 방식과 제리 가르시아<sup>Jerry Garcia</sup>(그레이트풀 데드의 리더-옮긴이)와 스티브 잡스<sup>Steve Jobs</sup>(애플컴퓨터의 CEO-옮긴이)라는 사랑하는 법과 사는 법에 대한 위대한 구루<sup>unlikely gurus</sup>에게 경의를 표한다.

애플컴퓨터 사<sup>Apple Computer, Inc.</sup>가 출범한 지난 4반세기 동안 이 회사는 운동의 정점과 하락을 경험했다. 카테고리 리더에서 틈새의 매력으로 변신을 계속하면서 이 브랜드는 몇 번에 걸쳐 잊혀질 뻔했다. 가장 극적으로 자신이 설립한 회사와 그가 설립을 도운 '종교'에서 10년도 넘게 떠나 있던 돌아온 탕자, 스티브 잡스의 복귀와 더불어 확고부동한 맥의 신화는 다시 한 번 회사의 난국을 타개했다.

많은 맥 추종자들은 무엇이 그들을 이 컴퓨터 교단에 충성하게 만드는지 정확히 표현하기 힘들었다. 그것에 대한 설명은 대부분 애플이 단순히 쿨하다는 것과 관련되었을 뿐이다. 그것은 단순하지만 복잡한 설명이다. 무엇이 애플을 쿨하게 만드는가는 논쟁과 억측이었다. 대다수는 그것이 회사의 혁신의 역사, 나무랄 데 없는 디자인 본능, 그리고 스티브 잡스의 카리스마와 연계된다는 것에 동의할 것이다. 다음의 시간표는 잡스 자신의 이야기와 애플의 이야기 사이의 상호연관성을 보여준다. 그 두 주인공은 기업사<sup>company time line</sup>라기보다는 멜로드라마의 러브 스토리 같은 무용담 속에서 한 데 얽혀 있다. 보조 배역은 광고의 창의력과 상품 그 자체를 포함한다. 그리고 앞으로 나가도록 추동한 힘은 사람들을 동원하는 애플 브랜드의 신화와 역량이다.[4]

1976 스티브 잡스와 스티브 워즈니악<sup>Steve Wozniak</sup>이 세계 최초의
–1977 사용하기 쉬운 가정용 컴퓨터 애플 I을 만들고, 이로써 애플 사와 브랜드가 출범하다. 일찍부터 이 컴퓨터는 그것의 혁명적인 잠재력이 인지되었다. 적어도 기술업 종사자들 사이에서 버즈가 시작되다.

1981 애플이 귀에 익은 명칭이 되다. 리서치는 몇 년 동안 브랜드 인지도가 10퍼센트에서 80퍼센트로 상승했음을 보여준다.[5]

1983 애플이 첫 번째 마우스를 도입하다. 그것이 애플의 리사<sup>Lisa</sup>에 부착되다. 리사(이후 매킨토시 XL로 재명명)는 완전히 실패했지만 마우스는 살아남다. '포인트 앤드 클릭<sup>Point</sup>

and dick' 이 탄생하다.

펩시PepsiCo의 전임 사장인 존 스컬리John Sculley가 애플의
CEO로 선임되다. 잡스가 그에게 유명한 질문을 하다.
"평생 설탕물처럼 살겠는가 아니면 세계를 바꾸길 원하
는가?"6) 허장성세는 잡스의 전형적인 특징이다.

1984 많은 이들에게 광고 역사상 가장 중요한 계기 중 하나라
여겨지는, 치아트/데이에 의해 만들어지고 리들리 스코
트Ridley Scott가 연출한 애플의 '1984'가 1월 22일 슈퍼볼 경
기중에 방송되다. 이것이 공식적으로 방송된 유일한 것
이지만, 그것이 야기한 버즈로 인해 많은 텔레비전 프로
그램에서 계속해서 방송되다. 오늘날 오웰적인 빅 브라
더에 대항해 저항하는 한 여성의 잊혀지지 않는 이미지
와 친숙하지 않은 마케터는 거의 없다. 그녀가 원격 조작
기구가 장치된 강당을 가로질러 뛰면서 해설자가 "1월
24일 애플 컴퓨터는 매킨토시를 발매할 것이다. 그리고
당신은 왜 1984년이 '1984'와 같지 않을 것인지 보게 될
것이다"라고 말하는 스크린 이미지 위로 망치를 집어 던
진다.7)

이 순간, 그리고 이 광고는 그 브랜드의 생에 최고의 정점
을 기록하다. 60초 만에 애플은 사람들이 PC에 대해 생각
하는 방식을 바꾸다. 기능적functional인 것에서 공상적fantastic
인 것으로 컴퓨터를 이전함으로써 애플은 미래의 잠재

성에 대한 상징이 되다. 그 광고와 그것이 야기한 버즈는 브랜드를 넘어서 기술업 종사자에서 컴퓨터 문맹인 대중에게로 이미 성장하는 신화를 퍼뜨리다.

1985 운동이 쇠락하다. 잡스가 애플에서의 확고한 위치를 상실하기 시작하다. 그는 모든 임무를 박탈당하고 그의 사무실은 '시베리아$^{Siberia}$'라고 불리다.[8] 그 해 말 그가 컴퓨터 회사 넥스트$^{NeXT}$(궁극적으로 소프트웨어에 초점을 둔다) 설립을 위해 공식적으로 애플을 사임하고 나가다. 그 당시 일부는 잡스의 퇴출이 현명한 경영 결정이라 여겼지만 그것은 첫 번째 애플 시대의 종막과 그 브랜드의 첫 번째 몰락의 시작을 표시하다.

1985 존 스컬리의 시대는 애플의 초점이 마케팅에서 기술공
−1993 학으로 이동한 것으로 특징된다. 애플 신화의 힘에 대해 과소평가하면서 스컬리는 브랜드에 대한 충성스런 청중들과 관계를 상실하고 일련의 적당하지만 주목할 가치는 없는 상품들을 출시하다. 스컬리의 재임 기간 동안 운동이 포복의 경지로 둔화되다. 버즈도 더 이상 없다. 1995년 말 스컬리가 이사회에 의해 물러나다. 마이클 스핀들러$^{Michel Spindler}$가 CEO가 되다.

1996 1996년까지 애플의 사망이 유력해 보이다. 이전 4년 동안

대부분의 컴퓨터 주식이 두 배 내지 세 배가 뛸 정도로 전체 산업은 매우 호조를 보였지만, 애플은 1992년의 주당 70달러에서 1996년에는 주당 16.88달러로 폭락하다. 질 아멜리오<sup>Gil Amelio</sup>가 CEO로 지명되고 이전의 영광으로 브랜드를 되돌려 놓는 임무를 맡다. 재치 있는 전략적 이동──그러나 그 자신의 몰락일 수도 있는──으로 아멜리오는 넥스트를 인수함으로써 잡스의 복귀를 시도하다. 아멜리오가 동료에게 말하다. "나는 단지 소프트웨어를 인수하는 것이 아니네. 나는 스티브를 사는 것이지."<sup>9)</sup>

1997 잡스가 복귀한 해. 브랜드가 잊혀질 위험에서 구출되고 애플은 두 번째 영광을 맞이하다. 잡스가 애플에서 확고한 위치를 차지하기 위해 일격을 구상하기 시작하다. 1월에 아멜리오가 맥월드<sup>Macworld</sup>(매킨토시 관련 엑스포 – 옮긴이)에서 스스로 술책을 부림으로써 그 변화를 보조하다. 돌아온 탕자의 말을 듣기 위해 몰린 군중이 아멜리오의 두서없는 연설 동안 가만히 앉아 있다가 잡스가 무대에 오르자 광란의 반응을 보이다.

맥월드 후 아멜리오의 시절의 종막은 이미 예고되다. 두 달 후 잡스에 의해 자극된 저명한 실리콘밸리<sup>Silicon Valley</sup> 리포터가 '쿠데타 선언이 될' 기사를 쓰다.<sup>10)</sup> 그 기사는 아멜리오를 혹평하면서 아멜리오가 회사 회복을 위한 계획을 수립하는 데 잡스가 기여할 것을 제안하다. 곧이어 애플 사는 2분기 손실을 공지하고 아멜리오를 내보내다. 잡스는 일찍이 20년 전에 설립에 기여한 회사에 확고부동한 위치로 복귀하다. 그와 더불어 1985년에 그의 결별과 더불어 브랜드에 결여되었던 비전, 열정, 그리고 영혼을 가져오다. 그의 계획을 듣기도 전에 투자자들은 주당 13달러에서 20달러로 주가를 올려 놓다.[11]

1997 -2000 애플이 다시 영광을 회복하다. 회사 가치는 1997년의 2조 달러에서 2000년에는 17.9조 달러로 상승하다.[12] 1998년에 잡스의 특별한 프로젝트의 하나이자 컴퓨터 업계의 성공작인 iMac을 출시하자 이후 2년 동안 400퍼센트의 주가 급상승이 일어나다.[13] 가장 중요하게도 잡스는 배교자(背敎者), 혁신가, 리더로서 이 브랜드의 아이콘적 지위를 재탈환할 능력이 되다. 그는 다시 치아트/데이에 캠페인을 의뢰하다. 그 결과가 모한다스 간디 Mohandas Gandhi(마하트마 간디의 본명 – 옮긴이)나 짐 헨슨 Jim Henson(인형극 제작자.《세서미 스트리트》로 유명하다 – 옮긴이), 그리고 앨버트 아인슈타인 등 감히 '다르게' 생각함으로써 우리 앞에 씨앗을 뿌린 사람들처럼 혁신가와 천재들의 저항 정신을 기념하는 "다르게" 생각하라 Think "Different" 캠페인이다.

2000 2000년 말 투자자들이 우려하기 시작하다. "다음은 무엇

상승과 하락을 관리하라 : 지속적인 브랜드에서 배우는 교훈

이지?" 잡스는 주로 iMac의 성공에 힘입어 병든 브랜드를 다시 살리는 데 성공했다. 그러나 1984년 이래 가장 커다란 맥 OS의 업데이트인 Mac OS X의 출시에 대한 두려움(이후 밝혀지듯 부당한 두려움), 그리고 iMac 이후 잡스의 두 번째 아이인 G4 Cube의 느린 판매 속도는 애널리스트들 사이에서 잡스의 전형적인 허장성세의 희생양이 되지 않을까 하는 우려를 야기했다. 9월에 50퍼센트 이상 주가가 떨어지다.[14]

2001 –2002 해바라기처럼 보이는 iMac 데스크탑, 애플 최초의 소비가전 진출품 iPod(MP3 플레이어 – 옮긴이)의 출시와 더불어 모든 시선이 잡스에게 고정되다. 두 상품 모두 애플의 혁신적인 상품 디자인의 역사——특히 잡스의 그것——의 계열이다. 새로운 iMac의 혁명적인 디자인은 2002년 1월에 《타임》지의 커버를 장식할 정도로 소동을 야기했다. 애플은 2분기에는 22만 개를 출시했지만 그 다음 분기에는 17만 5천 개로 떨어지다.[15] 1년 전보다 이윤이 절반 이상 떨어졌다고 공지되다.[16] iPod는 나날이 커다란 성공을 향유하다. 애플은 애널리스트들이 회사에 연간 4억 달러 이상을 벌어 줄 것이라고 분석한 윈도[windows] 호환 버전을 출시하다.[17] 모든 시선이 이후에 잡스가 무엇을 출시할지 주목하다.

버즈마케팅

> 잡스가 애플을 다시 살려냈다. 그의 책략은 항상 대중의 관심을 다시 불러 일으켰고 애플을 쿨하게 만드는 불가해한 마술을 초래했다.

애플 브랜드의 상승과 하락, 그리고 회복을 돌이켜보면 사람들은 회사, 무엇보다 잡스에 의해 결정된 마케팅 결정의 힘에 충격을 받는다. 그는 성공적으로 카리스마, 쇼맨십, 그리고 표적 청중에 대한 깊이 있는 이해를 결합했다. 결국 잡스는 애플이 사용자들의 충성과 버즈 위에 구축된 브랜드라는 사실을 이해한다. 만약 맥헤즈 사이에 버즈가 부정적으로 돌아서면 그 브랜드도 망쳐버린다.

추종자들의 충성을 획득하는 잡스의 방식 중 하나는 그들을 추켜세우는 것이다. 그는 그들이 엘리트 회사의 일원으로 느끼게끔 한다. 그는 그들에게 다양한 기회에 다양한 방식으로 그들이 듣기를 원하는 것, 즉 스프레드시트 프로그램을 사용하는 생각 없는 피조작자가 아니라 컴퓨터 즐기기를 좋아하는 창조적인 사람이라고 정확하게 말한다. 그는 가장 중대한 발표를 기자 회견을 통해서가 아니라 샌프란시스코와 뉴욕의 맥월드 총회에서 발표한다. 그 곳에서 발표는 혼자 연기하는 연극이나 퀴즈 대회처럼 진행된다. 그는 브랜드의 비밀을 키우기 위해 절대적인 비밀을 요구하며 가장 중요하게는 감정적 수준에서 소비자들이 무엇을 원하는지 항상 예측할 능력이 있었다.

컴퓨터 세계는 1984년 이후 극적으로 바뀌었다. 많은 사람들이 애플은 컴퓨터 세계에서 더 이상 톱 브랜드로 여겨지지 않으며 자

상승과 하락을 관리하라 : 지속적인 브랜드에서 배우는 교훈

동차 업계에서의 BMW(잡스가 스스로 비교했던)처럼 부티크 브랜드나 니치 플레이어*niche player*로 변했다고 믿는다. 그러나 니치 포지셔닝이 성장을 지속하고 투자자들을 기쁘게 할지 여부는 문제로 남아 있다.

1984년에 애플은 기능적 도구를 욕망의 대상으로 바꿨고, 그것은 괴짜 산업의 로맨스를 창출했다. 몇 년의 침체된 세월 이후 그 정수를 다시 찾은 이 브랜드의 역량은 아이콘으로서의 힘, 그것이 낳은 충성, 그리고 훌륭한 광고를 통해 성취할 수 있는 경이를 입증한다.

## 아무것도 캘빈과 그의 논쟁 사이에 끼지 않는다

1984년 5월《플레이보이*Playboy*》지에 게재된 캘빈 클라인 인터뷰에서.

플레이보이 : 당신은 당신의 광고가 주목받을 만한 가치가 있다고 믿는가?

클라인 : 내가 말하고자 하는 것이 건방져 보일지 모르지만, 지금으로부터 20 내지 30년이 지나면 누군가가 내가 한 모든 광고를 시대의 소품, 사람들이 생각한 것의 반영, 오늘날의 풍조로 간주할 것이다. 데이트나 영화관에서 누가 그녀 옆에 앉을까에 대해 이야기하는 젊은 소녀, 자신의 진에 대해 이야기

하는 브룩 실즈<sup>Brooke Shields</sup>......18)

    때때로 브랜드를 위한 운동을 구축하는 것은 무언가를 흔들어 섞는 단순한 문제다. 지난 수십 년 간 의류상이자 미디어의 문제아, 캘빈 클라인의 계속되는 성공을 보라. 1970년대 후반 및 1980년대 초반에 클라인은 라이프스타일 마케팅이라는 아이디어로 의류 광고에 대변혁을 일으켰다. 그는 상품에 초점을 두지 않았고, 의류 자체보다는 모델과 의류에 체현된 라이프스타일에 시청자들이 응답하게 했다. 종종 그가 판매하는 라이프스타일은 진과 관련되기보다는 섹스와 더욱 관련되었다. 아무도 유행을 팔기 위해 섹스를 사용한다고 클라인을 비난——혹은 그 일을 가지고 신뢰——할 수는 없다. 그 두 요소는 서로 협력한다. 캘빈 클라인의 진정한 재능은 업계에서 예상한 전술인 섹스를 예상하지 못한 방식으로 우리에게 충격을 주도록 사용했다는 사실이다. 그리고 그는 그것을 몇 번이고 수행했다. 그의 광고는 때로는 우리의 입을 벌어지게 하고 때로는 두 번 더 보게 하며 때로는 우리를 자극하면서 우리를 끌어들인다. 그는 무명의 스타들과 매우 유명한 스타들을 만들어냈다. 자신의 전형적인 단순한 스타일로 그는 유행을 팔기 위해 섹스, 충격, 솔직함을 사용하며 그 누구보다도 더 잘 그리고 일관되게 사용한다.

    그러나 충격이 캘빈 클라인 병기고의 유일한 무기는 아니다. 그랬다면 버즈는 일찍이 사라졌을 것이다. 이 브랜드는 하나의 운동 이상을 포착한다. CK One(캘빈 클라인의 향수 - 옮긴이)의 불쾌한 양성인androgyny에서 X세대의 화신인 케이트 모스Kate Moss(영국 출신의 모델–옮긴이)까지 캘빈 클라인은 시대에 대한 비주얼 이미지를 만들 수 있었다. 사람들, 특히 광고를 이해한 사람들은 캘빈 클라인의 광고를 보고는 이렇게 말한다. "야, 내가 느끼는 게 바로 이거야." 다른 사람들은 충격을 받고 감정이 상하지만 그것도 좋다. 그들은 물러나 다른 유형의 버즈를 내는데, 역설적으로 그것은 '광고를 이해한' 배타적인 클럽의 위상을 입증한다.

> 시대와 풍조에 대한 정확한 평가가 캘빈 클라인의 지속적인 성공을 가능하게 했다.

1970년대 초 여성 겉옷 디자이너로서 온건하게 자신의 경력을 시작한 클라인은 처음에는 운동복에 진출했고, 오늘날에는 의류, 화장품, 향수, 침구 등 거의 모든 유행하는 액세서리를 포함하는 제국을 구축했다. 그러나 유행 스펙트럼의 최고 정점을 둘러싸는 신비감에서 획득한 브랜드 이익brand benefits은 CK와 CK 진의 하위 브랜드 할인 소매점에서도 볼 수 있다. 자신의 브랜드가 인가받은 판매자들에 의해 가치가 저하된다고 느낄 때 클라인은 그 문제를 법정으로 가져갔다. 이런 소송을 누가 관리하는가? 바로 데이비드 보이스David Boies다. 보이스는 그 악명 높은 2000년 플로리다의 고어 선거 소송을 다룬 바로 그 변호사다. 좋은 변호사를 얻는 것은 현명한 처사다. 그리고 스스로 기사와 버즈를 야기하는 변호사를 얻는 것은 보다 현명한 처사이다.

현명한 비즈니스 전술, 효과적인 광고, 정신을 사로잡기. 브랜드가 이러한 명성을 얻을 만하다면 몇 년 간 캘빈 클라인의 광고가 야기했던 미디어 폭풍도 언급할 가치가 있다. 다양한 측면으로 볼 때 인간 클라인과 그의 브랜드는 논쟁을 창조함으로써 성장한 듯 보인다. 클라인의 사생활인 과도한 마약 남용, 파티 개최, 그리고 동성애 등에 대한 루머도 있다. 이 모든 것은 명백히 인정받지 못한, 스티븐 게인스*Sueven Gaines*와 샤론 처처*Sharon Churcher*가 쓴 전기《망상*Obsession*》에 자세히 언급되어 있다.[19] FBI와 법무부에 의해 수사된 그의 광고들은 섭식장애와 아동 포르노 같은 사회악을 조장한다고 고발되었다.[20]

지난 몇 년 간 캘빈 클라인 브랜드의 기복을 보면 때로는 최악의 상태가 최선의 상태의 버즈를 야기할 수도 있다는 것이 드러난다. 그 운동을 가지고 무엇을 해야 할지 안다는 사실이 캘빈 클라인이 다른 이들과 다른 점이다.

1980 캘빈 클라인의 첫 번째 진정한 논쟁 경험은 15세의 브룩 실즈가 자극적인 목소리로 "나와 나의 캘빈 사이에 아무 것도 낄 수 없다"고 말하는 일련의 텔레비전 광고가 방송된 후이다. 클라인에 따르면《뉴욕 데일리 뉴스*New York Daily News*》에 대중매체의 격분과 감시를 촉구하는 '포르노에 반대하는 여성들*Women Against Pornography*' 같은 그룹들의 광고가 전면에 실리기 전까지는 부정적 반응이 적었다고 한다. 클라인은 자신과 사진사 리처드 아베돈*Rechard Avedon*은

젊은 실즈를 섹시한 의상 모델로 정기적으로 활용하는 《보그 _Vogue_》 같은 잡지보다 더 해되는 일을 한 것은 아니라고 주장한다.[21)

80년대   1980년대 내내 캘빈 클라인은 자신의 광고에서 옷을 입지 않은 다양한 형태의 유명 혹은 무명의 모델들을 지속적으로 활용한다. 한 젊은 남성 모델이 소호 _Soho_ (뉴욕의 패션 거리 – 옮긴이)에 있는 한 옥상 위에서 CK 속옷만 입은 채 스스로를 만지는 광고에 대한 고소를 변론하기 위해 클라인 스스로가 방송 감시 기구에 가다. 그 광고는 방송되지 않았다. 이 기간 내내 클라인은 성적으로 자극적인 이미지라는 외피를 계속 밀어붙였다. 1982년의 거의 나체의 남성이 실린 '타임스 스퀘어 _Times Square_' 옥외 광고판 그리고 여러 명의 나체 모델들이 주신제(酒神祭)의 혼돈 속에서 서로의 머리 위에서 몸부림치는 1980년대 중반의 옵세션 _Obsession_ (캘빈 클라인의 향수 – 옮긴이) 광고 등이 그것들이다. 10년이 흐르자 캘빈 클라인과 브랜드는 점점 더 진과 관련되기보다는 속옷, 향수, 외설적인 섹슈얼리티와 관련된다.

90년대   캘빈 클라인은 자신의 고유한 이미지를 촉진하고, 자신
초반   의 직관을 입증하면서 두 명의 빛나는 스타를 만들다.
    '마키' 마크 왈버그 _"Marky" Mark Wahlberg_ 그리고 케이트 모스

가 그들이다. 마키 마크(이후 그는 배우로서 주목할 만한 성공을 누려 왔다) 그리고 '뉴 키즈 온 더 블록New Kids on the Block'의 반역아 스타, 도니 왈버그Donnie Wahlberg가 힙합의 진수를 표현하다. 매력적으로 보잘것 없는glamorous grungelike 케이트 모스(옅은 갈색 머리카락, 167.5센티미터의 작은 키에 안짱다리인 케이트 모스는 다른 슈퍼모델들과는 다른 이미지를 가지고 있다—옮긴이)는 몇 년 간 패션 사진을 지배한 깡마른 '헤로인 쉬크heroin-chic' 스타일의 화신이다. 광고가 속옷과 진 차림의 그들을 따로 그리고 함께 화면에서 보여주면서 브랜드는 다시 버즈가 나기 시작하다.

왈버그의 체격에 대한 버즈는 그가 캘빈 클라인 광고에 나오기 전에도 콘서트 중에 팬티를 내리는 그의 행동 때문에 시끄러웠다. 루머에 따르면 음반 프로듀서인 데이비드 게펜David Geffen이 자신의 친구 캘빈 클라인에게 왈버그에 대해 경고했지만, 클라인은 왈버그와 자신의 브랜드를 입는 계약을 체결했다고 한다. 비록 모델로서의 그의 경력이 삶의 다른 영역에서의 부정적인 보도(인종주의와 폭행으로 고발되었다는 유치한 기록도 있다)로 훼손되었지만 마크 왈버그는 진 브랜드 디자이너의 부활과 남성 모델의 지위 상승에 필수적인 요소였다.

왈버그의 CK 모델 경력은 잠깐이었던 반면에 케이트 모스는 1990년대 초에 캘빈 클라인이 그녀를 '발견'한 이래로 그의 가장 정규적인 모델이자 뮤즈muse로 활동해 왔

상승과 하락을 관리하라 : 지속적인 브랜드에서 배우는 교훈

다. 모스에 대한 논쟁은 자기 체중을 긍정하는 반(反) 다이어트 그룹들에 의해 먼저 시작되었다. 그들은 옵세션 향수 광고에 등장한 엄청나게 비쩍 마른 모델의 누드 사진에 질겁한 것이다. 일반 대중이 빠르게 합류했다. 광고 포스터가 처음으로 뉴욕의 버스 정류장들에 나타나자 그것들은 "나를 먹여라Feed Me"라는 낙서로 손상되었다.[22]

1995 이 해는 아동 포르노 혐의로 법무부의 조사를 부추긴 한 캠페인을 론칭함으로써 캘빈 클라인이 좀더 노골적으로 자신의 경향을 밀어붙인 해이다. 그것은 젊은 모델들——일부는 15살 정도 된——이 1970년대 포르노의 적나라한 스타일로 촬영된 텔레비전 광고였다. 그 모델들을 촬영하고 인터뷰한 카메라 밖의 인물은 선정적인 목소리로 모델들에게 질문하고, 듣기 좋은 말을 하며 옷을 하나하나 벗도록 촉구한다. 거친 털카펫과 목재 판넬로 만들어진 교외의 소굴처럼 보이는 배경과는 반대로 모델들은 질문에 수줍게 답하면서 부끄러워하고 불편하게 히죽 웃는다.

광고가 나가자마자 미국가족협회America Family Association가 캘빈 클라인의 상품을 불매하겠다고 위협하고, 그의 광고를 게재하지 말 것을 미디어에 촉구하는 서신 캠페인을 시작한다. 결국 부정적인 버즈는 그 광고가 포르노를 구성하는지 여부에 대한 법무부의 예비 조사를 야기한다.

클라인은 광고를 중단하고 공개 사과한다. 그러나 이미 그 전에 외설적인 앞잡이로서의 브랜드 지위는 상품이 날개 돋힌 듯 팔리게 만들었다.

1999 '아동 포르노' 스캔들이란 극적인 사건 이후 캘빈 클라 인의 광고는 강화된 감시를 받게 된다. 1999년에 뉴욕 시 장 루디 줄리아니가, 다른 사람들과 함께 속옷 차림으로 뛰어 다니는 아이들이 출연한 타임스 스퀘어의 옥외 광 고판을 캘빈 클라인 스스로 제거하라고 압력을 넣는 여 론을 조성한다. 이러한 주목을 통해 획득한 버즈가 옥외 광고판의 노출보다 훨씬 더 가치가 있었다.

2002 런던의 《이브닝 스탠더드*Evening Standard*》는 오스트레일리아 출신의 모델, 트래비스 핌멜*Travis Fimmel*이 출연한 캘빈의 거 대한 옥외 광고판이 교통 혼잡을 야기한다는 이유로 옥 스퍼드 스트리트에서 철거되었다고 보도하다.[23]

논쟁 카드를 가지고 노는 것은 위험할 수도 있지만 어떤 상품이나 목표를 위해서는 다른 것보다 더 적합할 수도 있다. 우리는 이러한 역학*dynamic*을 이 책의 다음 부분에서 더욱 상세히 다룰 것이다. 캘빈 클라인의 경우 버즈를 야기하고 운동을 구축한다는 면에서는 훌륭하게 진행했다고 말해도 충분하다. 이러한 캠페인들이 성공한 주요한 이유 중 하나는 비록 상품 자체는 매우 대중적이었더라도, 논쟁이 브랜드의 아웃사이더의 날카로움을 강화했다는 사실이다. 캘빈 클라인을 입고 있는 사람들은 불편함을 느끼지 않으면서 날카로움을 느낄 수 있다.

캘빈 클라인은 충격적인 광고 실행에서 솜씨가 좋았다. (충격 마케팅에 대해 더 자세한 것들은 제7장을 참조하라.) 자극적인 나체와 섹슈얼한 풍자를 위해 광고는 브루스 웨버Bruce Weber나 리처드 아브던Richard Avedon처럼 훌륭한 사진사에 의해 교묘하게 연출되었다. 또한 광고는 그것이 창조된 시대에 대한 진정하고 현실적인 어떤 것을 포착했다. 다른 브랜드에 대해서도 시간 순서로 조사한 바에 따르면, 캘빈 클라인은 드높은 파도를 간파하는 데 명수였다. 영원한 어떤 것, 즉 섹스를 순간적인 어떤 것(헤로인 쉬크, 마키 마크, 혹은 당신이 가진 무엇)과 결합함으로써 그 브랜드는 우리에게 특정한 시점에 섹시하다는 것이 무엇인지 보여준다. 이러한 접근은 도전적이며 위험하기도 하다. 그러나 이것은 매우 기초적인 것, 즉 인간적 수준에서 작동한다.

## 배운 교훈들

이들 버즈의 명수들로부터 우리는 무엇을 배울 수 있을까? 무엇보다도 먼저 "현재를 알라", 그리고 마샬 맥루한주의Marshall McLuhanism는 그 이론이 처음 우리에게 처음 제기되었을 때만큼이나 오늘날에도 진리라는 것이다. 판에 박힌 충고처럼 들릴 수도 있지만, 대다수의 마케터들이 얼마 지나지 않은 과거를 명백하게 하고 자 할 때에만 시사적인 데이터를 참조(논문이나 최근 분기의 판매 수치를 추적하는)할 뿐 현재를 궁리하지 않는다는 사실은 끊임없이 우리를 질색케 한다. 그렇다면 미래는? 그것은 전적으로 다른 문제다. 다음에 무엇이 올지를 예측하기 위해서는 현재에 대해 더욱 많이 아는 것이 필요하다. 시장에서의 변동을 충분히 이용하고, 소비자 태도의 어디에 브랜드가 놓여 있으며 어디로 향하는지 부단히 조사해야 한다. 그것은 적합한 시점에 적합한 장소에서 적합한 아이디어를 구성하는 것이 무엇인지를 이해하는 것을 의미한다.

미래를 지키는 것은 지속적인 헌신, 적절한 태도, 그리고 적당한 양의 자원을 요구한다. 유로 RSCG Worldwide에 있는 전략적인 트렌드 판별과 조사 그룹S.T.A.R.은 보고서와 연구를 통해 에이전시 들에게 정보와 통찰을 제공한다. 또한 이 그룹은 지역 지부와 지역 트렌드 판별 및 분석에 있는 계약직 동료들(우리는 이들을 점성술사Stargazer라고 부른다)로부터 정보와 통찰을 끌어냈고, 그로 인해 그룹의 조사는 확장되었다. 이러한 조치들은 유통되고 있는 인쇄 자료를 통해서만이 아니라, 가능하고 확률적인 미래를 모니터하고 어떻게 그들의 클라이언트가 임박한 트렌드를 이용하도록 도울 것인가를 추산하는 일에 종사하는 피고용 에이전시를 유지함으로써 유로 RSCG Worldwide의 업무에 헤아릴 수 없는 가치를 부가한다.

# 제6장

## 실버불릿 브랜드와 믿음의 도약

성공적인 사업을 보면 누군가는 한 번쯤 용기 있는 결단을 내린다.[1)]

―피터 드러커, 《넥스트 소사이어티》의 저자

마케터들은 엄격해지려고 노력하지만 매번 상품, 브랜드, 개성 혹은 취향이 미지의 장소에서 튀어나와 우리가 산업에 대해 생각하는 방식을 재형성하는 듯이 보인다. 이번 장에서 우리는 '실버 불릿 브랜드$^{silverbullet brand}$(다른 브랜드의 이미지를 구축하거나 혹은 그 이미지를 변화시키고 유지하는 데 긍정적 영향을 주는 개별 브랜드$^{individual brand}$나 하위 브랜드$^{subbrand}$―옮긴이)'라는 개념을 도입한다. 이들 브랜드는 참다운 버즈를 달고 날아다니면서 대중의 상상을 사로잡고 인스턴트 클래식$^{instant classics}$이 된다. 그것은 나타나자마자 세상을 크고 작은 방식으로 바꾸며, 우리는 그것이 없었던 시절을 상상할 수 없게 된다.

유로 RSCG Worldwide에서 우리의 업무는 창조적인 비즈니스 아이디어의 발생에 근거를 두었다. 우리는 단지 캠페인이나 프로모션만 제안하는 것이 아니라 근본적인 방식으로 우리의 클라이언트의 사업을 앞으로 전진시키는 아이디어를 발생시키는 작업도 능동적으로 수행했다.《도약 : 창조적인 비즈니스 전략의 혁명Leap: A Revolution in Creative Business Strategy》이라는 책에서 유로 RSCG Worldwide의 회장이자 CEO인 밥 슈메터러Bob Schmetterer는 좌뇌를 통한 발명과 우뇌를 통한 입안을 결합하는 전략적 사고에 대한 새로운 창조적인 접근의 필요성을 서술한다. 올바로 적용된다면 그것은 기대한 것 이상의 창조적 도약, 즉 A에서 B, B에서 C로 우리를 이끄는 것이 아니라 A에서 M, 그리고 그 이상으로 이끄는 도약으로 귀결한다. 또한 그 도약은 비전과 상상 이상의 것, 즉 에이전시와 클라이언트 양자에게 많은 용기를 요구한다. 슈메터러는 그것에 대해 다음과 같이 말하고 있다.

"어떤 규모라도 도약을 일으키기 위해서는 관계된 회사들의 많은 용기가 필요하다. 창조적인 비즈니스 아이디어라는 개념을 기꺼이 받아들이는 용기도 필요하다. 이는 창조적 사고에 대해 열려 있고 그것을 기꺼이 비즈니스 전략에 적용한다는 것을 의미한다. 창조적 도약을 수행할 그리고 당신이 전혀 상상하지 못한 방식으로 당신의 비즈니스를 변화시킬 용기를 가진다는 것을 의미한다. 당신은 창조성을 이사회boardroom에 도입하는 용기가 필요하다."[2]

역사는 매우 성공적으로 도약을 수행한 브랜드들과 바닥에 얼굴을 묻고 납작 엎드린 브랜드들의 수많은 예들을 제공한다. 참된 도약을 수행하는 것은 위험성을 내포하지만 보다 큰 보상의 가능성도 부여한다. 실패를 각오하지 않는다면 이 길은 당신의 길이 아니다. 그러나 만약 그렇다면 당신은 위대함을 달성할 기회를 결코 갖지 못할 것이다.

오늘날 우리는 소비자들 사이에서 부단하고 심지어 혁명적인 브랜드 진화에 대한 더욱 커진 기대를 확인한다. 우리의 세계적인 청년 익스플로러들은 자신이 반짝이는 혁신과 용기를 통해 소음 속에서 자신들을 경청하게 만들고 기회를 잡는 기업들에게 보다 연계되어 있다고 느끼며, 그들에게 경탄한다고 말했다. 아마도 이는 청년 자신들이 그들의 이미지를 부단히 재발명하고 세계에 대한 접근을 부단히 재사유(再思惟)하기 때문에 그럴 것이다. 그들은 다른 사람들이 수행한 이런 시도들을 인식하고 이해한다. 그들은 어떤 브랜드들에 대해 가장 경탄하는가? 스와치Swatch, 나이키, 애플, 그리고 소니 등은 새롭고 혁신적인 상품과 아이디어로 부단히 시장에 영향을 미치는 능력으로 찬탄받는다.

그렇다면 어떻게 A에서 M으로 갈 것인가? 어떻게 실버불릿 브랜드를 창출할 것인가? 이들 성공은 때때로 운과 때를 잘 만난 탓으로 보이기도 하지만, 더 자세히 살펴보면 매우 사려 깊고, 주의 깊게 실행된 믿음의 도약 때문임을 알 수 있다. 사람들이 그것에 대해 말할 정도로 훌륭하고 용감하며 사람들의 주목을 유지할 만큼 충분히 견고하다.

좋은 소식은 요구에 맞춰 창조적인 비즈니스 아이디어를 발생시키고, 인스턴트 클래식을 출범시키는 것이 가능하다는 것이다. 그러나 계획을 제안하고 그것을 행동으로 옮기는 데는 창조성과 용기가 요구된다.

## 성장주와 고전

실버불릿 현상을 토론할 때 실버불릿과 반짝 인기a flash in the pen 사이의 차이를 적시하는 것이 중요하다. 최초에는 둘 다 똑같이 유망하며 그 밝음으로 우리의 눈을 멀게 할 수 있다. 그러나 오직 하나만이 자신의 노선을 우리의 의식에 깊숙이 각인하는 데 필요한 유지력을 가지고 있다. 그리고 그것은 반짝 인기가 아니다.

유망한 할리우드 스타들의 범람을 생각해 보라. 《베너티 페어 Vanity Fair(컨데나스트Conde Nast가 발행하는 패션잡지-옮긴이)》의 표지를 장식했던 할리우드 출신 모델들 중에서 아직도 대중의 시선을 사로잡고 있는 사람이 얼마나 되는가? 비네사 쇼, 노만 리두스, 사라 윈터가 기억나는가? 아무도 기억하지 못한다. 우리는 한때 그들에 대한 버즈를 냈지만 오랫동안 그렇게 하지는 않았다.

실버불릿은 마케터들에 의해 아직 발견되지 않았거나 충분히 이해되지 못한 요구를 충족시킴으로써 자신의 동력을 얻는다. 비니 베이비Beanie Baby(폴리염화비닐 알갱이로 속을 채운 동물 모양의 작은 인형-옮긴이) 현상을 생각해 보자. 물론 그것들은 귀여웠지만 중

년 여성들은 그것이 귀엽다는 이유만으로 줄을 서지는 않았다. 그들은 그것을 얻기 어려웠기 때문에, 하나하나 구매할수록 완전한 수집 달성에 근접할 수 있기 때문에 줄을 섰다. 즉 문화 현상의 일부를 느끼기 위해 줄을 선 것이다. 그리고 그것이 자신보다 비니 베이비를 덜 수집한 이들에 대한 어떤 우월감을 느끼게 한다면, 더 좋은 것이다.

비니 베이비는 버즈 위에서 구축되었다. 그것은 버즈에 의해 지속되었다. 한 번이라도 비니 베이비 광고를 본 적이 있는가? 수백만 달러어치의 광고 캠페인을 본 적이 있는가? 당신의 고객이 알아서 당신 브랜드의 버즈를 내주고 스스로 온라인 커뮤니티를 구축해 이야기를 나누고 당신 브랜드를 사고판다면 사람이 따로 필요할까? 타이Ty, Inc는 고객과 그들의 동기에 대해 이해했다. 이 회사는 다양한 비니 베이비 모델들을 퇴출시키고 특정판 및 기념판 인형을 도입하는 가치에 대해 일찍이 이해했다.

또한 타이는 1999년 10월 31일에 비니 베이비 인형을 할인판매할 것이라고 공지함으로써 버즈에 불을 지폈다. 팬들의 엄청난 반응 이후 그 회사는 자신의 위상을 전환했지만 그것이 상품에 대한 일부 사람들의 관점이라도 항구적으로 바꿨을지는 의문이다. 오늘날 한때 시장을 뒤덮었던 감청색 코끼리 인형Peanut the Royal Blue Elephant은 20달러 정도에 팔린다. 《덴버 포스트Denver Post》에 따르면 비니 베이비에 대한 열광이 정점에 달했던 시기에는 인형 하나가 무려 4천 달러에 팔렸다고 한다(비니 베이비의 소매가는 대략 5달러 정도이다−옮긴이). 여담이지만 최근의 이 브랜드에 대한 보도는 그 브랜드의 자선 활동에 집중한다. 예를 들면 9·11 테러 직후 타이 사의 사장이자 소유주인 타이 워너<sup>Ty Warner</sup>는 특별히 디자인된 세 종류의 비니 베이비 판매 수익으로 미국 적십자사에 200만 달러가 넘는 성금을 기부했다.[3]

## 무리에서 돋보이기

'인스턴트 클래식'은 시작부터 그것이 무리에서 돋보이게 돕는 창조적 사고를 계발하는 능력에 의해 추진된다. 일반적으로 인정하듯이, 어떤 면에서 보면 이 갑자기 나타나는 현상은 새로운, 혹은 NBC의 Must See TV가 표현하듯 '당신에게 새로운<sup>new to you</sup>' 브랜드에서 일어나기가 더 쉽다. 새로운 것의 충격은 항상 사람들의 이야깃거리가 되는 확실한 방식이다. 미국에서 무지한 청중들은 즉시 알리 지<sup>Ali G</sup>에게 끌린다는 말이 있다. 알리 지는 몇 년 간 오스트레일리아와 영국의 청중을 즐겁게 했던 영국의 코미디언 사카 바론 코헨<sup>Sacha Baron Cohen</sup>이 모조 갱스터 익살로 창조한 캐릭터다. 알리 지는 미국인에게는 분명히 새롭고 흥미롭게 보일 것이지만 이미 코헨의 인기는 쇠퇴하고 있다. 영국의 랍비들은 코헨에게 그의 연기는 '불쾌하고 비도덕적'이라고 하면서 연기 중단을 요청해 왔으며 최근에 《미러<sup>Mirror</sup>》지는 코헨을 '100대 짜증나는 인물' 명단에 올렸다.[4]

고전적인 브랜드에게 버즈를 시작하게 하는 것이 어떤 면에서는 더욱 어렵고 어떤 면에서는 더욱 쉽기도 하다. 예를 들어 코카콜라는 몇 가지 혁신을 수행했는데 그 결과는 복합적이었다. 1980년대 중반의 '뉴 코크<sup>New Coke</sup>' 출시는, 소비자들은 인정할 준비가 되지 못했고 회사에게는 신뢰의 도약이 요구되는 아이디어였다. 자신의 고전적인 상품 공식을 바꾸고 나서 코크는 엄청난 부정적 버즈를 경험했다. 분노한 소비자들은 그들 중 다수가 눈을 가린 채 시식하면 예전 코크와 뉴 코크를 구별할 수 없었다는 사실에도 불구하고 사랑스런 음료인 예전의 코크로 되돌아갈 것을 요구했다.[5]

최근에 코카콜라는 신상품인 '바닐라 코크*Vanilla Coke®*'를 위한 버즈를 구축하기 위한 시도로 다른 전술을 채택했다. 전체적으로는 신상품*brand-new products*과 연계되지 않은 진정감과 신화를 구축하기 위해 코크는 조사자들이 20년 전에 바닐라 코크를 위한 비책을 개발했지만 상품은 출시하지 않기로 결정했다는 이야기를 유포했다. 이야기가 퍼져나갔고 우연히 비책이 대중에게 누설되자 그것이 야기한 버즈는 매우 강력했다. 결국 코카콜라는 대중의 요구에 항복하고 새로운 맛의 코크를 생산했다. 음료에 정보에 대한 고객 조사를 위해 구축된 한 웹사이트에 따르면 "바닐라 코크의 새로운 출범은 논쟁에 빠졌고, 코크가 실제 이야기를 비밀로 하기는 정말 어려웠다."[6] 《몬트리올 가제트*Montreal Gazette*》에 기고하는 한 저자는 이보다는 덜 감명받았다. 그의 말에 따르면 "코크의 홍보담당인 수잔 맥더모트는 이것이 '사람들이 말하는 브랜드 배후에 약간의 신화와 전승을 창출하고 있다'고 말한다. 물론 마케팅 전문어가 아닌 일반 언어에서 이 전술은 '거짓말'로 알려져 있다."[7] 우리 업계에서 이 전술은 '효과적'이라고 알려져 있다.

## 네 가지 도약대

정의상 믿음의 도약을 수행하는 것은 최후의 산출에 대한 믿을 만한 정보가 없이 결정을 내리는 것을 요구한다. 당신이 곤두박질 하지 않는다고 완전히 확신할 수 있는 방법은 없지만 성공적 착륙 의 여지를 개선할 몇 개의 도약대를 사용할 수는 있다.

### 도약대 1 : 창조적 문화를 배양하라

실버불릿 아이디어를 몇 번이고 생산하는 기업은 일반적으로 이런 문화를 지니고 있다. 이들 회사는 창조성이 단지 수용되는 것이 아니라 기대되고 보상되는 환경을 육성한다. 당연한 것으로 들리겠지만 오늘날 경쟁 시장의 현실은 그 명백한 것을 수행하는 것도 거의 불가능하게 만든다. 붐비는 시장에서 혁신은 무리에서 돋보이는 유일한 방식 중 하나지만 대가와 입증된 결과를 내야 하 는 압력 속에서 혁신적인 사고는 안전한 사고에 의해 거의 대부분 추방된다.

> 영국의 포장 디자인 회사인 사이버헤드의 세일즈 마케팅 디렉터인 사카르 기다에 따르면 "오늘날 모든 신상품이나 포장 컨셉트는 조사를 통해 죽는 다. 그리고 많은 위대한 아이디어는 단지 소비자 그룹이 새롭게 들리는 어 떤 것에든 의구심을 가진다는 이유 때문에 버려진다."[8]

《파이낸셜 타임스*Financial Times*》의 한 기사에서 사카르 지다*Satkar Gidda*

는 오늘날의 더욱 두려운 환경에서라면 결코 만들지 못했을 고전적인 상품의 두 가지 예를 언급했다. 꼴불견의 삼각형 모양을 한 토블런 초콜릿Toblerone cholate(스위스의 초콜릿 – 옮긴이), 불필요한 구멍이 뚫려 있는 폴로 민트Polo mint(구멍 뚫린 박하사탕 – 옮긴이)가 그 예들이다.9) 라이프 세이버스Life Savers(구멍 뚫린 사탕 – 옮긴이)에 대해서도 마찬가지로 말할 수 있다.

역설적으로 회사들은 위원회의 결정에 의한 무기력 때문에 얼어붙어 있는 반면에 소비자들은 흥미 있는 새로운 체험을 강력히 요구한다. 디자인협회the Design Council의 혁신 및 디자인 디렉터인 클리브 그리니어Clive Grinyer는 《파이낸셜 타임스》의 기고문에서 다음과 같이 탄식했다. "나는 소비자들이 새로운 아이디어와 발견을 원치 않으리라고 전혀 생각하지 않지만 영국의 기업에 만연한 보수주의에 의해 좌절감을 느낀다. 마케팅 부서나 회사에 의해서만 내려지는 결정들은 그 본성상 세상을 타오르게 하기 쉽지 않으며 모든 새로운 상품 결정을 뒷받침하기에는 시야가 좁다."10)

그리니어의 단언은 수치로 증명된다. 공인 마케팅 연구소the Chartered Institute of Marketing가 수행한 조사 결과는 33퍼센트의 응답자가 혁신이 '전략적 경쟁 우위를 창출'한다고 믿는 반면에 42퍼센트는 자신의 회사 문화가 '혁신에 대한 결정적인 제약'이라는 견해에 동의한다.11)

마케터로서 우리는 창조적이기에 대가를 얻는다. 그러나 우리가 새로운 타개책을 만드는 것을 방해하는 시간이나 생산성 그리고 그 외의 다른 현실의 압력 없이 창조적인 일련의 사고를 수행

실마릿 브랜드와 믿음의 도약

하는 경우는 거의 없다. 결국 우리는 클라이언트만큼 실무적이고 위험 회피적이게 된다. 그러나 진정으로 창조적인 아이디어가 대중을 사로잡을 때 분출하는 버즈 요소에서 가장 커다란 투자수익(ROI, return on investment)이 나온다. 보수적인 아이디어는 보수적인 수익으로 귀결한다. 올바르게 다뤄진 위대한 아이디어는 빅뱅처럼 폭발할 만한 잠재력이 있다.

나이키의 역사를 보자.

### 나이키 : '저스트 두 잇(just-do-it)' 멘탈리티

오리곤의 비버톤에서는 노동자들이 복잡한 오리가미<sup>origami</sup>(일본식 종이접기-옮긴이) 형상으로 색색의 종이를 시간에 맞춰 능숙하게 접는다. 일본식 종이접기에 대한 이러한 '몰입<sup>Deep Dive</sup>'은 나이키 신발 디자이너의 일상에서는 매우 전형적인 훈련이다. 이 훈련은 디자이너의 마음이 신발을 떠나 영감이 충만한 영역으로 빠져들도록 하기 위한 것이다. 나이키는 20세기 중반 디자인인 팜 스프링스<sup>Palm Springs</sup>나 힙합의 세계 같은 하위문화들에 대한 집중훈련도 시작했다. 신발류 디자인의 크리에이티브 디렉터인 존 호크 3세가《포브스 ASAP<sup>Forbes ASAP</sup>》지에서 말했듯 그 목표는 '해석하고 전환하고 새로운 연관을 만드는 것'이다.[12]

지난 30년간 나이키는 세계에서 지배적이고 가장 잘 알려진 브랜드로 성장해 왔다. 그리고 이만큼 성공한 것은 상품의 품질이 좋기 때문만이 아니다. 그것은 나이키가 단지 신발만을 파는 것이 아니라 아이콘을 파는 사업이었기 때문이다. 나이키의 비결은 안정적인 혁신의 흐름을 유지하고, 브랜드를 소비자의 '쿨'한 영역에 각인시키며, 진정하고 청년지향적이며 운동에 어울리고 즐거운 기업 이미지를 보존했기 때문이다.

1980년대와 1990년대 초반은 나이키의 호시절이었다. 회사는 계속해서 새로운 신발을 출시해 차기 제품에 대한 대중의 열망을 수용했다. 본질적으로 나이키는 젊은 소비자들이 신발류를 바라보는 방식을 바꿨다. 갑자기 스포츠용 신발류가 지위의 상징, 자아의 촉진제, 그리고 욕망의 대상이 되었다. 많은 경우 그 제품들은 심지어 수집가의 아이템이 되거나 착용하기보다는 친구들과 후손에게 자랑스럽게 과시하는 품목이 되었다. 젊은 소비자들은 청결한 제품 모델들을 벽장에 가득 채우는, 에어 조단Air Jordans(나이키의 히트 상품 – 옮긴이)의 남성 이멜다 마르코스Imelda Marcose(필리핀 독재자 마르코스의 부인으로 광적으로 구두를 수집했다 – 옮긴이)가 되었다.[13]

나이키는 업계의 누구도 하지 못한 방식으로 형체와 기능을 결합시켰다. 나이키는 스포츠 슈퍼스타가 나이키 신발을 신고, 나이키 옷을 입고 경기에 나가도록 하는 협찬을 지원했다. 그것이야말로 상품의 기능적 우수성에 대한 강력한 메시지였다. 그리고 나이키는 신발의 섹스어필한 요소를 과대 광고하기 위해 고안된 마케팅을 론칭하였다. 스파이크 리Spike Lee(영화감독 – 옮긴이)는 일곱 가지의 에어 조단 광고 시리즈로 상업광고 경력을 쌓기 시작했다. 스파이크 리와 마이클 조단이 결합했고 이로써 나이키는 세계적인 톱 브랜드가 되었다.

1990년대 후반에 나이키는 대중성과 영향력에서 급격한 몰락을 경험했다. 거리에서는 보다 일찍 일어났지만 1998년에서 2000년 사이에 수치는 어두운 시절을 기록했으며, 그 상태는 2002년에 영향유발인 사이에서 다시 활력을 찾기 전까지 계속되었다. 나이키를 영리를 추구하는 '회사'처럼 보이게 함으로써 친숙하지 못하게 보이도록 만든 홍보의 악몽, 나이키가 아시아 공장의 노동자를 착취하고 있다고 기소를 당하고, 조단이 은퇴를 하고, 스케처스Skechers, DC 슈즈DC Shoes, 반스Vans 등 흉포한 운동화 제조사들의 급증과 같은 경영과 마케팅에 동시에 관련된 일련의 사건들은 회사를 좌절시키고 브랜드에 심각한 손해를 끼쳤다. 유행족들hipsters은 흥미를 잃었다. 그리고 유행족들이 정서상 브랜드와 연계를 떼었을 때 다시 그들을 복귀시키는 것은 거의 불가능하다.

그렇다면 나이키는 어떻게 복귀할 수 있었을까? 어두운 시절이 기업에게 자신의 최고의 장점, 즉 창의력에 대한 가장 중요한 교훈을 가르쳐 주었다. 디자인보다 더 감정에 얽매이지 않는 요소가 어디에 있겠는가? 위대한 디자인은 감정적 반응을 초래하며 우리는 최근에 나이키의 샥스, 에어 리프트, 그리고 에어 프레스토 계열에서 그러한 반응을 보았다. 나이키의 스포츠화 디자이너인 케빈 팔론은 이러한 신발들이 항상 마음속에 운동선수에 대한 요구를 유지하도록 하이테크 감각과 전통적인 디자인을 결합했기 때문에 인스턴트 클래식이 될 수 있었다고 우리에게 설명했다. 나이키는 부단히 브랜드와 위대한 운동선수를 연계시키며 그럼으로써 우리 마음속에서 위대한 운동선수로 활동한다.

팔론은 이렇게 말했다. "개인적으로 나는 이러한 디자인은 기능적으로 추동되기 때문에 고전적인 디자인이 된다고 믿는다. 이러한 공식의 장점 중 일부는 운동선수들이 부단히 새로운 기술을 개발하고 학습하고 시도하는 것을 통해 그들 각각의 스포츠를 항상 변화시킴으로써 우리가 해결해야 할 문제들이나 무언가를 끌어내야 할 영감이 고갈되는 일이 없도록 만들기 때문이다. 나이키가 우리에게 스포츠 선수와 사귀고 만날 기회를 줌으로써 우리는 그들의 코멘트를 개인적으로 들을 수 있었다. 우리는 공장을 순회하면서 상품이 확실히 우리가 계획한 대로 제작되도록 한다. 과정의 모든 단계마다 우리에게는 운동선수와 신발의 성공적인 제작이 최우선으로 각인되어 있다."14)

또한 팔론은 나이키가 디자이너들에게 탐험과 실패의 자유를 부여한다고 믿는다. 한계를 넘어서고 안전한 것과 알려진 것을 넘어서는 이러한 자유는 이 회사의 위대한 장점 중 하나다. 나이키가 1990년 후반의 슬럼프 이전에 그것에 대해 몰랐더라도, 지금은 확실히 알고 있다. 더욱이 이 브랜드는 혁신적인 디자인과 재미있는 마케팅으로 일관되게 대중을 매료하는 능력으로 인해 애플이나 소니 같은 디자인계 거물들과 비교되고 있다. 회사의 경영 스타일에서 사옥에 이르기까지, 이것은 회사에 의해 주의 깊게 육성된 자산이다. 현재 독창적인 사람들이 탁 트인 채광창과 자유롭게 흐르는 작업공간을 가진 8,500평방피트의 디자인 층에서 작업하고 있다. 신발 견본은 '혁신 부엌Innovation Kitchen' 이라 불리는 공간에서 만들어진다.

케빈 팔론은 자신이 회사에 매료된 원인이 이러한 자유의 감정이라는 것을 알고 있다. "나이키는 우리가 제멋대로 일을 할 수 있게 함으로써 창조성을 육성한다. 우리는 종종 미심쩍은 나이키 상품이 시장을 강타한다는 사실에 대해 곰곰이 생각하지 말라고 배운다. 일할 곳을 찾는 젊은 디자이너로서 내가 봐서 마음에 들지 않는 나이키 상품은 자신의 디자이너에게 새로운 시도를 하도록 만들고 때로는 실패할 기회를 주는 나이키의 자유를 상징한다. 동시에 나이키에서 출시하는, 업계를 이끄는 상품은 내게는 혁신과 디자인을 포용하는 회사를 상징한다. 이제 나는 혁신과 디자인이 떠도는 버즈 이상임을 알고 있다. 그것은 나이키의 DNA를 구성하는 한 요소이다."15)

나이키 디자이너들 사이에는 미래의 창조적인 시도를 예고하는 믿을 수 없을 정도의 충성이 있다고 팔론은 말한다. 회사는 경영과 독창성에 똑같은 영향을 미치는 창조성과 생산성 사이의 균형을 맞추는 어려운 임무를 관리해 왔다. 아마도 가장 중요한 것은 회사가 실험이 환영되고 실패에 대해서도 두려워하지 않아도 되는 공간을 창조했다는 사실일 것이다. 팔론은 이것에 대해 다음과 같이 이야기했다. "그것이 나이키에는 어떤 장벽도 없다거나 난폭한 아이디어를 마음대로 할 수 있다는 말은 아니다. 그러나 우리가 시장에 도입하는 혁신 없이는 그리고 그 브랜드가 모두 혁신과 관련되지 않는다면 나이키는 나이키가 아닐 것이며 실패만 있을 것이다. 디자이너로서 나는 우리가 지닌 이런 호사스런 환경보다 더 많이 창조성을 촉진하는 환경을 상상할 수 없다."16)

## 도약대 2 : 그들에게 항상 원했던 것을 주어라(심지어 그들이 아직 모를 지라도)

종종 실버불릿 브랜드는 심지어 우리가 존재하는지도 모르는 삶의 공백을 채운다. 상품과 서비스가 우리가 전혀 의식하지 못했던 욕구에 대한 응답으로 미지의 장소에서 갑자기 출현한다. 이러한 도약대는 미지의 상품을, 사람들이 그 안에서 점점 더 진수를 발견할 슈퍼스타의 지위로 만들 잠재력이 있다.

이러한 도약의 비책은 어떤 주어진 시점에서 대중의 요구를 알고 성공적으로 그 요구에 부응하는 것이다. 그러한 접근을 위한 적합한 때를 아는 것은 잘 훈련된 눈과 사회에 대한 날카로운 관찰자를 요구한다. 혹자는 우리가 원한다면 언제 어디서든 무엇이나 사용할 수 있기 때문에 현대 사회에 더 이상의 요구는 없다고 주장할 것이다. 사실 미국은 과잉 무게(문자 그대로!) 때문에 무너지고 있다. 최근의 《유에스 뉴스 앤드 월드 리포트*U.S. News & world Report*》의 커버스토리에 따르면 미국 성인의 65퍼센트 이상이 비만이라고 하면서 음식을 마음대로 얻을 수 있다는 것을 비난한다.[17] 우리는 강아지 정신과 의사에서 주차관리인이 있는 헬스센터의 주차장, 그리고 보톡스 주사에 이르기까지 논쟁의 여지가 있는 과다한 상품과 서비스를 얼마든지 사용하며 살아왔다. 우리가 선택할 수 있는 여지는 나날이 증가하는 것처럼 보인다. 그러나 얼마나 많은 선택이 우리 삶의 공백을 충족하는가? 매우 적다. 실버불릿이 되기를 진정으로 시도하는 경우도 적다.

끈 팬티*the thong*를 고려해 보자. 이것은 그다지 많지도 않으며, 사실 매우 적다. 그럼에도 불구하고 지난 몇 년 간 속옷 브랜드 코사벨라<sup>Cosabella</sup>는 색색의 기능적이고 섹시한 일련의 끈 팬티를 용케도 생산했는데 그 제품이 인스턴트 클래식이 되었다. 그 이전까지 대다수의 여성들, 심지어 그와 같은 소재에 관심을 두었던 여성들조차도 팬티 라인을 달갑지 않게 여기면서도 삶의 현실로 받아들였다. 분명 이 문제를 피하는 다른 방법이 있기는 했다. 가장 잘 알려진 것은 스타킹만 신고 있는 것인데 이것은 한정되게 이용할 수 있을 뿐이다. (예를 들어 라디오 시티 뮤직 홀<sup>Radio City Music Hall</sup>(뉴욕에 있는 극장-옮긴이)의 로켓<sup>Rockette</sup>(라디오 시티 뮤직 홀의 여성 무용단-옮긴이)이 아니라면 누구에게도 짧은 반바지에 스타킹만 신는 것은 실용적인 선택 사항이 아닐 것이다.)

점점 더 많은 여성들에게 오늘날 팬티 라인은 절대로 참을 이유가 없다. 이들은 코사벨라의 지지자들이기 때문이다. 그들은 어떻게 그 브랜드를 알았을까? 전적으로 버즈를 통해서였다. 그 브랜드는 광고를 하지 않았고 대신 매체 보도와 입소문에 의존했다. 지금까지 코사벨라는 유명한 TV 쇼(《프렌즈》,《섹스 앤드 더 시티》), 영화(팝 스타 브리트니 스피어스가 주연한《크로스로드<sup>Crossroads</sup>》), 그리고 기네스 펠트로, 제니퍼 로페즈, 커스틴 던스트 같은 A급 유명인사들에 의해 띄워졌다.[18] 사실 최근 영국의《보그》가《스파이더맨 <sup>Spider-Man</sup>》의 조연인 던스트에게 어떤 의류가 없으면 못 살 것 같으냐고 물었을 때 그녀는 '코사벨라 끈 팬티'라고 답했다.[19] 한때는 의류 관련 기사들이 이것을 대다수의 여성에게 저속하고 부적합하다고 간주했지만 지금 끈 팬티는 심지어 할리우드의 엘리트 사이에서도 필수품이 되었다.

도약대 위에 구축된 또 다른 브랜드는 케이트 스페이드$^{\text{Kate}}$ $^{\text{Spade}}$(미국의 토탈 액세서리 브랜드―옮긴이)이다. 그 브랜드는 여성 핸드백 업계를 지배하는 미지의 장소에서 출현했고 모든 원기 있고, 실질적이며, 맵시 있고, 매우 미국적인 사람들에게 이제는 상징이 된 실버불릿 브랜드다.

### 케이트 스페이드 : 미국적 스타일의 최고봉

케이트 스페이드라는 인물과 브랜드에 관한 이야기는 로맨스, 모험, 그리고 승리의 동화이다. 그것은 미국을 대표하는 두 사람, 준과 와드 혹은 오지와 헤리어트(미국의 전형적인 생활상을 보여준 텔레비전 드라마의 주인공들이다―옮긴이)를 위한 아메리칸 드림의 실현이다. 또한 그것은 어떻게 '고전'이 때로는 가장 혁신적인 방식으로 출현하는가에 대한 이야기이다.

1990년대 초반에 스페이드와 남편 앤디는 좋은 아이디어와 기업연금 저축(401(k) savings plan)밖에 없는 상태로 회사를 창업했다. 《마드모아젤$^{\text{Modemoiselle}}$(20대 여성들의 라이프스타일을 집중적으로 다루는 잡지―옮긴이)》의 임시직원에부터 시작해 액세서리를 담당하는 수석 패션 편집자까지 두루 섭렵한 케이티는 핸드백과 액세서리 세계에 심취했다. 지금 어떤 일이 일어나는지 아는 것이 그녀의 임무였다. 그러나 그녀는 아직 일어나지 않은 어떤 것에 계속 뛰어들었다. 그녀는 사진 촬영을 위해 필요한 단순하고 겉멋이 들지 않고 실질적인 가방을 결코 발견할 수 없었던 좌절감이 케이트 스페이드 브랜드 탄생을 야기했다고 믿는다. 마침내 그녀는 문제를 자신의 손으로 해결했다.《베너티 페어》지의 인물 소개에 쓰여 있듯이 "그녀는 종이를 가지고, 자신이 원했지만 결코 찾을 수 없었던 종류의 가방 견본을 디자인했다. 그것은 온후하고 정숙하며 바닥에 세워둘 수 있을 만큼 짧으며 겉면에 무의미한 장식이 배제된 가방이다."[20] 다시 말해 고전인 것이다.

그 아이디어는 자극성에서 결여될 수도 있을 그 무엇을 실용성과 타이밍을 통해 보충했다. 외국 디자이너의 핸드백이 유행하는 시절에 탄생한 케이트 스페이드는 완전히 미국적인 것이었다. 그 외에도 그 제품은 이치에 닿았다. 그것은 전국의 여성들의 요구, 일부는 정확히 인지했지만("이제 때가 되었군!") 일부는 심지어 고려해 본 적도 없는("이것 없이 어떻게 살았을까?") 그 요구를 충족시켰다. 케이트의 가방은 작은 검정 드레스 값에 상당했다. 그것의 유일한 특징은 겉면에 소문자로 '케이트 스페이드'라고 쓰인 작은 검정 라벨이 붙어 있다는 것이었다.

유능한 광고인인 앤디 스페이드는 여러 해 동안 커쉔바움 본드 앤드 파트너스Kirshenbaum Bond & Partners(광고회사 – 옮긴이), 이후에는 아이라와 메리언과 함께 TBWA/CHIAT/DAY에서 일해 왔다. 자연스럽게 그는 케이트 핸드백의 첫 번째 캠페인을 개발했다. 브랜드의 단순성과 진정성을 지원하는 그 캠페인은 케이트와 같은 부류의 사람을 연기하는 실제 일반인들의 사진을 통해 이야기를 하는 데 초점을 두었다. 이 때까지 케이트 스페이드 브랜드는 의식적으로 상품에 진중한 깊이를 부여하는 이야기를 개발했다. 많은 쪽수의 삽입 광고와 판매자들에게 보여진 8분짜리 영화를 통해 최근의 브랜드 캠페인은 교외에 사는 가족들과 함께 주말을 도시에서 즐기는 26세의 맨해튼 사람Manhattanite, 테네시 로렌스의 이야기를 한다. 물론 그녀는 '케이트'를 방문하기를 원한다.[21]

현재 케이트 스페이드는 영국과 미국에 매장을 갖춘 7천만 달러의 회사며 주식의 56퍼센트는 니만 마커스 그룹Neiman Marcus Group이 소유하고 있다. 케이트 스페이드는 지난 몇 년 간 신발, 선글라스, 종이, 군용행낭, 수건, 그리고 유모차나 파자마 같은 모든 아이템을 취급하는 브랜드로 확장했다. 그녀의 목욕용품과 향수는 2002년 봄에 출시되었고 가정용 직물류와 액세서리, 가방은 2003년 가을에 출시했나. 앤니 스페이드는 케이트 스페이드 클래식 스타일의 남성 버전으로 소매업에 진출해 왔다. 1999년에 그는 스웨트셔츠, 액세사리, 가방 등의 브랜드인 잭 스페이드Jack Spade를 출시하였다. 첫 번째 잭 스페이드 매장은 1999년 10월에 맨해튼에서 개장했으며 케이트 스페이드가 여성들 사이에서 누리는 정도와 동일한 헌신적인 추종자들을 구축하고 있다. 남자들 역시 그들이 인지하는 요구를 가지고 있다.

단순한 검정 가방이 이러한 대형 브랜드를 출범시켰다는 것은 주목할 만한 가치가 있다. 무엇이 그것을 그렇게 빨리 그 많은 사람들에게 소중한 것이 되었을까? 분명히 케이트 스페이드가 자신의 본능을 따르고 경험에 근거한 시각으로 시장에서 발견한 틈새를 충족하는 상품을 개발했을 때, 그녀는 무언가를 명중한 것이다. 장식과 허세 없이 그녀는 조용히 여성들을 그녀들에게 몹시 결여되어 있고 아마도 그녀들이 놓쳤을 고전적인 로맨티시즘의 투약으로 밀어 넣었다. 브랜드를 강력하게 유지하고 스페이드가 그와 같이 다양한 사업 영역으로 분화하게 만든 것은 그녀가 이와 같은 감성을 자신이 수행한 모든 일에 부여할 수 있었다는 사실이다. 결국 그것은 미국에 없었던 가방이라기보다는, 미래를 바라보듯이 과거에서 차용한 미국적 스타일 감각을 형성하는 역할 모델이라는 것이 분명해진다.

### 도약대 3 : 순간을 포착하라

일부 실버불릿 브랜드는 정확하고도 본능적으로 순간의 감정을 포착함으로써 그들이 포장한 감각에 대한 상징이나 평가 기준이 된다. 이런 일은 대체로 장소, 사람, 그리고 매체에서 일어난다. 장소는 운동의 지리적 허브일 수 있으며 사람은 운동의 대변인일 수 있고 매체는 운동의 송화구mouthpiece일 수 있다.

오늘날 삶의 속도는 이러한 도약대에서 자본창출을 매우 어렵게 한다. 운동은 빠르게 일어나 대다수 사람들이 응답할 기회도 없이 사라진다. 네 개의 도약대 중 이 도약대가 오직 버즈만으로 추동될 가능성이 높다. 실버불릿 브랜드가 이 도약대에서 순간의 운동에 휩쓸리는 것이 드문 일은 아니다. 또한 게임이 여전히 진행중일 때 이 도약대에서 승자들을 회고하고 찾는 것은 누가 승자가 될 것인가 인식하는 것보다 더욱 쉽다.

뮤직 페스티벌을 보자. 원래의 우드스탁Woodstock(1969년에 열린 대규모 록 음악 축제-옮긴이)은 세대의 상징이었다. 음악을 넘어서 그것은 삶의 양식, 정치적 주장, 영적 체험, 그리고 궁극적으로 역사적 사건을 표현했다. 오늘날 브랜드들은 이런 유형의 사회적 중요성을 강력히 추구하지만 성공하는 경우는 거의 없다. 1999년에 기업들이 우드스탁 형태로 원래의 1969 페스티벌을 부활시키고자 시도했을 때, 그들의 계획은 흥분하고 소요를 일으키며 여성들을 습격하는 통제할 수 없는 젊은이들에 의해 좌절되었다. 매우 우드스탁답지 않은 현상이었다. 스케이트보드 브랜드인 반스가 액션 스포츠——우리 시대의 주도적인 흐름——의 정수를 포착하기 위해 개발한 와프드 투어<sup>Warped Tour</sup>는 보다 성공적이었다. 반스는 최첨단의 운동선수들과 진정으로 관련되는 회사였기 때문에 가장 열광적인 참여자들의 감정을 확실히 포착할 이벤트를 어떻게 구성하는지에 대해 알았던 것이다.

즉시 유행하는 상태는 항상 텔레비전 쇼에서 야기되는 감정을 포착하는 데서 나온다. 텔레비전은 마치 거울처럼 당시의 우리 삶을 반영한다. 사회의 렌즈로서의 텔레비전의 역할은 과거의 예술의 역할과 같다.《매쉬<sup>M*A*S*H</sup>(한국전쟁을 소재로 한 코미디 시리즈-옮긴이)》,《치어스<sup>Cheers</sup>(NBC의 코미디 시리즈-옮긴이)》,《사인필드<sup>Seinfeld</sup>(NBC의 시트콤-옮긴이)》, 그리고《섹스 앤드 더 시티》는 훌륭한 대본과 연기 때문만이 아니라 시청자들 사이에서 진정으로 공명하는 무언가를 건드렸기 때문에 유행한 것이다. 우리는 출연자들과 일체감을 느끼기 때문에 다음에 전개되는 내용을 알기 위해 채널을 맞춘다.

1995년에 캘빈 클라인은 CK One 향수에서 포스트그런지<sup>postgrunge</sup>

한 천년기(千年紀)의 전환기의 긴장의 정신을 포착했다. 그 상품은 유니섹스 콜로뉴<sup>cologne</sup>로 출시되었고 성 정체성이 모호한 출연자들을 기용한 광고 방송으로 뒷받침되었다. 그것은 성 구분이 흐릿해지고, 남성들이 역사적으로 여성과 연계된 허영심의 문제와 위력을 이해하기 시작한 세계에는 더할 나위 없었다. 이 상품의 표적이었던 X세대와 Y세대는 그들을 둘러싼 유행과 전통 그리고 성적 역할에 대해 항상 양가(兩價)적인 태도를 나타냈다. 타깃과 문화적 풍조를 이해함으로써 캘빈 클라인은 성적 고정관념을 항상 벗어던질 준비가 되어 있는 세대를 위한 향수를 공급할 수 있었다.

CK One이 하나의 감정을 후원했다면 1990년대 후반의 모든 감정은 디자인 잡지 《월페이퍼<sup>Wallpaper*</sup>》의 기사들에서 포착되었다. 이 기사의 영향은 매우 커서 호텔, 레스토랑, 라운지, 심지어 세계의 항공회사들마저도 뒤떨어지지 않기 위해 요구되는 리모델링으로 손실을 회복하고 있다.

**월페이퍼 : 우리를 둘러싼 물건**

'당신을 둘러싼 물건<sup>The stuff that surrounds you</sup>'은 1996년 창간시, 《월페이퍼》의 독특한 형용구였다. 이 문구는 오해를 살 만큼 교만하다. 물건은 잡지의 지나치게 큰, 겉만 번드르르한 지면에 열거된 찾기 힘들고 지나치게 세련된 아이템들과 현장들을 공평하게 평가하지 않는다. 출간 이후 6년이 지난 지금 이 잡지는 유형, 무형으로 우리가 사회화하는 방식을 바꿨으며 취리히, 북유럽의 가구, 양성적 모델, 그리고 배타적인 최신 유행 군단의 진기한 체험 등의 영역에게 항상 주말을 특징짓는 잡지가 될 것이다.

캐나다 출신의 런던 이주자인 카리스마 넘치는 타일러 브루레 Tyler Brulé의 창작물인 이 잡지는 그 자신을 둘러싼 장소, 사람, 물건의 명확한 표현이었다. 그처럼 다른 이들도 좋아할 것이란 육감으로 그는 여행 경험이 많고 부유한 30~40대 사람을 겨냥한 독창적인 시각미를 갖춘 유행 지침서로 빡빡하게 편집된 《월페이퍼》를 창간했다. 이 잡지는 결코 대중 시장을 목표로 하지 않았다. 브루레의 원래 계획은 상류 시장을 겨냥하고 흥미 있는 사람들이 흥미를 가지는 한 계속 그 잡지를 가지고 노는 것이었다.[22]

브루레의 타이밍은 나무랄 데 없었다. 1990년대 후반의 '신나는 대영제국 운동Cool Britannia movement(토니 블레어가 주창한 영국의 미래를 위한 창조산업 및 하이테크 산업 육성 정책으로 야기된 영국의 활력을 지칭하는 《뉴스위크》의 커버 용어 – 옮긴이)'의 와중에 창간된 이 잡지는 국제적 유행에 대한 흥미로운 모든 것의 궁극적인 구현체에 대해 줄을 서 있는 광고주들을 만났다. 발행 첫 해에 이 잡지는 유통 부수에 비해 버즈가 더 컸다는 것을 제외하면 모든 것이 좋았다. 결국 거대 미디어 회사들이 주목하기 시작했을 때 이 잡지는 자신이 파산에 직면했다는 것을 깨달았다. 타임 사Time Inc.는 잡지의 성과보다는 잠재력을 근거로 단 네 번 발행된 이 잡지를 160만 달러에 인수했다.

그 새로운 재원은 《월페이퍼》를 궁극적으로 유행의 바이블로 만들기 위해 브루레가 계획한 많은 것을 할 수 있게 했다. 창조적인 레이아웃과 일러스트를 독창적으로 사용하고 특색 있는 인테리어 스타일을 소개함으로써, 이 잡지는 최신 유행의 모든 것에 대한 권위자가 되었다. 찬성과 비난이 함께 했다. 이러한 지위가 디자인 역사 연대기에 위치를 굳혔지만 동시에 브루레가 창조하기 위해 어렵게 싸웠던 스타일의 독자성을 서서히 손상시켰다. 갑자기 잡지의 특징적인 스타일이 도처에 나타났는데 보통은 값싼 모조품이었다.

2001년에 타임 사는 IPC 미디어IPC Media를 인수했고 잡지 경영진이 교체되었다. 화학적 결합 효과는 일어나지 않았고, 타일러 브루레는 회사를 떠나기로 결정했다. 현재 그는 성장중인 자신의 마케팅 및 디자인 회사, 인크 미디어Wink Media에 집중하면서 자신의 《월페이퍼》의 감각을 브랜드에 적용하고 있다. 일부 잡지 팬은 브루레가 떠난 후에 변화를 인식했다고 주장한다.《월페이퍼》독자이며 샌프란시스코에 있는 유명 마케팅 에이전시, 블랙 로켓 유로 RSCG의 어카운트 플래닝 디렉터인 토머스 바세트Thomas Bassett는 이렇게 말했다. "언젠가부터 나는 더 이상 편집 내용과 부합하지 않았다. 그렇지만 내가 변했다고는 생각하지 않는다." 이전에《월페이퍼》열광자였던 바세트는 그 잡지를 점점 더 보지 않고 결국 무시하게 된 자신을 발견했다. 브루레의 결별에 대해 그는 이렇게 말한다. "잡지에게 편집의 관점은 여과기이다. 그 여과기를 바꾸면 감각을 바꾸는 것이다."[23]

이 잡지가 변화중이라는 것은 의문의 여지가 없다. 왜냐하면 브루레의 결별로 잃은 것은 유행과 첨단에 대한 바로미터였기 때문이다. 브루레 없는 《월페이퍼》는 스티브 잡스가 없는 애플과 마찬가지다. 위대한 브랜드는 그들을 처음에 실버불릿 브랜드로 만든 마술적인 요소에 다시 불을 붙이고 그것을 미래로 집중시킨다. 《월페이퍼》에게 그 마술은 여전히 브루레로 보인다.

### 큰 것이 반드시 좋은 것은 아니다

《월페이퍼》를 비롯한 많은 실버불릿 브랜드가 직면한 문제는 원래 헌신자들이 즐거워 한 요소의 많은 부분이 그 브랜드가 알려지는 와중에 있다는 느낌, 즉 그 잡지를 최초로 받아들인 첫째 그룹에 속했다는 컬트적인 느낌이었다.

> 실버불릿 브랜드에 연료를 공급하는 가장 위대한 버즈는 초기 소수가 체험하는 발견의 감정이다.

그러나 불행히도 일단 말이 돌면서 상실하는 감정이 바로 이 감정이다. 내부자들끼리 공유하면서 내부자의 수는 내부자가 더 이상 매우 특별한 것이 아닐 때까지 성장한다. 샌프란시스코 베이Bay 지역의 브랜딩 회사, 아디스Addis의 CEO이자 회장인 아디스가 이야기하듯이 "모든 것이 도처에 있고 입수 가능하기 때문에 사람들은 무언가 유일한 것을 갈망한다." 그 결과로 "성장하는 브랜드는 그들의 고유한 무게가 떨어지는 경향이 있다. 그들은 너무 커져서 그들의 특성을 잃고 결국 무너지고야 만다."[24]

《월페이퍼》는 이전의 많은 실버불릿 브랜드가 직면했던 갈림 길에 서 있다. 이 잡지는《토크*Talk*》지의 길로 갈 수도 있고 혹은 항구적인 실버불릿 브랜드로 남아 또 다른 나이키가 될 수도 있는 위치에 서 있다. 이 잡지가 설립자가 없음에도 '지금'의 감각을 다시 획득할지 여부를 관찰하는 것은 흥미로울 것이다.

---

### 501을 넘어서, 데님의 새 번호 세븐

또 다른 실버불릿 브랜드인 세븐*Seven*(진 브랜드이자 디자이너 이름 – 옮긴이) 진은 미지의 장소(로스앤젤레스 변두리 의류가)에서 나와서 날씬하고 긴 다리를 지닌 미국 전역의 젊은 여성들이 애호하는 브랜드가 되었다. 열광자들은 진의 만듦새를 칭송하면서 자신들의 충성심을 자칭한다. 버즈 전문가는 브랜드의 빡빡하게 통제된 배급과 배타적인 매장 선정을 더욱 주목할 것인데 그것이 아직 이 진을 마련하지 못한 사람들에게 긴박감과 갈망을 창출했다.

지난 몇 년 간 데님*denim*, 특히 디자이너 데님은 패션계에서 가장 유행하는 것 중 하나가 되었다. 더 이상 캐주얼 의류의 상징이 아닌 데님은 지역 사회를 넘어서고 있다. 전세계의 패션 감각이 있는 사람들은 "진도 안 되고 운동화도 안 된다"라고 읊조리는 나이트클럽 도어맨을 당황케 했다. 5년 전에 우리가 착용했던 진이나 운동화는 아니라 하더라도 양자 모두 이제는 유행하는*de rigueur* 아이템이다. 최근에 이러한 데님의 집착 수준에 가장 가깝게 접근한 것은 1970년대 후반과 1980년대 초반의 게스*guess?*, 사순*Sasson*, 조다쉬*jordache*, 글로리아 반더빌트*Gloria Vanderbilt*와 같은 브랜드에 의해 유발된 고가의 진 매니아였다. 진은 철저히 복귀했다.

이 시절 가장 커다랗게 손해를 본 것은 리바이스였는데 해가 지날수록 매출이 꾸준히 하락했다. 최정점기였던 1996년에는 7천1백억 달러의 매출이었던 것이 2001년에는 4천2백억 5천만 달러로 전년도에 비해 8퍼센트

하락했다.[25] 얼진Earl Jean, 디젤Diesel, 페이퍼 데님 앤드 클로스Paper Denim & Cloth, 그리고 아비튜얼Habitual 등과 같은 부티크 브랜드에게 강타를 맞은 리바이스는 저항도 못하고 허를 찔렸다. 부분적으로 이러한 쇠락은 게으른 디자인 탓이기도 했다. 《비즈니스위크》에 따르면 "리바이스는 1980년대, 즉 브랜드가 유행했고 자신의 성공에 훌륭한 디자인이 본질적이지는 않았을 때에 형성된 악습을 여전히 극복중이다. 그 때 리바이스는 남성의 패턴에서 벗어난 여성용 진을 창출할 수도 있었겠지만 결국 여성의 몸매에 그리 어울리지는 않는 바지로 끝나고야 말았다."[26] 리바이스는 또한 힙 허거스hip hug-gers(실제 허리선보다 아래에 걸쳐 입는 스커트 – 옮긴이)라는 단어에 새로운 의미를 부여한 데님 스타일, 즉 허리 밑으로 내려가는 스타일도 놓쳤다. 울트라 로우 라이즈ultra-low-rise 진(극단적으로 허리 밑으로 내려간 진 – 옮긴이)은 한 개나 두 개의 단추밖에 없으며 여성의 히프에 걸쳐지도록 밑으로 내려와서 속옷 매이커들은 그것과 어울리는 로우 라이즈 통low-rise thongs(밑으로 내려오는 끈 팬티 – 옮긴이)를 만들어야만 했다. 또 다른 문제는 보다 근본적인 것으로 개선하기 훨씬 어려운 문제였다. 리바이스 제품은 너무 큰 것으로, 그리고 한때는 자산이었던 미국적 이미지로 인지되었지만 지금은 일부 소비자들로부터 흥미를 잃었다.

이후 2000년에 세븐 브랜드가 출시되었고 젊은 여성들은 꼭 맞춰진 맵시 있는 디자인에 구름처럼 몰렸다. 또한 그들은 남들에게 인정받을 수 있는 바지를 뽐내고 그것을 다른 유행선도자에게 보여주는 데서 오는 알려지는 과정의 느낌을 좋아했다. 그들은 서로서로를 그리고 친구들을 격찬했다. 세븐은 비밀을 발견하는 데서 오는 배타적인 발견의 느낌을 부여하는 효과적인 마케팅 전략으로, 꼭 가져야만 할 것 리스트의 수위에 올랐다. 그 회사의 계획은 《월스트리트 저널Wall Street Journal》의 기사에 다음과 같이 실렸다. "희소성은 정교한 마케팅 접근의 일부이다. 영향력 있는 슈퍼모델, 패션 잡지 편집자, 그리고 명품을 입는 스타일리스트를 잡기 위해 세븐은 대부분의 백화점 입점을 피하고 대신에 '뉴욕 스쿠프New York's Scoop', '바니스 뉴욕Barneys New York', 그리고 로스앤젤레스의 '프레드 시갈Fred Segal' 등 배타적인 부티크를 표적으로 입점했다.”[27] 그 계획은 완벽하게 수행되었고 효과를 낳았다. 현재 세븐은 미국과 해외에 300개의 매장을 가지고 있으며 더 이상 매장을 늘릴 의도도 없다. 그 회사는 마치 타이가 한정판 바니 베이비로 성공했던 것처럼 수요를 늘리는 생산을 의도적으로 제한한다.

세븐이 성공한 주요한 이유는 상품이 진정으로 기대에 보답했기 때문이다. 이것은 어떤 실버불릿 브랜드에게도 결정적이다. 진은 여성이 마음속에 그리는 신체에 맞게 디자인되었다. 즉 엉덩이 부분이 갈고리 모양의 바느질로 마무리되어서 여성의 외모를 향상시키도록 디자인된 것이다. 비록 그 브랜드의 진기함과 비밀은 소멸하겠지만 열성자들은 구매할 새로운 스타일이 나오면 언제든지 돌아올 것이다.

그 사이에 리바이스는 자신의 브랜드에 특징을 부여하고자 시도하면서 분투했다. 2002년 여름/가을에 여성용 그리고 남성용 리바이스가 블루밍데이스Bloomingdale's, 노드스트롬Nordstrom, 그리고 심지어 삭스 피프스 어베뉴Saks Fifth Avenue와 니만 마쿠스 같은 백화점에서 선보였다. 앞의 두 개 매장은 지난 10년 동안 리바이스 제품을 취급하지 않았고, 뒤의 두 매장은 아예 취급하지 않았다.[28] 이들 패션 매장들은 리바이스의 로우 라이즈 남성용 진Offender과 여성용 진Superlow의 성공을 기대하고 있다. 혁신을 마무리하기 위해 리바이스는 샌프란시스코 본사 매장을 재디자인하여 개장했으며, 자사 이미지의 약점을 타깃으로 한 광고 캠페인을 시작했다.

이 다윗과 골리앗 이야기에서 전투를 지켜보는 것은 흥미로울 것이다. 세븐은 성장해 가면서 컬트의 지위를 유지할 수 있을 것인가? 그 규모에도 불구하고 리바이스는 컬트의 지위를 개발할 수 있을 것인가? 이는 전적으로 어떤 회사가 효과적으로 버즈를 구축하고 관리할 것인가에 달려 있다.

## 도약대 4 : 관습에 도전하라

규칙은 깨지게 마련이고 관습은 도전을 요구한다. 이것이 오늘날 마케터들이 필히 생각해야 할 배반의 방식이다. 이 도약대는 다른 세 개의 도약대보다도 더욱 이번 장의 도입부에서 거론했던 용기의 유형을 요구한다.

> 규범을 취하고 뒤집는 것은 돌풍이 심한 일이다. 그러나 제대로 이뤄진다면 가장 거대하고 대담하며 빠른 실버불릿 브랜드로 진입할 수 있다.

우리는 일상에서 관습들에 둘러싸여 있다. 대부분의 경우에 우리는 얼마나 많은 것들을 당연한 것으로 여기는가를 염두에 두지 않고 일상 업무를 착수한다. 한번 생각해보라. 당신은 아침 식사는 아침에 먹어야 하며 은행은 휴일이 아닌 주중에 열릴 것이며 당신이 사무실에 출근했을 때 사무실은 멀쩡할 것이며 매일 비슷한 시간대에 우편물이 도착할 것이며 뜨거운 물이 나오는 꼭지에서는 뜨거운 물이 나올 것이고 찬물이 나오는 꼭지에서는 찬물이 나올 것이라는 등 정말 끝없이 많은 것들을 당연한 것으로 간주한다. 무언가가 일어나 일상의 흐름을 차단시킨다면 무슨 일이 벌어질까? 주목하라. 만약 이를 닦으려고 수도꼭지를 틀었는데 우유가 나온다면, 혹은 냉장고를 열었더니 온도가 100도나 된다면 얼마나 놀랄지 생각해보라.

브랜딩의 대가인 스티븐 아디스는 놀라움의 위력을 믿는다. 그는 최근에 한 패스트푸드점에서 자신을 매료시키고 풀어지게 만들었던 한 경험을 이야기했다. 근무를 끝마친 그는 캘리포니아의 재기하는 버거 체인점인 인 앤 아웃 버거In-N-Out Burger®의 주문창에 다가가 주문을 기다리고 있었다. 그는 스피커를 통해 "주문하시겠어요?"라는 말이 아니라 "어떻게 지내세요?"라고 흥겹게 질문을 받자 즐겁고 당황했다. 사소해 보이지만 아디스의 즐거운 체험은 우리에게 전해졌고, 지금 이 책에 실렸다. 잘 한다! 인 앤 아웃. 이 회사는 종업원들이 편하게 날개짓할 수 있고, 그 자유가 종업원들이 패스트푸드 체험의 관습에 도전할 수 있도록 하는 환경을 창출한 듯하다.

아디스는 이렇게 말한다. "진정으로 성공하는 브랜드는 업계를 재규정한다. 사실 당신은 업계에 반하는 방식으로 자신을 규정해야 한다."[29]

> 의문은 과학적 발견의 기초이다. 그리고 그것은 상품개발과 마케팅 계획에서 역할을 수행해야 한다.

우리 사회의 얼마나 많은 위대한 발명이, 모두가 진실로 받아들이고 있는 관념을 누군가는 받아들이지 않았기 때문에 탄생했는지 생각해보라. 지난 몇 년 간 최고의 캠페인들이 개발되었는데, 그것은 누군가가 관습에 의문을 제기하는 직관과 창의력을 가지고 있었기 때문이다. 다음의 예들을 보자.

관습 : 자동차 구매는 신중한 구매 행위다.
도전 : 새턴Saturn은 차를 구매하는 것이 쉬울 뿐만 아니라 심지어

재미있다는 것을 우리에게 말해준다.

관습 : 아침 시리얼은 아침에 우유와 함께 먹는 것이다.
도전 : 콜드 시리얼은 쉴 새 없이 먹는 간식으로 우유와 함께 혹
　　　은 우유 없이도 하루 중 어느 때라도 먹을 수 있다.

관습 : 커피는 아침에 나를 깨우는 뜨거운 음료다.
도전 : 스타벅스에서 커피는 공동체communal 체험이거나 편히 쉬
　　　는 의식일 수 있다.

관습들은 너무 뿌리가 깊어서 우리는 그것에 대해 무언가 생각
하기를 망각하고 별로 도전하지도 않는다. 그러나 그것은 새로운
프로젝트에 접근할 때 마케터의 역할이어야 한다. 비관습적인 아
이디어를 개발할 때, 어떤 돌 하나도 뒤집지 않은 채 남겨두지 마
라. 올바른 전문가에게는 커다란 효과를 창출하기에 너무 작은 아
이디어는 없다.

### 벤 모바일 : "나는 … …이다", 그 본질

네덜란드에서 한 휴대전화 회사가 얼굴 없는 업계에 얼굴을 부
여했다. 그 회사가 찬란한 솜씨로 업계에 부여했던 얼굴은 우리의
작업이었다.

1999년 2월, 다섯 번째 휴대전화 회사가 극단적으로 경쟁적인
네덜란드 시장에 출범하였다. 그 날부터 벤Ben은 KPN 텔레콤, 리

버텔Libertel, 텔포트Telfort, 그리고 더치톤Dutchtone과 경쟁에 들어갔다. 후발 주자로서 벤(텔레 덴마크Tele Danmak와 벨가콤Belgacom의 합작 벤처 기업)은 상대적으로 낮은 사용료를 제공하고 혼란을 일으키는 마케팅 커뮤니케이션 전략을 선택함으로써 약간 다르게 활동할 것을 선택했다. 케셀스크래머KesselsKramer는 벤이 브랜드에 감각적인 판매 제안을 도입함으로써 벤이 업계 관습에 도전하도록 조력한 회사이다.

벤이 브랜드라기보다는 오히려 인간이 되는 그 아이디어는 비관습적인 이름, 즉 전자 통신 업계의 어떤 용어도 참조하지 않은 인간화된 이름을 채택하면서 출발했다. 이 신중하고 심지어 용기 있는 결정은 자신이 또 다른, 거리감이 있는 전기 통신 회사가 아닐 것이라는 새로운 회사의 약속을 부각했다. 그것은 영어로 표현할 수 없는 용어로 단지 벤일 뿐이었다.30)

네덜란드 어로 벤은 다양한 의미를 지닌다. 그것은 소년의 이름이지만 또한 영어로는 '존재being' 혹은 '나는 ……이다am' 와 가장 비슷한 동사이기도 하다. 결국 벤은 자신의 인격만 나타내는 것이 아니라 사용자와 사용자의 요구도 나타낸다. 이 탁월한 네이밍 전략은 서비스로까지 확장된다. 그렇게 정규적이지는 않은 통화자들을 위한 벤 솜Ben Some 혹은 '때때로 나는am sometimes', 빈번한 통화자들을 위한 벤 바크Ben Vaak 혹은 '빈번하게 나는am frequent', 비즈니스용 상품으로 벤 자켈리크Ben Jakelijk 혹은 '비즈니스로 나는am business' 등등. 그것은 단순하고 직설적이며 사용자에게 친숙한 체계로 전형적으로 비인격적인 고객 서비스와 네덜란드 어로 게젤리크gezellig

혹은 안락함coziness이 결여된 업계에서 커다란 호소력을 지닌다. 고객들은 그것의 반(反) 전자 통신적 이미지 때문에 벤을 좋아한다고 주장한다.

네이밍 전략과 더불어 벤과 케셀스크래머는 그들 '캐릭터'의 시각화를 위해 상상의 이미지를 조사하기 시작했다. 그들은 단호한 흑백 스타일의 티저 광고를 시작했다. 일반인들이 출연한 휴대전화 통신방법, 휴대전화 라이프스타일, 그리고 휴대전화 에티켓을 토론하는 광고였다. 그 광고는 브랜드를 드러내지 않았지만 버즈가 구축되기 시작했다. 광고 배후에는 누가 있을까?

몇 주가 지난 후 벤은 "안녕, 나는 벤이고 새로운 휴대전화 회사야"라는 광고로 사사 브랜드를 노출시켰다. 결과는 기대 이상이었다. 벤은 첫 두 주 동안 약 2만 번의 협찬 요청을 받았다. 또한 상대적으로 적은 예산 집행에도 불구하고 첫 년도에 80퍼센트의 브랜드 인지도를 획득하고 35만 명의 가입자 유치(20~23퍼센트의 시장 점유율)라는 목표를 쉽게 달성했다. 유형의 목표뿐만 아니라 벤은 고객들로부터 엄청난 공감을 획득했다. 이것은 지독히 나쁜 고객 서비스와 사적 배려personal attention의 결여로 알려진 업계에서는 비범한 성과였다.

어떻게 벤은 그렇게 빨리 강력한 성과를 낼 수 있었을까? 거대 기업이 아니라 마치 사람처럼 광고하고 마케팅하고 행동함으로써 그럴 수 있었다.

심지어 자사 광고에서 '실제 사람들'을 선택한 것도 휴대전화는 만인의 것이라는 브랜드의 확신을 표현한다. 네덜란드에서조차 이슬람교도와 게이를 광고에 활용한 것은 논쟁적이고 비관습적이었다. 사람들은 이들이 무슨 말을 할까 보기 위해 멈췄다. 벤의 목적은 자신이 작동하고 있는 사회의 대표적인 상을 전하고 모든 사람을 포함하는 것이었다.

브랜드에 대한 비관습적인 접근을 진행하면서 벤과 케셀스크래머는 벤을 사람들에게 가깝게 유지하기 위한 일련의 버즈 마케팅을 시작했다. 그들은 순회 전시회를 개최했고 지루한 이름과 번호로 구성된 것이 아닌, 주제들이 사진으로 구성된 혁신적인 휴대전화번호부를 만들었다. 케셀스크래머의 설립자이자 카피라이터인 요한 크래머는 그 동기를 다음과 같이 설명했다. "전화번호부는 통상적으로 번호와 명칭으로 가득 차 있다. 우리는 우리 책자가 더욱 흥미롭기를 원했다. 따라서 이름과 번호로 구성된 지면 대신에 우리는 일반 전화번호부와 동일한 지질과 크기로 만들었지만 그것에 휴대전화 통신에 대한 이야기와 사진을 실었다."

2003년에는 벤이라는 이름은 사라질 듯하다. 다른 지역 브랜드처럼(스미스Smith는 레이스Lays가 되고, 지프Jif는 시프Cif가 되고, 리버텔Libertel은 보다폰 리버텔Vodafone Libertel이 되었듯) 벤도 세계화의 압력에서 벗어날 수 없기 때문이다. 케셀스크래머는 부분적으로는 벤이 자신 스스로의 성공의 희생양이 되었다는 사실에 원인이 있다고 지적한다. 4년도 채 안 되어서 그 브랜드는 두 개의 주요 경쟁사를 뛰어넘을 수 있었고 업계에서 최상의 이름과 브랜드를 달성했다. 심지어 60년 이상 네덜란드의 전기통신의 일부였던 KPN조차 능가했다. 이것은 회사를 매력적인 획득 표적이 되게 했다. 우리 관점으로는 벤의 고객들은 이 마음에 들고 불경한 인격에게 감정적인 충성을 계속 표현할 것이다. 물론 그 회사가 계속 브랜드 본성과 버즈를 구축하고 축적한 짧은 역사에 충실하다면 말이다.

## 버즈의 날개에 대해

오늘날 마케터들이 직면한 가장 커다란 도전 중 하나는 흥미를 고무하는 새롭고 혁신적인 방식을 찾는 것이다. 지금까지 고객들은 과도하게 자극받아 왔다. 이번 장에서 보여준 브랜드들이 공유하는 일반적인 요소는 놀라움이다. 그늘 각자는 청중을 놀라게 하는 데 상이한 접근을 취했지만, 모두 획기적인 아이디어를 고무하고 보호하는 창조적 환경을 촉진하기 위해 부단히 노력했다. 그들은 자신의 시선을 소비자와 주목을 끌고 요구를 충족시키는 방식에 고정시켰다. 이 모든 브랜드가 오랫동안 슈퍼스타의 지위를 성취할 것인가? 아마 그렇지는 않을 것이다. 그러나 그들은 실버불릿 아이디어를 통해 자신을 대중의 의식에 각인시킴으로써, 훨씬 더 많은 가능성을 가지고 있다.

# 제7장

## 충격 요법

한 어머니가 아들의 카풀을 몰고 학교에 가고 있다. 교통체증에 묶여 있는 동안 그녀는 고속도로 옆에 있는 원더브라<sup>Wonderbra</sup> 옥외 광고판의 슈퍼모델 에바 헤르지고바<sup>Eva Herzigova</sup>의 풍만한(무려 6피트 높이!) 유방 골짜기를 올려다본다. 그 광고판에는 다음과 같은 모호한 글귀가 쓰여 있었다. "안녕, 소년들<sup>Hello, boys</sup>." 차안의 모든 소년들은 눈을 크게 뜨고 그 장관을 보고 있다. "그녀가 우리에게 말하는 걸까?" 무리 중 한 명이 말했다. 물론 그런 셈이다.

여기 소개된 이야기는 허구지만 어머니가 느꼈던 불편함은 매우 흔한 일이다. 섹스, 성도착, 일탈, 혐오감, 그리고 일반적으로 불쾌한 것들은 우리 주변에 널려 있다. 우리는 한때 터부로 여겨지던 이미지와 말에 침입 받지 않고서는 잡지 한 페이지를 넘기거나 일하러 가거나 혹은 텔레비전을 켤 수도 없다.

마케터에게 충격의 목표는 분명히 사람들의 주목을 끌고 그들이 말하게 하는 것이다. 표준적인 버즈 마케팅 기술과의 유일한 차이는 버즈가 대부분 부정적이기를 기대한다는 것이다. 이를 시행하는 마케터들은 도화선에 불을 붙이고, 그 폭발이 많은 소비자 대중을 통해 충격의 파도가 전달될 만큼 충분히 강력하기를 기대한다.

## 지금 무엇이 충격적인가

마케터들에게 불을 밝힐 적합한 도화선을 발견하는 것은 점점 더 어려운 일이 되고 있다. 보다 충격적인 소재를 드러낼수록 우리는 점점 더 흥분하지 않게 된다. 충격은 기대하지 못했고 친숙하지 않으며 깜짝 놀라게 하는 무언가가 일어날 때 발생한다. 일단 전술이 구사되면 그것은 더 이상 새로운 것이길 멈추며 충격가치는 기하급수적으로 감소한다. 당신이 처음으로 저주의 말을 지껄였을 때 느낀 공포와 권능이 혼합된 감정을 기억하는가? 아이일 때, 이것은 매우 큰일이다. 그러나 아이가 계속 그 말을 한다면 욕은 급격히 자신의 힘을 상실하고 조만간 일상의 일이 되고야 만다.

오늘날 우리에게 충격적인 것은 10년 전에 충격적인 것과 매우 다르다. 1980년에 캘빈 클라인은 15세의 브룩 실즈를 출연시킨 혁신적인 광고로 우리를 놀라게 했다. 단지 10년 전에 베네통은 에이즈로 죽어가는 환자 사진을 보여줌으로써 격렬한 반발을 야기했다. 그리고 1990년대 후반, 이름에 대한 인지도를 높이기 위해 분투한 닷컴들은 대포에서 발사되는 쥐들을 포함하는 충격을 목적으로 하는 묘기의 연타를 실시했다. 오늘날 이들 중 어느 하나라도 우리를 놀라게 하거나 비난을 초래하는 것이 있는가? 결국 2002년에 《피어 팩터*Fear Factor*(미국 NBC의 프로그램. 여섯 명의 출연자가 상금을 놓고 엽기적인 공포를 이겨내는 프로그램 – 옮긴이)》의 청중은 몇 명의 남자들이 돼지 자궁을 씹어 먹는 광경을 향응받았다. 우리는 다른 쇼의 프로듀서들이 그것보다 더 심한 것을 만들 수 있을까 궁금해하면서 진저리를 쳤다.

우리들 각자가 충격적이라고 생각하는 것은 매우 개인적이며 동시에 문화적 영향에 의존한다. 예를 들어 섹스와 관련해 보면 서구 세계의 많은 사람들은 미국이 청교도적이라고 여긴다. 그리고 광고와 관련해서 우리의 작업을 프랑스, 이탈리아, 독일의 작업들과 비교해 보면 확실히 그러하다. 영국은 서구 유럽과 미국의 중간쯤(그러나 대륙에 근접한)이다.[1]

여성 잡지 《코스모폴리탄*Cosmopolitan*》의 예를 들어 보자. 뻔뻔스런 소녀들의 대담과 성적인 노골성으로 알려진 그 잡지는 현재 그 잡지가 출간되는 40개가 넘는 나라들 각각마다 상이하게 문화적 품위의 한계를 밀고 나간다. 《뉴요커》의 보도에 따르면 브라질 판 잡지가 일반적으로 가장 외설적(허스트*Hearst*(《코스모폴리탄》을 발행하는 출판사 – 옮긴이)의 한 이사가 기자에게 "이 지면에서 옷가지 하나라도 찾아보세요"라고 말할 정도로)인 반면에 동유럽과 중동 판 잡지는 훨씬 점잖다고 한다. 1997년에 인도네시아 판 《코스모폴리탄》

이 출시되었을 때 그 잡지에 대해 많은 사람들이 적대감을 가졌다. 토플리스 차림으로 촬영된 여성의 브래지어를 벗기고 남성과 여성의 성기를 지칭하는 암호명을 제안하곤 했던 편집장 레다 가우디아모Reda Gaudiamo는 "이슬람교 학자들은 그 잡지가 여성이 지나치게 섹스를 사랑하도록 고취한다고 말했다"라고 했다. "우리는 남자를 '미스터 해피Mr. Happy'라 말하고 여자를 '미스 치어풀Miss Cheerful'이라고 말한다."[2] 《버자이너 모놀로그The Vagina Monologues(이브 엔슬러Eve Ensler의 책 또는 그것을 토대로 한 연극—옮긴이)》가 조만간 자카르타에 오지 못할 것이라는 것은 좋은 내기감이다.

## 왜 충격인가

모든 잠재적인 위험에도 불구하고 오늘날 왜 우리는 충격 마케팅의 분출을 보게 되는가? 이는 그것이 죽어가는 브랜드를 재발명하고 새로운 브랜드에게는 날카롭고 활기찬 호소력을 주며, 어떤 브랜드도 빨리 그리고 상대적으로 비용이 덜 들면서 대중에게 포착되게 하기 때문이다.

마케터의 관점에서 보면 충격의 유행은 주목할 만한 많은 이유가 있다.

- 충격 전술은 잊혀지지 않는다 사람들의 신념과 가치의 핵심을 흔들어 놓으면 일반적으로 사람들은 그것을 기억할 것이다.

그들이 브랜드는 기억하지 못할지도 모르지만 우리가 다음에 다룰 주제인 광고는 기억할 것이다.

• 충격 전술은 본능적이다 올바르게 수행되면 문자 그대로 생리적인 반응을 이끌어낸다.

분노, 기쁨, 공포, 경탄 등은 소비자에게 브랜드의 생명력을 가져다주는 강력한 감정이다.

• 충격 전술은 현존하는 마케팅의 지루함을 뚫고 지나간다 정확히 겨냥된 충격 광고는 내장에 대한 일격, 혹은 꼭 필요한 잠을 깨우는 전화와 같을 수 있다. 소비자들은 그 광고가 제공하는 속도의 변화와 반영의 순간을 즐긴다.

최종 결론 : 충격은 효과가 있다. 그리고 그것은 결정적인 상황에서 효과가 있다. 물론 비판가들은 일부 실행자들이 너무 많이 앞서 나갔다고 반박하는 반면, 지지자들은 마케팅 무감각 상태에서 소비자를 깨우는 능력을 바탕으로 성공한 회사나 브랜드의 수많은 예들을 열거한다.

2000년에 H.J. 하인즈H.J. Heinz가 출시한 새로운 케첩은 상대적으로 미약한 충격 요소로 버즈를 만든 상품의 좋은 예이다. 그 케첩은 녹색이었다. 그것에는 어떤 모험도, 어떤 공격적인 요소도 없었다. 단지 전통적인 소풍 및 야외 요리 상품을 새로운 색깔로 보는 것이 기대되지 않았다는 이유만으로 그 상품은 대중의 주목을 끌었다. 하인즈가 상품 배급 준비도 하기 전에 상품 고지(告知)에 의해 야기된 버즈는 소매상들이 그 케첩을 시끄럽게 요구하게 만들었다. 색을 바꾼 조치는 전부 합해서 1천만 달러의 가치가 있는 무료 홍보를 야기했는데 이것은 하인즈가 실제로 매체 광고에 지출한 총액의 세 배에 달하는 금액이다.[3] 역설적인 것은 하인즈 역시 그 상품이 버즈를 야기할 것이라고 기대했지만 색깔 때문이라고 생각하지는 못했다는 것이다. 그 회사는 실제 주목을 끄는 요소는 아이들도 케첩을 짤 수 있는 EZ Squirt이라는 새로운 병일 것이라고 생각했다. 이는 버즈의 세계에서 회사는 통제의 실체가 아니라는 것을 보여준다.

녹색 케첩이 혁명적인 것은 아니지만 업계를 혼란시키고 조미료처럼 평범한 어떤 것에 대해 사람들이 잡담하도록 만드는 원인이 되었다. 하인즈가 이를 인식했든 못했든 녹색 케첩은 그 시초부터 이만한 혁신을 경험해 보지 못한 업계에서는 거대한 도약이자 창조적인 비즈니스 아이디어였다. 그 상품은 매우 성공적이어서 하인즈는 자주색 제품을 추가했고, '비밀의 색Mystery Color'이라는 제품도 출시하였다. 소비자들은 무슨 색——녹색, 자주색, 혹은 심지어 분홍색이나 검은색——이 들어 있는지 모르는 채 병을 구매했다.

최근에 충격 전술이 많이 사용되는 또 다른 이유는 주어진 예산을 최대로 확장해 사용할 수 있기 때문이다. 앞에서 언급한 원더브라의 "안녕, 소년들" 캠페인은 시초부터 버즈를 염두에 두고 착상되었다. 그리고 캠페인 비용은 1백만 달러에 불과했지만 홍보 효과는 8백만 달러를 넘었다. 단 한 번의 론칭이었고 그렇게 하는 데 상대적으로 적은 예산이 들었음을 고려하면서 원더브라의 광고 에이전시인 TBWA/London은 그 상품의 내재적으로 섹시한 본성을 이용했고 대중의 체면의 약점을 공략했다. 가슴과 브래지어, 그리고 사고방식으로 그들은 시대의 풍조를 포착했고 영국 대중이 보기에 즐겁게 충격적이어서 사소한 교통사고를 야기하는 무언가를 주었다.

현재 유로 RSCG Wnek Gosper의 부회장이자 크리에이티브 디렉터이며 TBWA에서 일했을 때 원더브라 캠페인에 참여했던 나이젤 로즈<sup>Nigel Rose</sup>에 따르면 그 광고는 남자와 여자 모두에게 공명(共鳴)했다. 로즈는 그것에 대해 다음과 같이 말한다. "'안녕, 소년들'이라는 말이 자신의 입에서 나오면서 그녀가 흥겨워하고 있기 때문에 더 이상 그녀는 희생당하는 여성이기를 멈춘다. 이 광고가 탄생했을 때, 여성들은 달라졌지만 광고는 그 상태를 아직 따라잡지 못했다. 여자들은 남자들처럼 행동하면서 돌아다녔는데 그것이 빅토리아 시크리트<sup>Victoria's Secret</sup>(여성 내의 – 옮긴이),《브리짓 존스》,《섹스 앤드 더 시티》의 선구자인 '라데트<sup>ladette</sup>(소년처럼 공격적이고 무례한 매너를 가진 폭음을 일삼는 젊은 여성 – 옮긴이)' 운동의 시작이었다. 이 광고는 위의 모든 상황을 포착함으로써 여성과 남성 모두에게 호소하였다."[4]

"안녕, 소년들" 캠페인으로 야기된 버즈는 원더브라의 매출을 40에서 80퍼센트 신장시킨 것으로 추정되며 사라 리<sup>Sara Lee Coporation</sup>의 부와 운명을 바꿔버렸다.[5] 로즈의 철학은 다음과 같다. "자신의 클라이언트를 유명하게 만드는 것이 에이전시의 업무다." 그리고 그들은 그것을 해냈다.

## 충격 파도 : 그것은 어떻게 작동하는가

제4장에서 우리는 어떻게 버즈가 일직선 방향으로, 즉 극단적 비주류에서 알파로, 알파에서 비로, 그리고 대중으로 선형적linear fashion으로 이동하는가에 대해 논의했다. 그 과정은 몇 주, 몇 달 혹은 몇 년이 걸릴 수도 있다. 종종 상품과 메시지는 시간이 흐르면서 심각하게 약화된다. 1980년대 중반에 도심의 소년들이 쓴 샤워 모자는 교외의 두 레그doo rag(천으로 머리를 싼 모자 – 옮긴이)와 마찬가지로 종막을 고했다. 여전히 그 곳에서 일부 갱스터는 쿨하지만 멋지지는 않다.

충격의 경우 그 과정은 전적으로 단축된다. 극단적 비주류가 갑자기 대중에게 소개되는 것은 매우 익숙한 경우이다. 라이언 매튜스Ryan Mathews와 와츠 와커Watts Wacker는 자신들의 책,《이상한 모험 : 비주류 아이디어는 어떻게 대중 시장을 지배하는가The Deviant's Advantage: How Fringe Idea Create Mass Markets》에서 일탈deviance로서의 가속화된 과정을 다음과 같이 묘사한다. "어제는 불쾌했던 것을 오늘은 추켜세운다. 일탈은 비주류에서 사회적 관습으로 이행한다. 그러면서 급속하게 시장을 창출하고 사회적이고 상업적인 게임의 룰을 영구히 바꾼다. 변화의 속도는 비주류와 사회적 관습 사이의 기능적 격차가 소멸할 때까지 빨라진다."[6]

우리는 일반적으로 극단적 비주류와 대중 사이의 거리가 본질적으로 남을 것이라고 주장하지만 충격 마케팅과 관련해서는 매튜스와 와커의 주장에 동의한다. 이 테크닉의 가장 커다란 이득 중 하나는 급속한 버즈 구축을 야기하고 빠른 속도로 전파된다는 것이다. 역설적으로 많은 경우에 버즈를 전달하는 사람들은 메시지에 가장 격렬히 반대하는 사람들이다.

### 반표적화

전통적인 버즈 캠페인에는 적합한 알파와 비를 매료시켜서 상품과 연계시키고 버즈를 출발시키는 데 치중하는 경향이 있다. 그러나 충격 마케팅에서 마케터는 메시지에 나쁘게 반응할 가능성이 가장 높은 소비자들을 표적화하는 경향이 있다. 결국 아무도 뒤로 밀어내지 않는다면 반항은 재미없다. 목적은 진정한 청중에게 '우리 대 그들'의 감정을 창출하는 것이다. 그것은 특히 반항심을 느끼기를 원하는 보다 젊고 날카로운 소비자들에게 효과가 높다. 검열 위협과 대중 매체의 분노는 대중 광고를 멀리하는 것에 대해 매우 자부심이 높은 소비자들을 매료하는 반문화적 느낌의 창출에 공헌한다.

1990년대 후반, 오랫동안 충격 마케팅을 행했던 TBWA/London의 크리에이티브 디렉터이자 회장인 트레버 비티Trevor Beattie는 최근 역사에서 가장 유명한 충격 캠페인 중 하나를 론칭했다. 앞에서 이미 그 캠페인을 논했지만 유머와 스타일로 어떻게 충격을 야기하고 버즈를 구축하는가의 교묘한 예이기에 여기서 다시 다루고자 한다. 우리는 영국의 의류회사 프렌치 커넥션의 'fcuk' 캠페인을 이야기하는 것인데 그것은 회사의 저속한 듯 보이는 머리글자에 짓궂게 집중한다. 그 '더러운 단어' 슬로건은 대서양의 양쪽에서 사용되었는데 예를 들면 런던의 대형 매장은 '세계에서 가장 큰 fcuk'로 광고되었다. 대부분의 사람들은 그 광고가 교묘하다고 여겼지만 그에 못지않게 많은 사람이 이 광고에 반발하여 한 번 이상 광고심의국<sup>Advertising Standards Authority</sup>에 제소하였다. 또한 프렌치 커넥션은 영국에서는 2001년에 '변태적인 녀석<sup>Kinkybugger</sup>'이라는 광고 방송을 거부한 방송 광고 정화 센터<sup>Brodcast Advertising Clearance Centre</sup>와 곤란을 겪었다.[7] 프렌치 커넥션의 설립자인 스티븐 마크스<sup>Stephen Marks</sup>는 비티가 개발한 날카로운 캠페인에서 물러서지 않았다. 《마케팅<sup>Marketing</sup>》 지와의 인터뷰에서 마크스는 자신의 입장을 분명히 진술했다. "나는 삶에서 사람들의 감정을 해치고자 하지는 않지만 만약 내가 90 내지 95 퍼센트의 광고주들처럼 광고한다면 밑 빠진 독에 돈을 쏟아부어야 할 것이다."[8] 오랜 마케팅 경구로 우리에게 남겨진 말이 있다. "나는 내 광고 중 50퍼센트는 효과가 없다는 것을 알고 있지만 어떤 광고를 끊어야 할지는 모른다."

비티와 마크스는 그 캠페인이 브랜드 표적 청중의 감정을 해치지 않았기 때문에 성공적이었다는 사실을 빨리 간파했다. 비티가 말했듯이 "일부 사람들은 질색했으며 내 생각으로는 자사의 이미지를 더럽힌 베네통의 캠페인과는 달리 fcuk나 원더브라(비티가 작업했던 또 다른 캠페인) 광고는 목표로 한 청중의 감정을 해치지는 않았다. 그 효과가 없었다면 클라이언트는 우리에게 광고를 맡기지 않았을 것이다."[9]

버즈마케팅

분명히 비티와 그의 팀은 올바른 일을 하고 있다. 주로 그 캠페인 성공 덕에 프렌치 커넥션은 1990년 초의 거의 파산 지경에서 벗어나 영국에서 가장 성공한 기업 중 하나가 되었다. 2002년 5월에 영국 잡지《마케팅 위크*Marketing Week*》는 '이상적으로 미래의 영국을 표현하는 톱 텐 브랜드'의 여섯 번째 순위에 프렌치 커넥션을 올려놓았다.[10] 프렌치 커넥션은 번창하고 있고 체인점은 확장되고 있으며, 네 개의 문자 덕에 육성할 수 있었던 집중된 패션을 선도하는 이미지의 강점을 근거로 새로운 영역들로 진입하고 있다.

### 오직 성인만을 위한(윙크, 윙크)

이베크롬비 앤드 피치*Abercrombie & Fitch*는 습관적으로 분쟁을 야기하는 또 다른 소매 회사다. 그 급속한 논쟁은 200에서 300쪽의 '라이프스타일 가이드'/카탈로그인《계간 A&F*A&F Quarterly*》에서 초래되었다. 제목만으로는 충분히 무해하다. 그러나 대학 시장을 정면으로 겨냥한 이 출판물은 거의 벗은 모델과 실연당한 사람들 및 버림받은 사람들에 대한 충고, 인터뷰, 그리고 방책들로 가까스로 사회 규범의 끝자락에 섰다.(그리고 일부 사람들에 따르면 종종 거스른다.)[11]

과거에 이 잡지는 내용이 10대에게 적절하지 않다고 믿는 부모들과 정치가들로부터 약간의 압력을 받았다. 그 분노는 1998년의, 일부는 영광스런 폭음이라고 주장하는 'Drinking 101'이라 불린 논쟁적인 기사에 대한 반응으로 최고조에 달했다. 1999년 휴가 시즌 동안 이 잡지는 포르노 스타와 여성 누드모델로 도배된 도발적

충격 요법

인 사진을 실었다. 비판자들은 부모와 고등학생 사이에서의 그 브랜드의 인기를 고려하면 그 같은 소재는 부적합하다고 평가했다. 그러나 회사는 이 잡지가 보다 성숙한 독자들을 분명히 의도했다고 주장하는 동시에 잡지에 18세 이하에게는 부적합하다는 라벨을 붙이고 플라스틱으로 싸서 판매함으로써 비판에 응수했다. 말할 필요도 없이 그러한 제한은 미성년 구매자들의 더욱 큰 갈망을 초래했다.

A&F의 논쟁을 초래하는 경향은 여전하다. 2002년 봄, 이 회사는 불온한 소아 성애pedophilia와 인종주의 영역에 충격을 도입했다. 이 회사는 미디어에 의해 인종에 대한 고정 관념을 묘사하는 일련의 티셔츠를 제공한다고 혹평을 받았다. 예를 들면 한 티셔츠에는 "웅 형제 세탁소——두 명의 웅이 하얗게 세탁할 수 있습니다"라는 슬로건 밑에서, 짚으로 만든 모자를 쓰고 웃고 있는 두 명의 아시아 카툰 캐릭터가 그려져 있었다. 그리고 어린 소녀들이 입는 일련의 끈으로 된 속옷에는 '윙크, 윙크Wink, Wink'와 '그림의 떡Eye Candy'이라는 슬로건이 인쇄되어 있다.

아디스 사의 스티븐 아디스도 A&F가 선을 넘었다고 말하는 사람들 중의 한 명이다. 그는 논쟁을 야기하고자 하는 그 브랜드의 노력을 차별화하지 못한 브랜드에 의한 자포자기의 표시라고 여긴다. 그의 말에 따르면, "우리는 우리를 이단자로 위치시킬 것이라는 희망 아래 단지 사람들에게 충격을 줄 뿐이다."12) 충격 마케팅에도 불문율이 있는데 A&F는 이에서 벗어난 듯하다. 이 회사의 다음 움직임, 그리고 이 회사가 업계에서 차지하는 지위와 최근의 전술 때문에 흥미를 상실한 소비자들 사이에서 지위를 다시 획득할지 여부를 관측하는 것은 흥미로울 것이다.

## 수단 배후의 메시지

충격 마케팅이 항상 브랜드를 부양하고 판매를 늘리기 위해서만 계획되는 것은 아니다. 때로는 특정한 영역에 대한 자각을 높이기 위한 회사 책임의 결과이기도 하다. 대체로 말하면 두 유형의 충격 마케팅이 있다. 하나는 진심의 메시지를 수반하는 것이고 또 하나는 충격 지체를 위한 것이다.

### 사명을 위한 충격

묘사 : 이 유형의 충격 마케팅은 이야기할 스토리나 전달할 요점이 있는 마케터에 의해 일반적으로 사용된다. 그들의 의도는 일반적으로 소비자의 태도를 바꾸거나 특정한 공익이나 불의에 대해 사람들을 각성시키는 것이다.

#### 용의자들

- 비영리이고 공익과 연계된 마케터들. 일반적으로 적은 예산으로 일반 대중에게 한 이슈에 대한 경고를 하기 위해 일한다 : PETA(동물을 윤리적으로 대우하는 사람들 – 옮긴이), 금연 캠페인, 국제 동물 복지 기금International Fund for Animal Welfare 등.

- 교양 있고 사회적으로 의식 있는 청중과 관련된 브랜드. 그들의 표적을 추켜세우기 위해 명백히 마케팅을 경시하는 지적인 브랜드 : 케네스 콜$^{Keneth\ Cole}$, 바디샵$^{Body\ Shop}$ 등.
- 회사를 개인적인 연단으로 이용하는 강력한 인격에 의해 지배되는 브랜드 : 레리 플린트$^{Larry\ Flint}$와 《허슬러$^{Hustler}$》, 테드 터너$^{Ted\ Turner}$와 CNN.

### 사례들

케네스 콜$^{Kenneth\ Cole}$은 자신의 고유한 정치적 신념에 입각해 1990년대 중반에 성공적인 충격 캠페인을 실행했다. 신발과 의류는 그의 광고에 담긴 메시지에서 부차적이었다. 오히려 그것은 다음과 같은 시사적인 주장들로 특징된다. 게이의 권리를 위한 주장으로 "사회적 지위가 비밀로 유지되어서는 안 된다$^{Shoes\ shouldn't\ have\ to\ stay\ in\ the\ closet\ either}$(원래는 '신발은 벽장 속에만 머물러서는 안 된다' 는 뜻이다 — 옮긴이)"[13]나 미국 에이즈 연구 기금과 함께 주장한 "우리는 시간을 구매했다. 보다 많은 연구가 대답들을 구매할 것이다."[14]

비록 그의 광고가 논쟁을 비껴갈 수는 없었지만 콜은 9 · 11 테러 이후에 우리가 존경할 만한 억제력이라고 간주하는 무언가를 보여주었다. 그는 예정된 광고를 철회했다. 그 광고의 내용은 한 사람이 두 개의 도로 표지판 밑에 앉아 있는데 하나에는 '부시대로$^{Bush\ Avenue}$', 다른 하나에는 '체니로$^{Cheney\ Lane}$' 라고 쓰여 있으며, 그 사람 바로 곁에 노란 글씨로 '막다른 길$^{Dead\ End}$' 이라 쓰인 교통 표지판이 서 있다. 콜은 국가가 단결을 시도하는 때에는 이 광고가 적합하지 않다고 여긴 것이다. 그러나 이 광고의 실존 자체가 신발 디자이너 콜이 판매에 대한 영향에도 불구하고 기꺼이 적지 않은 수의 고객들의 이탈도 감수한다는 것을 보여준다.[15]

런던의 유로 RSCG Wnek Gosper는 충격 마케팅계에서 심한 장난을 쳤다. 회장인 브레트 고스퍼Brett Gosper는 특히 마케터들이 진정한 메시지를 다룰 때 주목을 야기하는 것이 지닌 중요성에 대해 이야기한다. "당신의 커뮤니케이션이 공익을 판매하는 것이라면 충격 전술은 단지 선택사항만은 아닐 것이며 오히려 근본적일 것이다. 공익과 연계된 작업에 대한 예산은 매우 적어서 미디어가 당신의 커뮤니케이션을 중계 방송하게 하고 그 가시성을 증가시키게 하는 것이 필수적이다. 미디어가 가슴속의 선의만으로 그렇게 하지는 않을 것이다. 광고가 보다 논쟁적일수록 더 많은 공간을 획득할 것이다."[16]

고스퍼는 자신이 참여했지만 클라이언트가 가까스로 비용을 지불할 수 있었던 논쟁적인 캠페인에 대해 이야기한다. 영국 인종 평등위원회the Commission for Racial Equality의 의뢰를 받은 유로 RSCG Wnek Gosper는 공공연하게 인종주의적인 방식으로 일련의 가상 상품들을 묘사하는 포스터를 창안했다. 그 목표는 무의식적인 인종주의에 대한 논쟁을 야기하는 것이었지만 대중은 그것을 알지 못했다. 그들이 본 것은 전부 인쇄 광고물이었다. 예를 들어 광고 중의 하나는 강간 경보를 위한 것이었는데 한 백인 여성이 버스에서 흑인 남성 뒤에 앉아 있는 사진이었다. 그 사진 밑에는 '저기는 정글이기 때문에' 라는 문구가 실렸다. 책략이 드러난 것은 한 주 후에 후속 광고가 공개되고 나서였다.

많은 사람들이 격노했다. 그러나 그 결과는 기대하지 못한 것도, 달갑지 않은 것도 아니었다. 고스퍼가 《선데이 비즈니스*Sunday Business*》에서 말했듯이 "우리는 광고심의국의 비난을 받았지만 그 광고는 단 4만 파운드의 비용으로 전국적인 논쟁을 달성했다. 캠페인이 아니라 태도를 바꾸는 데 도움을 주는 그 논쟁이 우리의 목표였다."[17] 기꺼이 대중을 혼란시키고자 하는 마케터들에게는 충격이 실버불릿일 수 있다.

우리가 고스퍼에게 그 캠페인에 대해 질문했을 때 그는 다음과 같이 말했다. 매체들은 거의 "그 캠페인이 얼마나 실패작인가라고 말하는 데 펜을 다 써버렸지만, 사실은 그들이 그 캠페인을 완전한 성공으로 만들고 있었던 것이다." 그는 계속해서 분출된 소동을 묘사했다. "나는 폭동을 선동한 것 때문에 감옥에 들어갈 뻔했다. 위원회의 의장은 이 일 때문에 자리를 잃기 직전이었다. 그러나 그 광고는 모든 매체에 빈틈없이 실렸으며 의장은 그 주에 영국에서 가장 인터뷰를 많이 한 사람이 되었다."[18] 대중의 냉담함을 돌파하고 인종주의에 대한 논쟁을 전면에 세운다는 목표는 커다란 유행 속에서 달성되었다.

경고 : 정치와 마케팅은 기이한 동료를 만들 수 있다. 하나는 관점을 갖는 것이고 또 다른 하나는 마케팅 비용을 지렛대로 사용해서 그것을 대중에게 요란하고 충격적으로 알리는 것이다. 메시지를 이러한 마케팅 수단으로 취급하는 브랜드는 찬성하지 않는 사람들이 그들에게 메시지를 되던지는 사태에 대비해야 한다. 좋은

소식은 당신의 직관을 진정으로 칭찬할 이들도 있다는 것이다.

### 충격 자체를 위한 충격

묘사 : 이런 유형의 충격에 메시지가 있다면 그것은 단지 "이봐요! 나 좀 봐 주세요"일 뿐이다. 이런 곡예는 행위자의 개성에 관한 주장이며 그들의 호소력의 일부는, 정치적으로 올바른 세계에서는 상대적으로 희박한 곡예인 두려움 없이 관습을 무시한다는 것에 있다. 가장 잘 이해를 해주는 청중은 그들이 본 것을 브랜드의 대담함과 진정성이라고 찬양하는 보다 젊은 사람들로 구성되는 경향이 있다. 물론 광고가 재미있게 마무리된다면 전혀 해를 끼치지는 않는다.

### 용의자들

- 태도를 묘사하길 원하는, 10대와 청년 지향적인 브랜드 : MTV, 아베크롬비 앤드 피치.
- 주류가 되는 데는 진정한 관심이 없고 대기업과 자신을 분리시키는 충격을 사용하는 데 관심이 있는 틈새 브랜드 : 록 스타 게임즈Rockstar Games (그랜드 세프트 오토Grand Theft Auto (주인공이 범죄자가 되어 특정 미션을 완수하는 게임으로 여러 개의 시리즈가 있다. 흔히 GTA 시리즈라고 불린다 - 옮긴이) 및 다른 논쟁적인 컴퓨터 게임을 제작한 업체), 《MADMad》지.
- 선정적인 뉴스 프로그램 및 사악하고 선정적인 보도로 대중의 이목을 끌고자 하는 타블로이드 신문 : FOX 뉴스, 《동물의

세계 *When Animals attack* (FOX의 프로그램 – 옮긴이)》.

- 경쟁이 심한 영역에 진입한 신규 브랜드. 특히 보다 거대하고 강력한 경쟁사들에 의해 기진맥진한 신규 브랜드 : 난도스 Nando's

- 대중의 브랜드에 대한 인식을 급진적으로 이동시키고자 하는 브랜드 : 캔디스 Candie's

### 사례들

15년 전 남아프리카의 두 남성이 치킨 요리에 집중한 퀵 서비스 레스토랑 체인점을 출범시켰다. (그 업종에 KFC®가 지배자임을 고려하면 일부는 대담한 행동이라고 여길 것이다.) 대령 the Colonel (KFC 창업자 – 옮긴이)이 창안한 소스에 대한 그들의 응답은 그들이 제공하는 핵심 서비스인 아프리카–포르투갈 후추 향료 '페리–페리 peri-peri' 소스였다. 여러 가지 핸디캡에도 불구하고 난도스는 번창했다. 그 회사는 현재 4천 명의 종업원에 전세계 21개국에 약 400개의 레스토랑을 개설했다. 그러나 지금까지 미국에서는 몇 개의 주에서 상표화된 양념과 요리 소스가 판매될 뿐이다. 하지만 빠른 성공이 어떤 조짐이라면 머지않아 이 불손한 브랜드는 미국의 나머지의 문전을 뚫을 것이다. 난도스에게 그 돌파는 충격 광고의 형태로 일어난다.[19]

난도스는 자신의 엉뚱하고 도발적인 광고 스타일을 변명하지 않는다. 사실 그것은 이 브랜드에는 근본적인 부분이다. 당신의 경쟁사가 맥도널드나 KFC라 한다면 그리고 그들이 4 대 1로 당신을 압도한다면 충격이 투자에 대한 가치를 획득하는 최선의 방식일 것이다. 이 회사 웹사이트에 실린 주장에 따르면, "우리의 광고는 종종 도발적이고 도전적이며 주목할 만한 대중의 평가와 논쟁을 야기한다. 캠페인에 도입한 높은 창조적 접근은 우리의 개성 개발과 브랜드화에 기여한다."[20]

난도스는 많은 패스트푸드 체인들에 의해 사용되는 변변치 못한 이미지에서 벗어난 날카로운 광고로 전례를 구축했다. 광고 및 디자인 에이전시의 파트너인 크리스 프리모스*Chris Primos*는 남아프리카에서의 이 회사의 포지션에 대해 이야기하면서 다음과 같이 평가했다. "만약 난도스의 새로운 마케팅 담당자가 이러한 이단석인 포지션에서 이동할 것을 결정한다면 패스트푸드 체인점이 되길 원하는 새로운 세력에게 이 포지션은 잽싸게 먹힐 것이다. 맥도널드는 가족의 가치로 우리를 숨 막히게 한다. 남아프리카의 KFC는 두드러지지 않게 '근사한*cute*' 카테고리가 되고 있다. 또 다른 대기업인 스티어스*Steers*는 진부한 프로모션에 의존한다."[21] 난도스는 충성스런 추종자들과 예기치 않은 색다른 독특한 포지션을 구축했다. 그것의 비관습적인 스타일은 추종자와 비판자들을 함께 가지고 있지만 그들 모두는 난도스의 다음 광고를 기다린다.

난도스 광고의 무엇이 그렇게 충격적인가? 무엇이 그와 같은 소란을 야기했는지 알기 위해 우리는 남아프리카의 《파이낸셜 메일*Financial Mail*》의 기자인 토니 코엔더맨*Tony Koenderman*과 대담을 나누었다. 그는 맹인 여성이 그녀의 맹도견(盲導犬)과 걸어가는 장면이 있는 한 광고에 대해 이야기했다. 그 개는 그녀를 난도스의 매장으로 인도하고, 그녀는 구매를 한다. 매장을 나서자 개는 주인이 의식하지 못하게 밀어서 기둥에 부딪치게 한다. 자신의 여주인이 속수무책으로 누워 있는데, 개는 게걸스럽게 난도스의 음식을 먹기 시작한다. 이 특별한 광고는 맹인과 맹도견을 위한 활동가 그룹 사이에 커다란 소동을 야기했다. 그러나 대다수는 이 광고가 매우 우스꽝스럽고 재미있다고 생각했다.

물론 이 광고는 효과를 보았는데, 토니는 그 이유가 그것이 KFC 가족에게 이야기하는 것이 아니라 보다 유행을 따르고 날카로운 난도스의 청중에게 이야기하기 때문이라고 믿는다. 이들은 한계를 뛰어넘기를 좋아하고 또한 난도스가 그것을 해냈다는 사실을 칭찬한다. 토니의 관찰에 따르면 "난도스의 마케팅 지출액은 매우 적지만, 그들은 자신들의 훌륭한 창조력과 광고가 야기한 논쟁을 통해 많은 인지도를 확보하였다."[22]

토니가 언급한 광고 이외에도 다음의 광고들이 있다.

- 인쇄 광고 : 한 여성 잡지에 희롱조로 문구가 실렸다. "구강 만족Oral satisfaction (구강성교의 이미지를 띠고 있다-옮긴이). 그가 항상 요구하지 않나요? 난도스."
- 옥외 광고 : 맵시 있는 고급 취향의 교외인 샌드톤의 옥외 광고판은 그 지역 첫 번째 매장의 개장을 고지한다. "마침내, 샌드톤에 진짜 가슴살breasts(유방의 의미가 있다-옮긴이)이."
- 방송 광고 : A TV 상업광고에서의 멘트. "마침내 우리는 당신에게 난도스의 치킨을 만드는 비밀을 보여줄 수 있다." 암탉

위에 올라타는 수탉의 장면이 이어진다. 다른 텔레비전 광고에서는 전임 대통령 넬슨 만델라의 포즈를 취한 배우가 정치적인 연설을 한다. "좌파와 우파가 함께 가야 할 때이다. 토이-토이toyi-toyi의 시대는 끝났다. 이제는 페리-페리의 시대다." (토이-토이는 저항 춤의 이름이다.)23)

코엔더맨과 프리모스 둘 다 이 광고들이 실행되었을 때의 맥락을 강조한다. 1990년대의 남아프리카는 긴장과 불안의 공간이었다. 이런 환경에 난도스는 약간은 불손한 경거망동을 주입했다. 그것은 도박이었지만 그 도박은 대가를 낳았다. 프리모스가 말하듯 "과거 1990년대의 남아프리카는 결코 태평성대의 공간이 아니었다는 것을 잊지 말자. 사회적 긴장은 높았고 기대는 불확실했다. 그럼에도 불구하고 난도스는 잠재적인 난국을 정면으로 부딪쳐 자신의 신성하지 않은 치킨을 신성불가침의 무엇으로 출시했다. 인종적 거북함이 비난받고, 사회적이고 윤리적인 겁쟁이가 조롱받으며, 유머는 가장 저열한 공통분모로 떨어졌다. 이보다 더 적합하고 때를 맞출 수는 없었다."24)

토니는 난도스의 광고를 고안했던 에이전시인 TBWA/Hunt Lascaris가 랜드로버Land Rover(영국의 4륜구동 자동차-옮긴이)를 위해 실행한 성공적이지 못했던 충격 캠페인을 거론한다. 사실 그 광고는 광고가 실린 모든 매체에 사과문을 싣는 소동을 야기했다. 문제가 된 두 쪽 분량의 인쇄 광고는 특정 종족 출신(그녀의 옷과 장신구로 쉽게 알 수 있다)의 여성이 유방을 드러낸 채 서 있는 것을 보여준다. 그리고 한 자동차가 매우 빠른 속도로 지나가는데 그 때문에 그녀의 유방이 한 쪽으로 쏠린다. 유방은 컴퓨터 그래픽 처리로 길어지게 표현되어 그 자동차의 빠른 속도를 표현한다. 그 회사는 단지 사과문을 싣는 비용만 지불한 것이 아니라 고객들도 잃었다. 모든 충격 광고는 위험을 수반한다. 랜드로버 광고는 대중의 반응을 정확히 예측하는 데 실패했다. 우리가 보기에 그 반응은 문제의 상품이 남아프리카의 이전 식민 종주국인 영국과 강력히 연계되어 있다는 사실 때문에 악화되었다.

난도스는 해외로 진출하면서 자신의 유머 감각을 함께 가져갈 수 있었다. 예를 들면 오스트레일리아에서는 불법이주자(호주에서 뜨거운 논쟁의 주제)의 참상에 초점을 둔 광고를 출시했다. 광고 중 하나는 닭 한 마리와 뒤에 가시철조망이 있고 그 위에 '우메라 Woomera(불법이주자 수용소의 이름 – 옮긴이)' 란 표지판이 있는 장면을 보여준다. "자유! 자유! 자유! Free! Free! Free!"라는 말은 최근의 난도스의 치킨 서비스(치킨 4분의 1마리를 주문하면 여분으로 4분의 1마리를 무료로Free 받는)을 주창하는 반면에 불법이주자——주로 아프가니스탄, 이란, 이라크, 부분적으로는 아시아에서 온——의 의지에 반해서 그들이 수용되는 논쟁적인 수용소도 시사한다. 많은 운동가들이 그 캠프의 생활 조건이 감옥보다 열악하다고 주장할 정도로 수용소는 대중적 논쟁의 중심이었다. 기지 주변에 주둔한 운동가들의 도움으로 몇 명의 불법이주자들이 탈출하기도 했다. 한 라디오 광고는 우메라의 수감자들이 "그들 입의 실밥을 풀기로 결정했다"고 표현한다.[25] 난도스는 수감자들에 의해 감행된 단식

투쟁을 참조한 것이다(일부 운동가들은 실제로 그들의 입을 봉했다). 이들 광고는 비판을 받았지만 또한 자랑스럽게 "우리는 거기에 간다"라고 주장하는 체인점에 대한 주목을 끌었다.[26]

난도스는 주목을 끄는 광고 배후의 동기에 대해 숨김이 없었다. 이 회사 웹사이트는 다음과 같이 주장한다. "1달러가 지불될 때마다 우리는 8달러 가치의 노출을 기대한다."[27] 우리가 획득한 감각은 지역의 벼락부자, 세계의 다국적 기업과 싸우는 희생자로 보인다는 이유 때문에 기꺼이 이 브랜드에 빠진다. 난도스는 자신의 건방짐이 커다란 소년을 우롱하는 것으로 인지되기 때문에 더욱 그것을 행한다. 한때는 소량의 마케팅 예산으로 오래 지탱하는 탁월한 방법으로 이해되던 것이 이제는 회사의 개성의 뿌리 깊은 일부가 되었다. 이 회사 웹사이트가 말하듯이 "레스토랑에서 우리 마케팅에 접하든 혹은 브랜드 캠페인을 보든 당신의 감정에 미소, 웃음, 숨막힘, 혹은 불쾌함이든 어떤 것이든 야기하는 것이 필수적이다."[28] 난도스에게 이들 모든 요소는 마음의 몫을 둔 싸움에서 동일한 무게를 지닌다.

경고 : 난도스가 사용하는 유형을 취할 때 마케터들에게 수반되는 주요한 위험들은 랜드로버가 남아프리카 광고에서 그랬던 것처럼 수용 가능한 한계를 과도하게 침범하는 것이다. 표적 청중의 감정을 해치는 것이 결코 좋은 아이디어는 아니다. 또한 충격 자체를 위한 충격은 충분히 주목할 만하지 않게 될 경우에 실패할 것이다. 1980년대의 팝 스타 조지 마이클George Michael이 자신의 최근 앨범 수록곡 중 하나가 반미 경향이라서 미국으로 돌아가기가 두

렵다고 표현함으로써 버즈를 야기하고자 한 시도를 보자.《타임》의 답변이 상황을 완벽하게 요약한다.

당신은 아마도 화가 나서 갈퀴를 든 주민들, 허수아비 화형, 라디오에서의 뜨거운 논쟁을 인지하는 데 실패한 것 같다. 혹은 아마도 이러한 이미지들이 존재하는, 조지 마이클의 상상 속의 삶에 들어가는 데 실패했는지도 모른다. 이 영국 가수는 지난 주 그의 최신곡《슛 더 독*Shoot the Dog*》에 의해 야기된 논쟁 때문에 미국에서 자신의 파트너와 함께 살았던 고향으로 돌아가기가 두렵다고 말했다. 그 노래는 영국 수상 토니 블레어에게 조지 부시의 '테러와의 전쟁'이라는 군사주의에 용감히 대응하라고 요청한다. 반면에 애니메이션 뮤직 비디오는 블레어를 부시의 애완견으로 묘사한다. 존재하지도 않는 반미주의에 대한 책임에 대항해 자신을 방어하는 수많은 인터뷰와 보도 자료로 논쟁을 야기하고자 하는 마이클의 최선의 시도에도 불구하고 미국의 분개는 거의 보이지 않았다. 미국에 오는 것과 관련해 마이클이 정말 두려워해야 할 것은 그를 맞이할 극단의 무관심이다.[29]

《타임》이 적절히 지적했듯이 나쁜 버즈를 야기하는 것보다 더 나쁜 유일한 것은 전혀 버즈를 야기하지 못하는 것이다. 이는 한 브랜드를 즉시 쿨하지 못하게 만든다.

# 모든 것은 실행에 달렸다

효과적으로 수행된다면 양 유형의 충격은 버즈를 구축할 역량을 갖는다. 그리고 그 효과를 유지하고 극대화하기 위해서는 두 가지, 즉 자신의 약속과 효과적인 PR을 전달하는 상품이 제자리에 있어야 한다. 우주선으로 비유하면 충격은 최초의 발사, 우주선을 궤도로 올려놓는 화염 및 경이와 비교할 수 있다. 일단 궤도에 진입하면 진짜 일이 시작된다. 우주선은 기대에 어긋나거나 뜻밖의 일 없이 기대한 대로 작동되어야 하며 우주 비행사는 직무로 주어진 운행을 유지해야 한다. 임무 달성과 재앙 사이의 차이를 만드는 것은 실행이다.

물론 브랜드 약속을 전달하는 것은 항상 중요하지만, 충격 전술과 관련해서는 이것은 훨씬 더 필수적이다.

> 당신이 매우 침략적이고 개인적이며 노골적인 방식으로 사람들을 혼란케할 만큼 충분히 대담하다면 그것을 내내 가치 있게 만들어야 한다.

충격 전술을 지원하는 홍보의 역할은 손실 통제의 형태를 취할 수도, 혹은 팬들에게 논쟁의 불꽃을 촉진하는 데 사용될 수도 있다. 오스트레일리아의 영양 보조 식품을 위한 포스터가 "그것을 남근 음식penis food(정력제─옮긴이)으로 생각하라"는 문구 때문에 금지되었을 때, 검열 주제를 이용한 한 보도 자료가 유포되었다.

포스터를 취소하고 제거하기는커녕 그 회사는 검열 도장으로 가려진 불쾌한 용어와 함께 보도자료를 배포하는 것을 선택했다.[30] 그리고 그것은 포스터 단독으로 달성할 수 있었던 것보다 더 많은 브랜드 인지도를 창출했다.

어떤 단일한 전술도 브랜드 포지션을 구축하고 유지하는 데 충분하지 않다. 새로운 브랜드를 출시하고 낡은 브랜드를 재포지션하거나 죽어가는 브랜드를 소생시키는 것은 다양한 전술들의 교묘한 통합을 요구한다. 한 상품의 라이프사이클 전체에서 마케터가 직면하는 모든 상황에 해결책은 존재한다. 당신 손에 있는 전술과 수단의 이득을 이해하는 것이 강력한 방어와 심지어 보다 강력한 공격을 구축하는 데 기여한다.

### 확실한 충격 : 전술

효과적이기 위해 모든 버즈 캠페인은 무에서 창조되어야 하며, 유일한 방법은 브랜드의 상세한 명세와 브랜드 사명에 맞추는 것이다. 말하자면 충격조차도 고전적인 전술과 (거의) 안전을 보증하는 메커니즘을 가지고 있다. 여기에 지난 몇 년 간 우리를 사로잡았던 몇 가지를 소개한다.

### 정직한 사람

사회의 관습을 버리고 대다수의 사람들이 말하지 말아야 한다고 믿는 것을 말하는 사람보다 충격적인 경우는 거의 없다. 때때로 우리는 발전에 대해 긍정적으로 반응하고, 우리가 생각은 해왔지만 선포할 용기는 없었던 것에 대해 누군가가 정확히 말하는 것에서 즐거움과 기쁨을 느낀다. 짐 캐리Jim Carrey가 주연한《라이어 라이어Liar Liar》라는 영화는 걸러지지 않은 진실이 드러날 때 그 결과로 인해 충격이 일어나는 것을 보여준다.《오스본 가족》같은 쇼의 인기는 검열 받지 않은 의식의 분출이 어떻게 즐겁게 충격적인 엔터테인먼트에 이바지하는가를 더욱 입증한다.

### 포위 공격

예기치 못한 공간에 광고를 배치하는 것은 무방비 상태의 청중을 사로잡고자 하는 마케터들에 의해 사용된 가장 최근의 전술 중 하나이다. 품격과 위트 있게 수행된다면 이런 예기치 못한 메시지는 즐거울 수 있다. 비판가들은 이 전술이 방해가 되며 신비로움을 빨리 상실한다고 주장한다. 그럼에도 불구하고 지난 몇 년 간 우리는 몇몇 훌륭한 사례들을 즐겼다. 1998년의 피파 월드컵 기간 동안 아디다스Adidas는 100피트 크기의 영국 선수들 이미지를 도버해협의 화이트클리프White Cliff에 투영했다. 그 아이디어는 얼굴들이 절벽에 새겨지면 로스모아 산Mountain Rushmore의 미국 대통령들과 유사하게 보이게 만드는 것이었다. 그것은 많은 매체의 커버를 장식했고 월드컵 구장의 난삽한 광고를 뚫는 데 성공했다.[31] 1990년 초에 란제리 회사 밤부Bamboo는 적은 예산을 극대로 활용해 단 2천 달러를 들여 거리 팀을 고용한 후, 맨해튼의 보도 위에 스프레이로 "여기서부터 당신은 몇 가지 새로운 속옷을 이용할 수 있을 것 같다"라고 쓰게 했다. 그것은 교묘했고 예기치 못했던 것이었으

며, 효과적이었다. 물론 누군가가 그대로 따라 한다면 그것은 지루할 뿐이다.[32]

### 완전한 정직

오늘날 광고주가 사용할 수 있는 가장 주목을 끄는 책략은 정직이다. 교활한 마케팅계에서 약간의 굴욕은 감미로운 향응일 수 있다. "광고 방송의 위력에 의한 육체적 및 문화적 환경의 부식을 염려하는" 비영리 잡지인《애드버스터스*Adbusters*》에 실린 기사에 따르면 이 종류의 충격은 본능을 향하기보다는 머리를 향한다. 이 기사의 저자는 다음과 같이 쓰고 있다. "내가 '지적 충격'이라 부르는 것은 진정으로 독자와 시청자의 기대에 어긋나는 것이다. 우리는 매우 통상적으로 한 광고주가 분명히 '거짓 없이 출연'해서 우리에게 정직할 때, 즉 광고주가 하기에는 분명 충격적인 일을 볼 때 '지적 충격'을 본다."[33]

아이라는 1993년에 닛산*Nissan* 광고로 올해의 캐나다 광고상을 수상하는 영예를 누린 적이 있다. 이 캠페인의 많은 혁신 속에, 그리고 그것을 가능하게 했던 보증, 서비스, 도로 관리에 대한 닛산의 총 점검('닛산 만족 사명') 속에는 캠페인이 선언한 매우 놀라운 문구가 있었다. "자동차 없이 살 수 있는 방법을 찾을 수 없다면 함께 살 수 있는 자동차를 찾는 편이 낫다."

한편 닛산은 그것만으로는 클라이언트를 불안하게 만들기에는 충분하지 않다는 듯이, 클라이언트의 차들 중 하나가 끌려가는 것을 보여주는 광고를 내는 가장 논쟁적인 독특한 결정을 했다. 광

버즈마케팅

고가 말하듯이 "우리는 지금이 회사가 판매한 상품에 대해 회사의 책임지는 때라고 생각한다." 이런 종류의 솔직함은 '빛나는 시트와 금속 관례'의 자동차 광고로부터의 거대한 변화였다. 클라이언트에게 제안된 '사명'과 더불어 그 캠페인은 닛산의 운명을 바꿀 수 있었다. 아이라가 상기하듯 그 캠페인은 매출 증가와 주가 상승뿐만 아니라 실제로 가격 인센티브 프로그램에 대한 의존을 줄이는 능력의 증가를 초래했다.

영국에서 체코 공화국의 스코다 자동차<sup>Skoda Auto</sup>는 몇 년 간 농담의 대상이었다. 한 예로 "두 개의 배기관을 가진 스코다는 무엇일까요? 손수레." 그 자동차는 불량으로 제작되고 수시로 고장나는 것으로 악명이 높았다.<sup>34)</sup> 1991년에 폭스바겐<sup>Volkswagen</sup>이 그 회사를 인수해 개선하기 시작했지만, 고객들은 그 자동차에 기회를 줄 용의가 없었다. 스코다가 그 나쁜 평판을 가지고 농담하는 일련의 광고를 내보내기 전까지는 그랬다. 그 '정직한' 캠페인은 스코다의 차라는 것을 알게 되면 사람들이 그것을 소유하지 않는 것을 보여주면서 자사 자동차의 나쁜 평판을 인정했다. 대중이 제자리로 돌아오자 스코다는 소비자들이 그 브랜드에 두 번째 기회를 주리라 확신할 수 있었다. 기존의 제품보다 월등히 우월한 신모델이 나오자 영국에서 스코다의 판매는 64퍼센트나 증가하였다. 이에 못지않게 중요한 것은 브랜드 거부가 60퍼센트에서 42퍼센트로 떨어졌다는 것이다.<sup>35)</sup>

## 그들을 강하게 쳐라

오늘날 죽음을 무릅쓴 행동과 터무니없이 불쾌한 것이 마케터들과 일반인에게 매우 인기가 있다. 10개월간의 방영 동안 MTV의 《잭애스*Jackass*(주로 위험한 장난을 하거나 자기 학대하는 것을 셀프카메라로 찍은 프로그램 - 옮긴이)》는 몇몇 에피소드에서 3백만에서 4백만 명의 시청자를 끌어들였다.[36] 이후 히트 쇼《피어 팩터*Fear Factor*》가 새로운 수준으로 그 컨셉트를 다루었다. 그것은 일반 사람이라면 결코 감히 할 수 없을 행위를 하는 것을 지켜보는 것이 아주 재미있을 수 있음을 입증했다. 하지만 사람들은 어떤 인센티브가 그렇게 대단하기에 쥐와 바퀴벌레로 만들어진 보디슈트body-suit(브래지어와 거들이 붙은 여성용 속옷 - 옮긴이)를 입게 하는지 의아할 수밖에 없다.

경고 : 이 전술은 사용할 때마다 판돈을 계속해서 크게 올리는 것이 필요하다.

## 공공연하게

때때로 충격 전술은 사람들의 만족감을 동요시키고 반응하도록 움직이는 데 사용된다. 이 전술은 맥도널드가 소를 잘못 취급하고 있다고 단언하며 이에 반대하기 위해 PETA에 의해 퍼뜨려진 한 광고에서 매우 효과적으로 사용되었다. 1999년에 이 비영리 집단은 도살장에서 피를 흘리는 소와 화면에 "당신은 이렇게 처형되고 싶은가?"라고 쓰여 있는, 영국에서는 금지된 광고를 만들었다.[37] 세계에서 가장 큰 패스트푸드 프랜차이즈를 찾는 기계적인 습관을 동요시킴으로써 PETA는 '골든 아치Golden Arches (맥도널드. 황금빛 'M'자 로고에서 유래했다-옮긴이)'를 전혀 새로운 시각에서 보여주었다.

## 반발은 불가피한가

버즈를 구축하는 모든 전술 중에서 특히 충격 광고가 비판의 소동을 야기하는 커다란 위험을 무릅쓰도록 만드는 것은 그것의 자극적인 요소만이 아니다. 도발적이고 선동적인 그 전술의 속성이 다른 형태의 광고보나 너욱 공세석으로 만들며 그것이 스스로를 위험에 빠뜨리게 한다.

모든 사람은 자신의 고유한 한계와 전망을 가지고 있다. 우리들 중 한 명을 불쾌하게 하는 무엇이 당신을 불쾌하게 하지 않을지도 모르며 그 반대도 마찬가지다. 어떤 특정한 광고가 일부 비판가들의 감정을 해치는지 여부에 대한 고려는 그다지 큰 문제는 아니지만 그런 광고들의 총합이 우리 사회의 민감성을 줄이거나 심지어 비인간적인 사회를 만드는 데 기여할 수는 있을 것이다. 우리는 태국에서 게임 쇼《위키스트 링크Weakest Link》의 지역 판이 야기한 소동을 흥미 있게 보고 있다. 그 쇼는 '풍속을 문란케' 하고 '비도덕적'이라는 비난을 받고 있으며 부모들은 그것이 태국의 문화를 돌이킬 수 없게 훼손하고 자녀들에게 무례한 것도 무방하다고 가르친다고 불평한다. 환대와 끊임없는 공손함에 자부심을 갖고 있는 나라에서의 일이다. AP 통신의 기사에 따르면 태국은 의견 차이가 종종 미소로 표현되는 나라라고 한다.[38]

우리 관점에서 볼 때 사람들이 충격 전술을 이론상으로 어떻게 보는가와 실제로 어떻게 보는가 사이에는 단절이 있다. 많은 사람들은 사회의 느슨해진 도덕 구조가 야기하는 장기적 효과의 가능성에 대해 우려를 표명한다. 그들은 섹스나 그 외의 육체적인 기능들이 공공연하게 논의되어야 한다고 믿지는 않는다. 그들은 자신들을 당황스럽게 하는 이미지들이 공적 매체에서 사라지는 것이 바람직하다고 여긴다. 그리고 그들은 도처에 있는 마케팅 메시지에 대해 경계를 한다. 그러나 우리는 사람들이 충격 광고에 대해 돌아서고 있다는 확실한 느낌을 갖고 있지는 않다. 대부분 사람들은 유머와 일상을 깨뜨리는 놀라움의 요소를 즐긴다. 분명히 그들이 너무 멀리 나갔다고 여기는 특정한 광고들이 있기는 하다. 그러나 많은 경우에 그들은 전통적인 광고의 단조로움에서의 단절을 환영한다.

### 상이한 의견들

일부는 충격 마케팅의 천박함과 무감각을 비난하는 한편, 우리 업계의 많은 사람들은 다른 비판을 표명하고 있다. 즉 효과가 없다는 것이다. 혹자는 그 전술이 기껏해야 '이야기는 크게 울리지만 아무것도 말하지 않는' 무의미한 전술이라고도 평한다. 즉 그 광고가 버즈는 많이 야기하지만 행동은 지독하게 적게 야기한다는 것이다.

지난 몇 년 간 많은 책들이 시대에 맞춰 효과적으로 변하는 데 실패한 업계가 직면한 문제들을 다루었다. 그리고 더 많은 직관, 비전, 감정, 그리고 자극에 대한 요구들이 있어왔다. 혹자는 이것이 충격 전술과 실행자들을 위한 쾌적한 환경에, 그리고 적어도 '왕년에 다 해본' 세계에서 소동을 야기하는 것의 실상과 어려움을 이해하는 우리들에게 기여할 것이라고 생각한다. 그러나 가장 커다란 비판들의 일부는 업계 내부에서 나오고 있다.

충격의 주요한 목표 중 하나가 브랜드에 대한 주목을 끄는 것이라면 일부 캠페인은 그에 미달한다. 많은 경우 주목은 이목을 끄는 행동에만 집중되며, 브랜드 메시지는 손상시킨다. 6개월 혹은 10년이 지나면 사람들은 그 이목을 끄는 행동만 기억하지 배후의 브랜드는 기억하지 않는다. 이는 이미 잊혀진 지 오래된 브랜드를 위해 블록버스터 급의 슈퍼볼 광고를 감행한 오도된 닷컴 기업들에서 그런 경우가 많다. 대포에서 발사되는 쥐 광고가 어떤 브랜드의 것인지 기억나는가? 우리 모두 기억하지 못한다.

최고의 충격 캠페인은 실제로 상품이나 브랜드와 관련된다. 이는 부분적으로 브랜드의 인지를 야기했던 'fcuk' 캠페인의 성공에 대해 설명한다. 그 충격은 바로 이름 자체에 있었다. 캠페인의 성공과 기업 명칭은 분리될 수 없다.

다른 비판은 충격이 상품을 움직이지 않는다는 것이다. 색다름만 있고 메시지는 없을 때 색다름은 엔터테인먼트가 될 뿐, 아무것도 아니다. 2002년 가을에 《애드버타이징 에이지 *Advertising Age*》는 펩시가 러시아의 소유즈 *Soyuz* 우주선의 차기 운항 때 평범한 시민을

태우겠다는 계획이 있다고 보도했다. (이 시점까지 펩시는 이를 긍정도 부정도 하지 않고 있다.) 그 아이디어는 리얼리티 텔레비전 프로그램(주로 경쟁사인 코크의 성공한 쇼《아메리칸 아이돌*American Idol*》처럼)의 인지도와 확인된 효과를 활용하여 선발 과정을 텔레비전 쇼로 만든다는 것이다. 텔레비전 쇼, 프로모션, 그리고 우주선 탑승 티켓 비용은 3,500만 달러의 비용을 초래할 것이라고 한다. 이 것이 사실이라면 이 이목을 끄는 행동은 마케팅 역사상 가장 비용이 많이 든 프로모션 중의 하나가 될 것이다.[39]

그 계획에 대한 비판은 돈이 낭비될 것이라는 점이다. 어느 프로모션 전문가가《애드버타이징 에이지》에서 말했듯이, "우주선이라는 미끼는 소비자들을 브랜드와 연계시키는 방식이라기보다는 기껏해야 홍보용 이벤트로 끝날 것이다."[40] 여기에 문제가 있다. 펩시가 그 계획을 진행한다면 우리는 펩시 우주여행에 대한 광고, 프로모션, 뉴스의 홍수에 빠질 것이라는 점에는 의문의 여지가 없다. 아마도 성가시기 전까지는 그것이 일정 기간 동안 미디어계를 지배할 것이다. 그러나 종국에는 우리가 펩시에 대해 조금이라도 다르게 느낄까? 회사나 상품에 대한 무언가 새로운 것을 경험할까? 아마도 그렇지는 않을 것이다. 심지어 우주라는 마지막 경계가 목적지로서 충격적인지도 의문을 제기할 필요가 있을 것이다.

충격 마케터에게 가장 커다란 함정은 자신의 캠페인을 자포자기의 표시로 간주되게 만드는 것이다. 그럴 경우 브랜드는 자신이 지녔던 어떤 진정성의 감정도 상실하며 강력한 버즈의 창출자가

버즈마케팅

될 잠재력도 끝난다.

마지막으로 가장 커다란 의문은 사람들에게 충격을 주기 위해 어디까지 가야 하는가이다. 우리가 돌파하고자 하는 소음이 다른 것이 아니라 충격 광고 때문에 생긴다면 무슨 일이 벌어질까? 또 하나의 젖가슴? 또 하나의 변사(變死), 또 하나의 말할 수 없는 공포? 후~!

# 제8장

미디어와 사이버스페이스

**필립스** : 저런! 무언가가 마치 회색 뱀처럼 그림자 속에서 빠져나오고 있다. 하나, 그리고 또 하나. 그것들이 제게는 촉수처럼 보입니다. 저는 그 물체의 몸통을 볼 수 있습니다. 그것은 곰처럼 크며 젖은 가죽처럼 번쩍거립니다. 그러나 그 얼굴은, 여러분, 그것을 묘사하기는 불가능합니다. 저는 그것을 겨우 볼 수 있을 뿐입니다. 눈은 뱀처럼 검고 번뜩입니다. V자 모양의 이가 떨리는 듯 보이는 입 가장자리에서 침이 흐르고 있습니다. 그 괴물, 아니 그것이 무엇이든 거의 움직이지 못하고 있습니다. 그것은 아마도 중력이나 다른 무엇에 짓눌려 있는 듯이 보입니다. 그 물체가 일어나고 있습니다. 지금 군중이 물러납니다. 그들은 지금까지 많은 것을 보아 왔습니다. 그러나 이것은 가장 놀랄만한 체험일 것입니다. 말로 표현할 수가 없습니다. 이제 중계를 멈춰야겠습니다. 제가 새로운 자리를 잡을 때까지 잠시 방송을 중단하겠습니다. 기다려 주십시오. 바로 다시 시작하겠습니다.

(피아노 소리와 함께 서서히 사라짐)

- 1938년 10월 30일 일요일

콜롬비아 방송사,《우주전쟁》

1938년 조용한 저녁, 한 라디오 방송이 사람들을 움직이는 미디어의 강력한 힘을 입증했다. 이 방송을 들은 사람들은 살기 위해 비명을 지르며 도망쳤다. 라디오 프로듀서인 오손 웰즈는 화성인의 지구 침략을 다룬 H. G. 웰즈<sup>H. G. Wells</sup>의 과학 소설을 되살려서 전국을 공포에 떨게 했다. 일련의 가짜 뉴스 속보와 목격자 인터뷰로 구성된 이 프로그램은 그것이 허구라는 것을 알리는 방송 초기의 고지를 놓친 수천 명의 청취자들을 패닉 상태에 빠뜨렸다. 드라마에서 가정한 착륙지인 뉴저지<sup>New Jersey</sup>의 그로버스<sup>Grovers</sup>의 청취자들은 도망쳤고 일부 보도에 따르면 그들은 실제로 그 사건을 목격했다고 한다. 1백만 명에서 6백만 명으로 추정되는 청취자들은 그들이 들은 것을 사실로 믿은 것으로 여겨진다.[1]

오늘날에는《우주전쟁》을 들으면 웃음이 나온다. 스토리, 대사, 뻔한 멜로드라마, 음향 효과는 너무 진부해 보인다. 어떻게 사람들이 이 사건이 진짜라고 믿었을 정도로 그렇게 순진할 수 있었을까? 그러나 사람들은 이 라디오 드라마를 사실로 믿었으며, 이것은 우리 일상에 크고 작은 방식으로 영향을 끼치는 미디어의 역량을 입증한다. 세월이 흘러 양상은 바뀌었다. 우리는 더 이상 의자 끝에 앉아서 라디오 프로그램을 듣지 않는다. 그러나 막강한 미디어를 통해 소통되는 강력한 메시지의 효과는 여전히 우리에게 영향을 미치고 있다. 오늘날에도 미디어는 우리를 비명을 지르게 하고 도망치게 만들 수 있다.

오늘날 미디어란 무엇인가? 그 질문에 대해 답하는 것은 1938년 혹은 심지어 1998년에 답하는 것보다 더욱 어렵다. 우리는 미디어가 나날이 새로운 형태와 기능을 취하게 만드는 정보 폭발의 한복판에 서 있으며 기업들은 소비자에게 다가가는 색다르고 효과적인 수단들을 추구하고 있다.

> 공항의 수화물 운반 컨베이어, 계단 위의 수직판, 학교 복도, 심지어 소변기 내부조차 오늘날에는 전부 미디어다. 모두가 브랜드 메시지를 퍼뜨리는 연단으로 기능하고 모두가 우리 사고에 영향을 미치고 심지어 사고를 바꾸는 역량을 지니고 있다.

## 누구? 나? 아니면 광고

대체로 광고인들은 우둔하지는 않다. 그들은 청중에 대한 광고가 움츠러들어 왔으며 소비자들은 점점 더 효과적으로 마케팅 메시지를 피하고 있다(종종 단지 채널을 돌리거나 볼륨을 줄임으로써)는 것을 알고 있다. 잘 알려진 사실은 아니지만, 결국 광고인들 역시 사람이다. 그렇다. 채널을 자주 바꾸고 메시지를 회피하는 측면에서는 우리도 다른 사람들과 마찬가지이다.

혁신적인 광고인들은 그런 성가신 소비자 경향으로 곤란에 빠지기보다는 차라리 사람들의 생활에 메시지를 주입시키고 광고에 지친 상황을 우회하는 최선의 방법은 광고가 아닌 다른 것으로 정교하게 위장한 메시지를 도입하는 것이라는 것을 이해했다. 우리는 이를 마그리트$^{Magritte}$를 표절해서 "이것은 광고가 아니다$^{This Is Not an Ad}$" 신드롬이라 칭할 것이다(벨기에의 초현실주의 화가인 르네 마그리트$^{René Magritte}$는 파이프를 그린 그림에 "이것은 파이프가 아니다$^{Ceci n'est pas une pipe}$"라고 적었다 – 옮긴이).

### 《이티》에서 《푸시, 네바다》까지 : 스크린에서의 PPL

PPL은 영화에서 먼저 시작되었다. 1982년, 《이티$^{E.T.}$》에서 리세스 피시스 캔디$^{Reese's Pieces candy}$에 대한 단일 브랜드 노출이 성공했는데 이 결과로 첫 번째 노출 이후 두 주 만에 매출이 세 배 증가했고 그 기법은 특정 브랜드에 대해 한 신$^{scene}$이 조명하는 것 이상의 무언가로 재빨리 진화했다. 1990년대 후반에는 《유브 갓 메일$^{You've Got Mail}$》에 맥 라이언, 톰 행크스와 함께, 매킨토시 컴퓨터와 더불어 아메리카 온라인$^{America Online}$(AOL)도 출연했다. AOL은 영화 출연의 신참인 반면에 매킨토시는 숙련자이다. 현재까지 매킨토시는 약 1,500개의 영화와 텔레비전 쇼에 출연했다. 어떤 사람은 이 컴퓨터에서 배우조합 회원 카드$^{SAG Card}$를 찾는다![2]

조만간 영화에 PPL이 없는 것이 이상한 일일 정도로 일반화되었다. 2002년 여름에 스티븐 스필버그의 최신 작품 《마이너리티 리포트$^{Minority Report}$》에서는 노키아$^{Nokia}$, 렉서스$^{Lexus}$, 그리고 갭$^{Gap}$ 등 많은 스폰서의 상품이 출연했다. 그 총 가격표는 에누리 없이 2,500

만 달러이다.

그러나 단순한 PPL은 급속하게 낡은 뉴스가 되고 있다. (말이 난 김에 짚고 넘어가면 요즘은 상품통합product integration이라 불린다.) 무자비한 경제의 압력 때문에 영화관, 광고 에이전시, 그리고 마케터들은 상품을 스크린과 안방에 도입하기 위한 전례 없는 연합을 맺고 있다. 미라맥스Miramax는 이후 3년간 적어도 다섯 개의 영화에 쿠어스Coors 상품을 사용할 것에 동의했다. 레블롱Revlon은 연속극《올 마이 칠드런All My Children》의 줄거리에 들어가기 위해 수백만 달러를 지불했다. ("그리고 데이타임 애미상the Daytime Emmy이 레블롱 립스글리드 컬러 글로스Revlon LipsGlid™ Color Gloss에게 수여된다!")

최근에 상품통합의 거물들은 최고의 버즈 대가인 리얼리티 TV 부문에서 발견되어 왔다. 미국에서《서바이버Survivor》원판original edition에서 시작한 열풍은《빅브라더Big Brother》에서는 전적으로 광고 경주로 변모하였다. 일반인들이 출연하는 실생활 연속극에 의해 제공되는 훔쳐보기의 가능성에 매료되어 전세계의 시청자들은 일찍이 광고계가 출시한 것 중 가장 거대하고 포괄적인 광고 공습의 하나를 기꺼이 감수했다. 이 텔레비전의 트로이 목마Trojan horse는 우리가 여기서 열거한 브랜드보다 더 많은 주요 브랜드들을 유치했고 전례 없는 멀티플랫폼multiplatform을 빚어냈다. 실제로 라디오, 옥외, 인쇄, 온라인, 보드게임, CD, 스폰서 등 광고 무기의 모든 것이 사용된다. 일부 국가의 팬들은 SMS 경보를 통해 참여할 수도 있고 휴대전화에《빅브라더》벨소리를 다운로드할 수도 있다.

이 광고 방송의 도박은 전세계에 걸쳐 전례 없는 청중 수준을 달성했다. 심지어 쉬지 않고 광고의 맹습을 받음에도 불구하고 시청자들은 채널을 계속 고정시키고, 이 쇼의 버즈에 기름을 부었다. 분명히 강박적으로 다른 사람의 삶을 보고자 하는 욕구는 이 쇼에 접근하기 위해 어떤 대가도 지불할 가치가 있었다.《빅브라더》의 매력, 그리고 그것이 그와 같이 강력한 버즈를 야기한 이유는 그것의 사교성에 있다. 이 프로그램은 친구 및 가족들과 시청하고 나서 다음날 직장이나 학교에서 이야기를 나누는 프로그램이다. 엔터테인먼트에 개인적 가치를 부가하는 것이 이런 공동의 체험이다.

폴란드에서《빅브라더》의 평일 저녁 시청률이 30퍼센트에 달했다. 영국에서는 채널 4<sup>Channel 4</sup>가 이 쇼 때문에 가장 높은 수준의 시청률을 달성했는데 마지막 에피소드에는 무려 950만 명에 달했다. 약 1,800만 명의 투표자들이 전화를 통해 투표했고 이 쇼의 웹사이트 페이지 뷰는 5억에 달했으며 테마 송은 최고 히트곡이 되었다. 심지어 백성의 이해와 같이한다는 것을 입증하는 데 노심초사하는 버킹검 궁조차 여왕도 팬이라고 누설했다. "여왕은 그 프로그램에 흥미를 가지고 있고 출연자들의 모든 행동을 유심히 본다. 마치 자신의 가족을 보는 것처럼"이라고 궁전 관계자가《익스프레스<sup>Express</sup>》에서 말했다. 오스트레일리아에서는 프리무스라는 광고주가 이 쇼의 오스트레일리아 판을 스폰서함으로써 2001년 5월과 6월에 자신의 전화 통신 상품의 인터넷 판매가 250퍼센트나 상승했다고 보도되었다.[3]

## 제대로 되기를 바란다면

많은 수의 브랜드 소유주들은 프로그램 프로덕션 회사와의 입씨름을 거절하고 자신의 고유한 프로그램 창출을 선택해 왔다. 왜 그랬을까? 어차피 비용이 상당하고 자가 생산 혹은 적어도 자가 자금 조달로 거의 전적인 창조적 통제를 할 수 있기 때문이다. 이는 실제로 "하늘 아래 새로운 것은 없다"는 경우다. 텔레비전의 여명기에 가장 유행한 쇼들은 모두 타이틀 스폰서 자체로 취급되었다 : 텍사스 스타 씨어터<sup>Texas Star Theater</sup>, 필코 TV 플레이하우스<sup>Philco TV Playhouse</sup> 등등. 그리고 연속극이란 장르가 프록터 앤드 갬블<sup>Procter & Gamble</sup>에 의해 발명되었고 여전히 일부 프로그램은 그것이 연출하고 있다는 것을 잊지 말자.

자신만의 고유한 프로그램에 자금을 대는 것이 주는 이익 중 하나는 그것이 회사가 지역 광고 제한을 회피하게 해준다는 것이다. 예를 들면 TV PPL이 엄격히 금지되는 영국에서 브랜드들은 그 나라의 세 개의 주요 채널(오직 BBC만 협조하지 않았다)에서 자금을 댄 프로그램을 방영해왔다. 플레이스테이션2<sup>Playstation 2</sup>는 청년문화 쇼《패신저스<sup>Passengers</sup>》에 돈을 대었고 유니레버<sup>Unilever</sup>는《애니멀 얼러트<sup>Animal Alert</sup>》에 공동으로 돈을 댔으며 펩시콜라<sup>PepsiCo</sup>는 지금 영국에서는 종영되었지만 다른 많은 나라에서는 방영되는 매우 성공적인《펩시 차트 쇼<sup>Pepsi Chart Show</sup>》에 돈을 댔다.[4]

2002년에 포드자동차는 WB 네트워크에서 방영되는 13개의 에피소드로 구성된 리얼리티 쇼,《노 바운더리스<sup>No Boundaries</sup>》에 지불을 승인했다. 그 프로그램는 15명의 드라이버가 포드의 스포츠유틸리티차량Ford SUVs을 몰고 캐나다 밴쿠버에서 북극까지 2천 마일이 넘는 구간에서 경주하는 것도 포함하고 있다.5) 그 쇼는 실망스러운 것으로 입증되었지만 2002년 여름에 포드는 코카콜라와 함께 《아메리칸 아이돌》이라는 탤런트 선발 쇼의 특별 스폰서가 되었다. 그 회사들의 상품들은 12개의 에피소드마다 삽입되었다. 자동차 경주자들은 포드 포커스Ford Focus를 몰고 로스앤젤레스를 순회했고 코크Coke의 로고를 상기시키는 붉은 색과 흰색이 어우러진 소파에 앉았다. 시청자들은 코크를 마시거나 코크 로고가 박힌 붉은 잔을 들고 있는 경주자들과 심판들을 보았다. 또한 쇼와 긴밀히 연계된 코크 브랜드가 박힌 인터넷 키오스크Internet kiosks, 냉장고, 그리고 핀볼 기계도 있었다. 이 쇼는 이루 헤아릴 수 없이 유행했고 종영 때는 2,300만 명의 시청자가 볼 정도였다. 사실 이 쇼는 포드와 코크 두 회사가 다음 시즌의 프로그램뿐만 아니라 28개 도시를 도는 아메리칸 아이돌 순회도 후원할 것이 예정될 만큼 성공적이었다.6)

다른 광고 에이전시가 수익을 내는 동안 방관자로 남는 것에 만족하지 않은 일부 광고 에이전시는 클라이언트와 함께 브랜드가 삽입된 프로그램을 만들고 있다. 2001년에 미국에서는 오길비 앤드 마더Ogilvy & Mather가 밀러 라이트Miller Lite나 모토로라Motorola 같은 클라이언트가 후원하는 TV 시리즈를 만드는 문제를 토론중이라는 말이 돌았다. 한편 와이든 앤드 케네디Wieden+Kennedy는 생생한 브로드웨이 쇼《볼Ball》을 만들기 위해 @radical.media와 함께 합작 벤처인 Willing Patners를 설립했다. 그 쇼는 거리 농구에 대한 뮤지컬이며

2003년에 개봉할 예정이고 나이키가 후원할 가능성이 높다고 한다. 그런데 두 회사에게 이는 새로운 개념은 아닐 것이다. 와이든 앤드 케네디와 @radical.media는 또한 나이키와 함께《로드 투 파리 Road to Paris》를 제작하기 위해 손을 잡았다. 이것은 미국 우정국 프로 사이클 팀(나이키가 후원한다)이 2001년 투르 드 프랑스 경기[Tour de France]를 준비했을 때 그 팀을 따라다니며 촬영한 다큐멘터리다. @radical.media는 텔레비전 광고에서 영화와 프라임 타임 TV 프로그램 제작으로 발전해왔다.[7)]

스웨덴에서는 유로 RSCG 쇠더버그 아브만[Euro RSCG Söderberg Arbman]이 스웨덴 페인트업 협회의 의뢰로 페인트업의 부양을 위해 TV 쇼《룸서비스[Room Service]》를 만들었다. 영국에서는 에이전시들이 방송국들과 프로덕션 회사들과 계약을 맺었으며 클라이언트들을 위한 TV 콘텐츠 개발에 종사할 고유한 단위를 출범시켰다. 적어도 광고 산업은 영화 산업에 비해 자주 상실했던 창조적 재능의 일부를 유지하고 유인할 좋은 기회에 서 있을지도 모른다.

최근 일부 브랜드 관련 필름에 참여한 인재들을 보면 매우 존경받는 감독들의 이름을 볼 수 있다. BMW는 지난 해에 온라인 영화 사인 bmwfilms.com으로 버즈를 만들었다. 그 사이트에서는 록스탁[Lock Stock](원제는《록스탁 앤드 투 스모킹 배럴즈[Lock Stock & 2 Smoking Barrels]》이다─옮긴이)과 마돈나로 유명한 가이 리치[Guy Ritchie] 같이 재능 있는 감독들이 연출한 짧은 영화(주로 자동차 추적 장면)를 선보인다. 이 영화들은 BMW가 2002년 10월에 새로운 시리즈를 출시할 만큼 매우 성공적이었다.[8)] 메르세데스[Mercedes]는 영국에서 몇 년 전《블레어윗치*Blair Witch Project*》의 티저 캠페인을 상기시키는 곡해의 방식으로 모델을 개조했다. 마이클 만*Michael Mann* 감독은 인기 배우 베니치오 델 토로*Benicio Del Toro*가 주연한 영화《럭키 스타*Lucky Star*》를 위해 메르세데스 SL 세단이 나오는 예고편을 찍었다. 그러나 단 하나 사소한 결함이 있었는데, 그 영화가 만들어지지 않았다는 점이다. 충분히 주목을 끌 만큼 매끄럽고 호기심을 불러일으키는 예고편은 잉글랜드의 영화관과 텔레비전에 방영되었고 웹사이트 방문을 자극했다. 오직 사이트에만 진실이 실려 있었다.[9]

## '체험' 브랜드

기존의 쇼에 상품을 노출하거나 자신의 고유한 브랜드 프로그램을 만드는 것은 멋진 일이지만 왜 당신의 표적 청중은 격렬하게 고무되지 않는 것일까? 그것을 바로 엔터테인먼트 프로덕션 회사 하이프노틱*Hypnotic*이 클라이슬러*Chrysler* 및 유니버설 스튜디오*Universal Studio*와 함께 크라이슬러 백만 달러 영화제를 만들면서 한 일이다. 이 영화제의 목적은 젊고 유행을 선도하는 사람들의 주목을 끄는 것이 목적이었다. 이 영화제는 1년 동안 온라인에 상세히 기록되는, 알려지지 않은 독립 영화인들을 위한 '극심한 영화제작' 경쟁이었고, 콘테스트 웹사이트 방문자들은 제출된 영화들 중에서 25개의 영화를 뽑는 투표를 하라고 권고받았다. 결국 열 명의 준결승 진출자들에게 크라이슬러 브랜드가 노출(Chrysler PT Cruiser나 Chrysler Crossfire가 나온다)되는 단편 영화를 캐스팅하고 찍고 편집하는 데 1주일이 주어졌다. 그 영화들은 프랑스에서 칸영화제가 열리는 시기에 초연되었다.

다섯 명의 결승 진출자들은 여름을 로스앤젤레스의 한 저택에서 보냈는데 그 곳에서 그들은 백만 달러 영화 제작의 구성 요소를 만들기 위해 유니버셜 스튜디오의 모든 자료와 장비에 접근할 수 있었다. 각 경쟁자들이 만들어야 할 필수 요소들은 영화의 장면, 작업 대본, 스토리보드, 예산, 캐스팅 제안, 촬영일정, 그리고 포스터 등이 포함되어야 했다. 우승 영화제작자는 크라이슬러, 하이프노틱, 그리고 유니버셜로부터 백만 달러 장편 영화 제작 및 배급 협정을 맺었다.[10]

영화제를 통해 야기된 버즈는 맹렬했다. 왜냐하면 그것은 아마추어 영화제작자가 무엇을 할지에 대해 호기심을 가진 평범한 관찰자들부터 그 프로젝트를 위해 많은 세월을 투자한 경쟁 참여자들까지 다양한 수준의 사람들을 수반했기 때문이다.

하이프노틱의 마케팅 부사장이자 영화제를 만든 사람 중 하나인 더글러스 스코트Douglas Scott은 다음과 같이 말한다. "경쟁이란 요소는 버즈 창출에서 커다란 부분을 차지한다. 사람들은 친구들과 연계를 확장하고 다른 이들이 투표하러 사이트를 방문하도록 고무한다. 게다가 엔터테인먼트는 브랜드의 최고의 전달 수단 중 하나다. 당신의 메시지 전달은 그것이 엔터테인먼트로 포장되었을 때 더 많이 울려 퍼진다."[11]

스코트에 따르면 크라이슬러는 현재 이 영화제를 경쟁자들이 펼치는 것을 시청자들이 직접 보고 자신이 좋아하는 영화제작자에게 온라인에서 투표할 수 있는 리얼리티 TV 시리즈로 바꾸는

미디어와 사이버스페이스

것을 고려중이다.

유로 RSCG의 버즈 군단은 미얀마의 엄격한 매체 및 마케팅 제약을 무력화시켰다. 그 방식은 다음과 같았다. 차를 몰고 마을을 돌아다니며 포스터를 살포하고 공중연설 시스템을 통해 영화를 보러 마을 중심지로 오라고 공지를 하는 것이었다. 수천 명의 소비자들이 영화상영 지프차로 오라고 설득되었다. 그 과정은 담배 회사에 의해 수행되었다. 영화가 먼저 상영되고 그 다음에는 다량의 회사 브랜드 제품들 및 상품 샘플들이 소개되었다. 입소문은 충분히 강력했다. 그 다음 이벤트에서는 더 이상의 추가되는 프로모션 없이 약 1만 5천 명의 청중이 참여했고, 결국 그 수는 약 14만 5천 명에 달했다.[12]

## 책을 사라

상품통합이 영화나 텔레비전에서는 오래된 관행일지 모르지만 책은 어떤가? 일부는 "불경스럽군!"이라고 주장한다. 반면에 어떤 이들은 "현명한 이동이군!"이라며 그것을 생각해본다. 전통적으로 책은 광고와 관련이 없었다. 우리는 다음 장(章)으로 넘어가기 위해 빨리 인쇄 광고면을 넘길 필요는 없다. 따라서 책에서 변화가 가능해 보이지는 않는다.

그러나 우리가 목도하고 있는 것은 문학이라는 신성한 매체에 광고를 합체시키는 미묘한 통합이다. 소설가 페이 웰든은 문학계에서 반발의 중심인물이 되었지만 누구든 다른 이들이 그녀의 예를 따르리라고 확신할 수 있을 것이다. 2001년에 이탈리아 최고의 보석회사 불가리는 웰든에게 불가리 브랜드가 출연하는 책을 하나 쓰라고 의뢰했다.《불가리 커넥션》에 관한 기사가 나가자 반발이 즉각적으로 거셌다.《아이리시 타임스 _The Irish Times_》는 다음과 같이 부르짖었다. "웰든은 나날이 우리를 습격하는 전체주의적인 광고 괴물로부터 성역을 지켜주는 스타일을 고의로 파괴했다. …… 단어에만 치중하는 속물성에도 불구하고 문학은 적어도 페이 웰든 이전까지는 PPL에 저항하는 마지막 경계 중 하나였다."13)

이전에 광고 카피라이터였던 웰든은 자신은 그 계약에 대해 처음부터 솔직했다고 주장하면서 자기의 선택을 옹호했다. 게다가 그녀는 "나는 정말로 단지 전업 작가일 뿐이다"라고 항변했다.14) 그녀에 대한 비난이 수그러들지 않자 웰든은 유명한 런던 예술가와 문인들의 은신처인 '사보이 _Savoy_ 호텔'이 3개월 동안 호텔에 기거해달라고 초대하자 그것을 공공연하게 수락함으로써 자신이 했던 일을 또 다시 했다. 사보이의 대변인은《데일리 텔레그래프 _Daily Telegraph_》에서 "호텔은 문학을 논하는 점심 식사에의 출석과 사내 잡지에 실릴 '한두 가지의 글' 외에는 아무것도 요구하지 않았다"고 말했다.15)

사실과 허구를 흐리게 함으로써 소니 또한 곤란에 빠졌다. 2002년 여름에《뉴욕 타임스》웹사이트는 기사처럼 보이게 고안된 광고 게재를 거부했다. 프리랜서 저자들이 쓰고 사이드바를 통해 소니 상품들과 회사 웹사이트로 링크된 그 광고는 마치 저널리즘의 라이프스타일 기사처럼 읽힌다. 확인할 수 있는 단 하나의 요소는 각 이야기 꼭대기에 있는 '소니 제공<sup>feature by Sony</sup>'이라는 문구뿐이었다.[16]

## 유명인 야바위꾼

수많은 유명인사——배우 로렌 바콜<sup>Lauren Bacall</sup>, 캐서린 터너<sup>Kathleen Turner</sup>, 그리고 롭 로<sup>Rob Lowe</sup> 등——들이 제약 산업으로부터 대가를 받고 치료제에 대해 토론하는 TV 쇼에 출연함——종종 그들과 제약회사 사이의 금전 관계는 드러내지 않고——으로써 사람들이 그 치료제와 친숙하게끔 영향을 끼쳤다는 사실이 드러났을 때 대중은 격분했다. 《투데이<sup>Today</sup>》 쇼에서 바콜은 한 친구의 시력 상태와 노바티스<sup>Norvatis</sup>가 제조한 새로운 치료제 비주다인<sup>Visudyne®</sup>에 대해 말했다. 그녀는 방송에서 단 한 번도 대가를 받고 노바티스의 표적 시장에 걸맞는 사람들에게 그 약에 대해 이야기한다는 것을 언급하지 않았다.

NBC는 《웨스트 윙》의 스타 롭 로가 암겐<sup>Amgen Inc.</sup>에 고용되어 화학 요법의 부작용 중 하나인 호중구감소증<sup>neutropenia</sup>(백혈구 중 하나인 호중구가 급격히 감소하는 질환-옮긴이) 치료제로 사용되는 약의 판촉에 기여했다는 것을 안 이후에 소비자 반란을 피하고자 그와의 인터뷰를 거절하였다. 또한 암겐<sup>Amgen Inc.</sup>과 와이어스 제약회사<sup>Wyeth Pharmaceuticals</sup>는 캐서린 터너와도 계약을 맺었는데 그녀는

CNN에 출연해서 류머티즘성 관절염에 맞서 싸운 자신의 투쟁을 논하기도 했다. 비록 그녀는 그 두 회사 제품을 거명하지는 않았지만 사전에 자신과 두 회사와의 연계를 밝히지 않은 것은 CNN이 자신의 정책을 바꾸고 출연자가 의료와 관련해 기업과 금전적 연계가 있는지를 시청자에게 알리도록 만들었다.[17]

## 새로운 미디어, 새로운 진로

영화, 텔레비전, 책, 이 모든 것은 버즈의 전달 수단으로 사용될 수 있다. 그러나 그것들이 새로운 미디어에 의해 이용 가능해진 기회와 비교될 수 있을까? 우리가 이번 장의 초반에서 선택해 소개한 예들은 버즈 구축에 낡은 미디어를 가장 능숙하게 이용한 예들 중 일부다. 불가리와 소설가 페이 웰든의 관계는 아마도 가장 버즈가 많이 난 경우일 것이다. 결국 반발이 그 회사가 오직 책에서만 PPL을 했을 경우보다 훨씬 더 홍보가 많이 되도록 했기 때문이다.

그러나 새로운 미디어의 경우는 어떤가? 계속 확장되는 기술들——주문형 비디오, 무선 응용 통신 규약(WAP), 휴대전화 단문 서비스(SMS), 위성 TV 및 라디오, 스트리밍 미디어 등——이 우리로 하여금 어떻게 광고 목표를 위해 인터넷의 힘을 이용할 것인가에 대해 논의하게 한다.

네트워크에 연결된 삶wired life의 초기 단계에서 우리는 온라인 바이러스 마케팅에 접근하고 그것을 사용할 가능성을 충분히 가지고 있다. 주피터미디어<sup>Jupitermedia</sup>는 친구로부터 웹사이트 주소(URL)를 받은 열 명 중 일곱 명이 그것을 다른 친구들에게 전달한다고 추정한다.[18] 미국에서 성공한 버드와이저의 '왓섭?' 이라는 광고는 이메일을 통해 영국에 급속히 보급되어 심지어 그 광고가 자국에서 집행되기 전에 많은 영국인들이 이미 그것을 다운로드해 보았다.[19] 누가 처음으로 온라인에서 성공적인 버즈 캠페인을 시작했는지 확실히 말하기는 불가능하지만, 그 영예는 영화《블레어윗치》에 돌아가야 할 것이다. 그것은 인터넷의 친밀함을 지레로 삼아 사람들의 흥미를 유지하도록 공포와 자기발견을 적절히 혼합해서 자신의 메시지에 주입한 첫 번째 시도로 알려졌다. 바이러스성 메시지 전파<sup>Viral Messaging</sup>는 엄청난 것이어서 검색엔진인 라이코스<sup>Lycos</sup>조차도 당일 최고의 바이러스성 메시지를 유치하고 분배하기 위해 라이코스 바이럴 차트<sup>Lycos Viral Chart</sup> (http://viral.lycos.co.uk)를 만들었을 정도이다. 사이트 방문자들은 라이코스가 '최근 돌아다니는 최고의 이메일 첨부파일'[20]이라고 부르는 것을 클릭하고, 친구들에게 사이트나 클립 파일을 보낼 수 있다.

우리들은 야후 버즈 인덱스<sup>Yahoo! Buzz Index</sup> (http://buzz.yahoo.com)를 정기적으로 체크한다. 일부 사람들은 그것을 '스파이 검색엔진' 이라고 부르지만 우리는 그것을 무엇이 가장 최근의 것인지를 재빨리 말해주는 도구라고 믿는다. 그 사이트에 다음과 같이 설명되어 있듯이 말이다. "한 주제의 버즈 점수는 주어진 날에 그 주제를 찾은 야후 사용자들의 퍼센트 비율이며, 숫자로 읽기 편하도록 상수를 곱한 것이다. 금주의 리더들은 주어진 주에 가장 큰 평균 버즈 점수를 낸 주제들이다."[21] 야후의 방문자가 매달 몇억 명이라는 것을 고려하면, 그 곳에서 버즈가 나고 있는 것이야말로 그 시기에 무엇이 버즈가 나고 있는가에 대한 훌륭한 지침이다.

### 사이버 바이러스 클럽

웹 사용자들의 새로운 것에 대해 버즈를 내고자 하는 욕구는 상대적으로 한계가 없다는 것이 입증되어 왔다. 왜 그렇지 않겠는가? 보다 빨라진 연계 속도로 인해 어떤 웹 링크를 클릭하거나 친구에게 단문을 전하는 것은 비할 데 없이 쉽다. 그리고 그것은 바이러스성 대화가 분명히 협동 작업이라는 점에서도 그렇다.

2000년에 혼다 자동차 유럽 지사Honda Motor Europe Ltd.는 파리 모터쇼 Paris Motor Show를 앞두고 신형 시빅Civic에 대한 기대를 창출하기 위한 바이러스 캠페인을 시작했다. 회사가 해야 할 모든 것은 인터넷을 위해 준비한 변덕스런 비디오를 수백 명의 수령인에게 전달하는 것이었다. 그들은 상을 받기 위해 특별한 웹사이트를 방문하라고 초대를 받았다. 마케팅 잡지에 따르면 응답자들은 자신들의 상 받을 기회를 높이기 위해 그 비디오와 개인 신상을 전달하도록 장려되었다. 결과는 대단했다. 3개월 만에 50만 명이 사이트를 방문했고, 8만 번이 넘는 혼다 비디오 교환이 이루어졌다. 그리고 1만 명 이상이 자신의 차를 바꾸고자 계획하면서 혼다에 의뢰했다.[22] 우리의 클라이언트 볼보는 독립 벤처를 통해 '웹의 말word of Web'을 추동력으로 사용함으로써 자사의 신형 스포츠유틸리티 차량인

XC90를 수천 대나 사전 판매했다.

또한 바이러스 마케팅의 진척은 케이블 채널 '쇼타임Showtime' 의 게이를 테마로 한 TV 쇼《퀴어 애즈 폴크Queer As Folk》의 프로모션에도 기여를 했다. 그 드라마의 두 번째 편이 시작되기 한 달 전, 쇼타임은 650개가 넘는 게이 및 레즈비언 사이트에 인터렉티브 시계를 부착함으로써 종합적인 오프라인 캠페인을 보충했다. 사이트들이 무료로 부착하는 것을 허용한 그 시계들은 드라마 첫 회가 시작하는 날짜가 다가오면서 숫자가 줄어들었다. 그 결과로 야기된 버즈는 케이블 채널 역사상 가장 많은 사람이 시청한 이벤트를 만드는 데 기여했다. 그 시계는 1억 명이 넘는 사람들이 보았고 그들 중 약 1만 명이 클릭했다.[23]

건강 관련 회사들은 새로운 마케팅 기술의 파도를 타는 데 서툴지 않다는 것을 부단히 보여줘 왔다. 자사의 신상품 '리스터린 포켓팩스Listerine PocketPacks' 를 버즈내기 위해 화이자 소비자 건강관리Pfizer Consummer Healthcare는 확장된 온라인 광고와 '게르미나토Germinator' 라 불리는 재미있는 게임이 있는 웹사이트 구축을 포함한 통합 마케팅 캠페인을 시작했다. 그것은 젊은이들, 특히 10대 사이에 버즈를 야기했고 화이자는 그 버즈의 운동을 유지하기 위해 할 수 있는 모든 것을 다했다. 유행하는 헤어 살롱과 모델 에이전시, 그리고 TV 쇼의 배우대기실에 무료 샘플을 진열하는 것에서 애미상 개막 전에 네 번의 파티를 후원하고 2002년 아카데미상과 골든글로브상 저녁에는 레드 카펫에서 치아 미백 제품oral care strips을 나눠주었다. 후자의 행동은 결정적인 결과를 낳았다. 상을 주러 나온 산드라

블록이 카메라 앞에서 치아에 미백제를 급히 넣었고 이것이 레드 카펫 바로 거기에서 논의를 유발했다.[24]

2000년에 프록터 앤드 갬블이 '크레스트 화이트스트립스Crest Whitestrips'의 출시 전에 버즈를 내기 위해 시행한 캠페인도 성공적이었다. 이벤트 마케팅, 인쇄물, 옥외 광고, 라디오 구매, 그리고 온라인 버즈 구축 등을 훌륭히 결합함으로써 그 상품이 매장에 진열되기 전에 이 회사는 인터넷 매출만 4천만 달러 이상을 달성할 수 있었다.[25]

전통적인 마케팅과는 달리, 효과적인 바이러스성 버즈는 그 효과를 위해 많은 비용이 필요하지는 않다. 사전에 지독하게 계획을 수립해야 하는 것도 아니다. 휴대전화 회사 보다폰Vodafone이 오스트레일리아와 뉴질랜드의 럭비 경기 동안에 운동장을 벌거벗은 채(몸에는 보다폰 로고를 그린 채) 뛰라고 사람들을 고용했을 때, 오스트레일리아의 베크스Beck's 맥주의 광고 에이전시는 재빠르게 이메일 캠페인을 시작했다. 그 메일에는 다음과 같이 쓰여 있었다. "벌거벗고 뛰는 사람에게 회사의 후원은 없다. 그것은 바로 베크스의 진정한 무덤이다."

럭비 경기장을 벌거벗은 채 뛰고 있는 얼간이들의 사진이 포함된 그 이메일은 애초에 약 1,300명의 중개자들에게 전송되었지만 급속히 퍼져나갔다. 그와 같이 유머러스한 광고 찌르기로 베크스는 1년 안에 매출을 두 배 증가시킬 수 있었다.[26]

## 비디오게임 V

온라인상의 것들을 포함한 비디오 및 컴퓨터 게임은 버즈 마케터들에게 또 다른 주목할 만한 수단을 제공한다. 게임개발사협회 The Interactive Digital Software Association는 미국인의 50퍼센트가 비디오게임을 즐긴다고 추정할 정도로 그 잠재성은 막대하다.[27]

게임으로 가장한 광고는 P&G에서 펩시, 노키아에서 버거킹까지 많은 광고주들에 의해 채택되어 왔다. 예를 들어 2002년 1월에 혼다는 CR-V 스포츠카인 시빅, 그리고 시빅 Si등의 판매를 촉진하는 멀티플레이어 게임을 출시하였다. 이 게임은 네 명의 플레이어들이 동시에 플레이할 수 있으며 각 게임 전에 서로가 대화할 수 있었다.[28]

약간의 광고 이득을 획득하고자 게임 제작자들은 자신의 소프트웨어를 상품통합의 이상적인 매체로 제공한다. 주요한 독립 인터랙티브 엔터테인먼트 소프트웨어 개발사인 일렉트로닉 아츠 Electronic Arts는 최근에 비디오게임에서 지금까지 가장 많은 상품이 출현할 것이라 기대되는 게임을 도입할 계획을 공지하였다. 수백만 달러의 가치가 있는 거래에서 그 회사는 맥도널드와 인텔Intel의 상품을 자사의 최근 비디오게임인 '더 심스 온라인The Sims Online'에서 상품통합을 할 것이다. 플레이어들은 자신의 캐릭터가 '쿼터 파운더Quarter Pounders'나 '빅맥Big Macs'을 먹게 조정할 수 있을 뿐만 아니라 간이 맥도널드 판매점을 구입하거나 충분한 부를 축적한다면 맥도널드 프렌차이즈의 주인이 될 수도 있다. 당신의 고객을 브랜드에 참여시킨다는 것은 바로 이것을 말하는 것이다.[29]

또 다른 게임 개발사인 '액티비젼Activision'의 한 이사는《뉴욕 타임스》에서 다음과 같이 말했다. "우리는 신뢰할 수 있고, 매우 적법하며 실용적인 (광고)매체이다. 코카콜라, 노키아, 그리고 다임러크라이슬러DaimlerChrysler 등 거대 소비자 상품 회사들이 우리를 찾고 있다."[30]

이른바 광고는 단순한 노출 이상의 무엇을 제공할 수 있다. 올바로 수행된다면 그것은 소비자와 브랜드 사이에 진정한 연계를 구축할 수 있다. 광고계의 리더인 야야의 CEO, 키스 페라치는 이렇게 말한다. "브랜드를 위해 게임을 구축할 때, 우리는 분명 버즈를 만들 방법을 찾지만 그 이상의 일도 한다. 사람들의 시선을 끄는 것이 하나이고 그들의 이메일 주소를 확보하는 것이 또 하나이다. 당신이 마케팅 방정식에 게임을 추가할 때, 당신이 한 것은 경쟁과 긴박감을 구축한 것이다. 당신은 시선에서 관계로 옮겨갔다."[31]

페라치에 따르면 광고 게임은 버즈를 내는 데는 놀랄 만큼 융통성이 있다. "우리는 이것이 어느 상품이나 산업에도 효과가 있다고 입증하기 위해 노력한다. 사실 우리는 이 재료가 당신이 기대하지 않고 있을 때 특히 효과가 있다고 생각한다."

## SMS : 문자 메시지로 10대를 겨냥한다

버즈 전달의 가장 중요한 신(新) 매체 중 하나는 아마도 당신의 주머니나 서류가방에 이미 있을 것이다. 문자 전송 단문 서비스가 제한 없이 가능한 휴대전화다.(**그림8-1**을 보라) 유럽과 아시아의

**그림8-1** SMS 휴대전화

일부에서 SMS는 청년 시장에 다가가는 최선의 방법 중 하나로 빠르게 주목을 받고 있다. 아일랜드에서만 2001년에 15억 개의 문자 메시지가 전송되었으며 이는 전년에 비해 97퍼센트나 상승한 것이다.[32]

메리언과 아이라는 2001년 폴란드의 인기 있는 록 밴드인 드 디즈크De Dijk의 콘서트에 참석했다. 콘서트가 끝나자 참석자들은 SMS로 인권단체인 국제사면위원회Amnesty International에 메시지를 전송할 것을 요청받았다. 각각의 메시지는 국제사면위원회의 청원에 대한 전자서명으로 집계되었다. 그 청원은 정치적 반대자나 수감자에게 고문을 금지하라는 요청으로 국제사면위원회가 이후에 많은 나라의 정부에 보낼 것이었다. 네덜란드 청년 사이에 있

던 두 미국인에게 SMS의 위력은 전화 1톤의 무게처럼 머리를 강타했다.[33]

우리의 이전 동료 중 하나며 현재 네덜란드 TBWA의 카피라이터인 빌더마인 빌레Willemijn ter Weele는 국제사면위원회의 SMS 캠페인은 훌륭한 결과를 내며 지속해 왔다고 말했다. 예를 들어 2002년에 국제사면위원회는 말레이시아 정부로 하여금 평화적 시위에 참여했다는 이유로 수감된 두 명의 학생들을 석방하라고 SMS 청원을 하였다. 이 SMS 청원이 제기된 지 3일 만에 그 두 학생들은 석방되었다.

빌레는 다음과 같이 말한다. "정부들은 고문으로 유명해지기를 원하지 않기 때문에 응답하며, 최선의 경우에는 고문이 계속되는 것을 금지한다. 그것이 말을 통한 압력과 저항으로 일이 이루어지는 방식이다. SMS를 통해 국제사면위원회는 매우 젊은 표적 그룹에게 경보하고 그들과 함께할 수 있었다. 모든 마케터들이 청년 틈새의 일부라도 잡고자 분투하는 이 때에 말이다."

문자 전송은 젊은이들에게는 자연스러운 것처럼 보인다. 젊은이들은 손가락을 무척 많이 사용해야 하는 조이스틱과 게임기에 이미 능숙하기 때문에 SMS에 필요한 타이핑 방식에 쉽게 적응할 수 있었다. 또한 장년층도 그 소동에 참여하고 있는데, 왜냐하면 때때로 문자 전송이 소통에 가장 사용하기 편리하기 때문이다. 예를 들어 일부 부동산 에이전시들은 잠재적 구매자들에게 분양 일정을 전달하기 위해 문자 전송을 사용한다. 최신 버전의 휴대전화 G3가 유럽 시장을 강타한다면, 우리는 더욱 광범위한 채택을 기대할 수 있다. 그 휴대폰은 사진 및 동영상 전송도 가능할 것이다.

캐드버리<sup>Cadbery</sup>는 자사의 첫 번째 SMS 마케팅 진출로 기대하지 않은 행운을 잡았다. 2001년 8월에 이 캔디 회사는 650만 개의 캐드버리 막대사탕을 배포하였다. 그 사탕에는 'Txt 'n' Win' 이라는 이벤트에 소비자들을 초대하는 문구가 찍혀 있었다. 5백만 명이 넘는 휴대전화 사용자들이 문자전송으로 응답했다. 이듬해에 열린 연례 총회에서 캐드버리의 대표 이사는 프로모션 이후의 거대한 매출 증가는 감소하던 제과점 매출이 반전되는 것으로 입증되었다고 공식적으로 인정하였다.[34]

워너 레코드<sup>Warner Records</sup>의 자회사인 이스트 웨스트 레코드<sup>East West Records</sup>는 영국의 게라지<sup>garage</sup>(뉴욕에서 시작된 하우스 뮤직의 일종―옮긴이) 밴드 중 하나에게 십대를 매료시킬 뛰어난 아이디어를 제안했다. 레코드 회사는 그룹 '옥시드 앤드 뉴트리노<sup>Oxide & Neutrino</sup>' 를 위한 가장 큰 SMS 동아리를 만드는 경쟁에 이 그룹의 팬들을 초대했다. 500개가 넘는 동아리들이 등록했고, 응답자의 3분의 2는 기존의 데이터베이스에 없는 새로운 무리였다.[35]

차기의 마케터를 위한 버즈 병기는 멀티미디어 전송 서비스 MMS이다. 하스브로는 이미 자사의 모노폴리<sup>Monopoly</sup> 브랜드를 위해 세계 최초로 MMS 캠페인을 실시하는 권리를 주장했다. 하스브로는 영국과 독일에서 소비자들을 대상으로 맞춤 모노폴리 게임을 구매하게 하기 위한 온라인 서비스 프로모션을 시작했다. 이를 위해 하스브로는 프로모션 업체인 마인드마틱스<sup>Mind Matics</sup>와 손을 잡고 이메일 수령을 승낙한 마인드마틱스 등록회원들 중 MMS가 가

능한 휴대전화를 가지고 있는 모든 회원들에게 MMS 메일을 전송
했다. 그 메시지에는 웹사이트 주소(www.mymonopoly.com), 게임 사
진, 그리고 어떻게 게임을 자신에게 맞춤형으로 만들 수 있는지에
대한 정보와 모노폴리 로고가 포함되었다.[36] 보다 최근에는 로지
카Logica가 로이터Reuter와 손잡고 싱가포르의 무역박람회에서 월드
컵 사진들과 정보를 MMS가 가능한 핸드세트에 전송하였다.[37]

## 경이로운 블로그의 세계

그러나 또 다른 새로운 미디어가 성장하고 있다. 그것은 다름
아닌 별로 시적이지 않은 이름의 블로깅Blogging 혹은 웹블로깅
Webblogging이다. 세계 내부분의 시역에서 인터넷은 숭요한 정보원으
로 출현했다. 그 정보는 어떤 브랜드의 DVD 플레이어를 구매할
것인가에서부터 아동 유괴에 관한 뉴스까지 모든 것을 망라한다.
매우 많은 시간을 컴퓨터 스크린 앞에 앉아 있는 우리 같은 사람
들에게 종종 월드와이드웹은 우리의 사무실을 벗어나 세계에 접
근하는 가장 편리한 수단이다. 때때로 우리는 선명한 사실을 찾
고, 다른 때에는 다른 사람들이 특정한 이벤트에 대해 어떻게 생
각하는지를 알게 되는 것에 흥미를 느낀다. 우리의 관점이 평균적
인 것일까 아니면 평균에서 벗어난 것일까?

다른 사용자들은 인터넷을 단순히 정보의 공급원이 아니라 그
와 같은 정보를 퍼뜨리는 전파원으로 바라본다. 그들은 자신들의
목소리와 관점이 경청되기를 원하며, 그래서 그들은 다양한 주제
에 대한 자신의 생각과 관찰을 기록하는 개인 웹사이트를 구축한

다. 블로그<sup>Blog</sup>는 웹 내용에 연결되는 하이퍼링크를 포함한다. 50만 개로 추정되는(계속 증가중이다) 블로그 세계에는 애완견, 뜨개질, 1980년대의 텔레비전 쇼《골든 걸스 *The Golden Girls*》, 그리고 전쟁에 집중하는 블로그들도 있다. 갑자기 모든 사람이 비평가, 논평자, 그

> 블로깅을 지식이 충분하지 않은 떠버리들의 마지막 피난처라고 간단히 처리할 수도 있지만, 블로깅은 마케터들이 심각하게 다뤄야 할 미디어다.

리고 저널리스트가 된 것이다.

센세이션의 전파자 매트 드러지<sup>Matt Drudge</sup>와 스스로 자임한 영화 평론가 해리 노울즈<sup>Harry Knowles</sup>가 충성스런 추종자들을 획득했듯이 다른 블로거들도 단숨에 진정한 영향유발인이 된다. 적어도 캘리 포니아 버클리 대학은 이 새로운 미디어를 교과 과정에 개설할 정 도로 진지하게 다루고 있다.[38]

그렇다면 무엇이 블로깅과 버즈가 관련되게 하는가? 블로거가 떠들고 있는 주제가 당신의 브랜드일 때 그것은 너무 풍부하다. 이들 웹사이트들은 누구의 통제도 훨씬 넘어선다. 진실이건 거짓 이건 그 소유자들은 그들이 원하는 무엇이든 이야기할 수 있으며, 충분히 도발적이거나 오락적이면 그들이 일정 정도의 청중을 발 견할 가능성이 높다. 일부 탁월한 유언비어 살포자들의 블로그를 서핑하는 것은 인터넷에서 대중적인 심심풀이 취미다. 많은 사람 들이 9 · 11 테러 이후의 기간에는 '빈 라덴<sup>bin Laden</sup>' 혹은 '세계무역

센터World Trade Center' 가 온라인에서 가장 많이 검색된 단어일 것이라고 생각할지도 모른다. 그러나 그렇지 않다. 퓨 리서치 센터Pew Research Center for the People and the Press의 연구에 따르면 구글Google에서 가장 많이 검색된 단어는 '노스트라다무스'였다.[39] 그가 9 · 11을 예언했다는 루머가 돈 이후였다.

지난 몇 년 간 웹은 오직 어떤 행정 기관, 조직, 회사에 대해 부정적인 버즈를 내기 위해 만들어진 수백, 혹은 수천의 사이트들의 본거지가 되었다. 이들 중 일부는 어둠 속의 고독한 목소리에 불과했지만, 다른 일부는 상당한(혹은 사이트에 따라서는 적은) 추종자를 획득했다. 지금은 심지어 무수한 '석스sucks' 사이트들의 포털 사이트로 기능하는 사이트도 생겼다. 그 홈페이지에는 다음과 같은 공지가 뜬다. "Sucks500.com에 온 것을 환영한다. 모든 사람들이 모여서 주식회사 미국Corporate America, 미국 정치와 정치가들에 대해 분통을 터뜨리는 장소."(고딕체는 원문에 이탤릭체로 쓰여 있다—옮긴이) 실제로 그 사이트는 다른 웹사이트들과 그다지 차별화되어 있지는 않다. 또한 이 사이트는 외국 회사와 대학, 그리고 심지어 특정한 도시들과 나라들로의 링크도 있다.[40]

이 사이트를 통해 현재 사람들의 분노를 야기하는 것들을 흥미롭게 살펴볼 수 있다. 또한 이 사이트는 때로는 성장해서 보다 많은 사람들이 특정 대상에 대한 분노를 높이거나 때로는 흥미를 잃어서 사라지는, 생동하는 버즈를 관찰할 기회도 준다.

또한 모든 회사(모든 회사의 모든 피고용인은 아니지만)가 비난을 그대로 놓아두지는 않는다는 것을 보면 흥미롭다. Sucks500.com을

미디어와 사이버스페이스

방문했을 때 우리는 AT&T의 열광적인 피고용인(적어도 그녀는 그렇게 주장한다)을 포함한 수많은 사람들의 의견 교환을 발견했다. 이 사람은 단순히 하나의 글만 올리거나 하나의 글에만 답변하지 않았다. 그녀는 매우 많은 시간을 사이트에 소비하며 그녀가 사랑하는 고용주에 대해 무언가 나쁘게 이야기하는 모든 사람에게 반증, 설명, 그리고 충고를 제공했다. 우리로서는 AT&T가 그녀의 이런 활동을 찬성했는지 혹은 알고 있는지에 대해서 확인할 수 없다. 그러나 그녀의 지속적인 다툼의 속성을 고려하면 그것에 대해 의심하지 않을 수 없다.

우리는 설사 그것이 가능하더라도 모든 블로그에 피고용인을 붙여야 한다고 권고하지는 않는다. 하지만 자신의 회사나 브랜드에 대한 온라인상의 버즈를 지속적으로 알고 있어야 한다고 생각한다. "최선의 공격이 최선의 방어다"라는 말이 있지 않은가.

# 제9장

버즈를 내는 젊은이들

이세 외계인이 지구에 착륙해 중앙아메리카 어딘가에 있는 영화《타이타닉 *Titanic*》의 복제본을 여러 해 동안 찾는다고 상상해보자. 그들이 타이타닉이 아카데미상을 11개를 받았고 미국에서 가장 이익을 많이 낸 영화 중 하나라는 사실을 알게 된다면 그들은 이상한 우리 문화에 대해 의문을 가질 것이다. 그 영화는 오락적이지만 고전적인 영화 문법상 특별히 잘 된 영화는 아니다. 연기도 평범하고 스토리도 뻔하며(시작부터 배가 침몰할 것이라는 것을 안다는 것을 제외하더라도) 로맨스도 극단적으로 감상적이다. 그러나 그들은 혼란에만 빠져 있지는 않을 것이다.《타이타닉》현상 배후의 힘은 강력하고 불가사의한 존재인 10대들, 정확히는 10대 소녀들이었다.《타이타닉》의 경우 10대들은 평론가들이 재빠르게 침몰하는 배라고 부른 그 영화의 생명 유지자였다.

《타이타닉》의 성공은 놀라운 것인데, 그것은 단지 이 영화가 미국 내에서 6억 달러, 해외에서 1조 2억 달러, 총 1조 8억 달러를 벌었다는 것 때문만은 아니다. 두 스타, 레오나르도 디카프리오 Leonardo DiCaprio와 케이트 윈슬렛Kate Winslet 사이의 러브 스토리는 10대 소녀들이 강박적으로 그 영화를 보고 또 봐야 한다고 느낄 만큼 즉각적인 반향을 일으켰다. 분명 많은 경우는 레오의 보이시boyish한 멋진 외모와 관계가 있었겠지만 영화의 유행이 커지자 이 영화를 본 것을 자랑하는 권리가 동기 부여자motivator가 되었다. 이 영화를 10번, 심지어 20번도 더 봤다고 주장하는 것은 10세에서 18세 사이의 소녀들에게 드문 일은 아니었다. 그들은 거듭해서 영화관에 가서 이 영화를 볼 때마다 더 많은 친구들을 데리고 갔고, 영화에 대한 버즈를 점점 더 멀리까지 퍼뜨렸다.[1]

## 철저한 비

이 책 전체를 통해 우리가 인용한 많은 사례 연구는 젊은이들에게 집중되어 왔다. 어떤 면에서는 한 장 전체를 젊은이의 버즈에 할애하는 것이 과도해 보일지도 모른다. 젊은이들의 버즈는 다른 연령의 버즈에 비해 보다 자주 그리고 자연스럽게 일어나고 커다란 효과를 야기한다는 점 말고는 본질적인 차이가 없다. 젊은이들을 다른 연령층과 구별하는 것은 이 집단에 의미 있고 진정한 방식으로, 즉 버즈의 불을 댕기기 위해 접근하고자 하는 마케터들이 직면하게 되는 어려움이다.

젊은이들의 세계는 계속 변하며 독특하다. 그들의 유행은 지각할 수 없는 방식으로 항상 이동한다. 젊은이들 사이에 버즈의 불을 댕기는 것은 철저하게 하는 것보다 잘 이해시키는 것이 요구된다.

지난 몇 년 간 Y세대의 수와 소비력이 더 입증된 이래 가장 젊은 소비자들과 연계되고자 하는 욕망은 엄청날 정도가 되었다. 마케팅의 전 업계는 상업 광고 메시지에 젖으며 성장한 세대에 다가가고자 하는, 정의하기 어려운 임무에 헌신해 왔다. 외부 자극을 가려내는 데 더 준비된 이 세대는 다가가기가 더욱 어려워지고 있다. 전통적인 수단으로는 물론 더욱 그렇다.

영민한 마케터들이 자각하기 시작한 것은 청년 시장과 관계를 맺는 열쇠가 청년들이 서로에게 관계를 맺는 방식 속에 놓여 있다는 것이다. 그들은 버즈를 낸다. 분명히 청년기는 정보, 아이디어, 신념의 교류가 대개는 입소문을 통해 일어나는 시기다. 그것은 발견과 실험의 시기로 거의 전적으로 누군가 말하거나 입거나 행한다는 식의 영향에 의해 자극된다. 마케터들에게는 이 혼란에 의미 있는 방식으로 브랜드를 던지는 것이 궁극적인 목표다. 그러나 그것을 제대로 이해하는 사람들은 적으며, 특히 잘못 알고 있는 사람들과 비교하면 훨씬 더 적다. 어떻게 당신이 버즈의 일부가 될 수 있을까? 무엇이 젊은 비가 버즈를 내게 하는가에 특히 초점을 두고 이 복잡한 삶의 시기를 이해하면 된다.

경고 : 당신이 이번 장을 읽고 있다면 설사 당신이 젊다고 하더라도 나이가 든 느낌이 들 것이다. 왜냐하면 당신이 의사결정 과

정에 개입하고자 하면 할수록 뒤떨어질 가능성이 높기 때문이다. 젊음은 변덕스러운 것이다. 당신이 "이해했다"고 여기자마자 젊은이들은 이미 다른 곳에 있다. 그런데도 당신은 그 곳에 머물러서 인용구에 둘러싸인 "이해했다" 같은 많은 절들로 논설을 쓰고 있는 것이다. 암스테르담의 익스플로러 청년 이벤트에서 한 러시아 토론자는 우리에게 다음과 같이 말했다. "젊음은 당신이 나이가 들었다고 느끼기 위해 나이 들어 보이게 행동하고, 입을 때 시작해서 당신이 젊어지고자 할 때 끝난다." 우리가 젊음을 이해하고자 하면 할수록 외부자outsiders 티를 낼 가능성이 높다. 이것이 버즈가 우리가 이 문화에 침투하는 최선의 방식인 이유 중 하나다. 일단 아이디어의 씨앗이 뿌려지면 버즈를 통해 마케터들은 방정식을 벗어난 상태를 유지한다. 이는 우리가 적합한 씨앗을 적합한 흙에 뿌릴 정도로만 이해해야 한다는 뜻이다. 당신이 제대로 이해한다면 젊은이들이 거기서 씨앗을 실어 나를 것이다.

이제부터 수수께끼를 풀자.


## 버즈는 젊음에서 출발한다


특별하고, 꼭 가져야 하고, 그것이 아니면 울어버릴 것 같은 인형을 사기 위해 휴가 기간에 몇 시간이나 줄을 서 본 사람은 그 누구든지 젊은이들, 심지어 어린이들 사이에서 버즈가 가진 위력을 이해한다. 캐비지 패치 키즈Cabbage Patch Kids, 티클 미 엘모Tide Me Elmo, 그리고 퍼비스<sup>Furbys</sup>는 유아들을 겨냥한 인형들이었다. 그 인형은 다양한 자극을 통해 주목을 받았다. 연재만화를 통한 광고, 그 인형을 소유한 다른 운 좋은 아이들의 자랑, 인형 가게에서의 구경 등을 통해, 갑자기 진짜 왜 그런지도 모르면서 그들은 인형이 필요하다고 생각한다. (물론 때때로 아이는 결코 그 인형에 대해 듣지 못했는데 오히려 부모가 이 인형을 특별하고, 꼭 가져야 하고, 그것 아니면 아이가 울 것 같은 인형으로 여기기도 한다.)

그 나이에는 다른 생물학적이고 감성적인 요구를 통해 모두가 티클 미 엘모를 원할 수 있다. 유아용품에 대한 일반적인 목록에서 이 동경은 꽤 중요하다. 삶의 초기에 어떤 것에 대한 소유는 사회화를 특징짓는 득실이 된다. 발육기의 다른 시기, 논쟁의 여지가 있지만 심지어 성인기에도 사람들은 가장 좋은 물건을 가진 아이가 되길 원하면서 지낸다. 물론 아이들이 성장할수록 그 물건은 더욱 복잡해져 체험과 무형의 것을 포함하기 시작하지만 발육기에는 대부분 물건을 찾아 모으는 것과 관련된다.

주어진 시점에서 아이들은 어떻게 가장 좋은 물건을 찾는가? 그들은 그것에 대해 이야기한다. 마케터들은 그 대화를 이해할 필요가 있다. 그들 생활에서 어떤 역할을 수행하는 브랜드를 규정하는 행위는 아이들이 서로 영향을 끼치는 데 결정적이다. 이 책의 서두에 다룬 하스브로의 게임기 팍스<sup>Pox</sup> 출시는 어떻게 학교처럼 작은 세상이 물건에 대한 욕망의 발단과 전파를 위한 비옥한 땅이 될 수 있는지를 설명한다. 그 마케터는 학교 내의 쿨<sup>cool</sup>의 위계를 성공적으로 해독해서 커다란 효과를 보았다. 아이들은 자신들의 세계에 도입된 그 물건을 보고, 만지고, 공유하고, 버즈를 냈다. 강아지 알파들 사이에 그 게임을 현명하게 뿌린 것이 상품에게 즉각적으로 쿨하다는 광채를 주었다.

버즈 마케팅이 어떤 장소와 기간——휴식을 위한 운동장이든 봄방학 동안의 해변이든——에서도 아이들에게 다가가는 가장 좋은 방법 중 하나라는 데에는 의심의 여지가 없다. 이 실험 기간 동안 브랜드는 무엇인가를 입증해주는 존재이다. 아이들이 자신의 아이덴티티를 형성해 나감에 따라, 그들은 어떤 역할을 수행할 상품과 브랜드를 찾게 된다.

## 자신들의 안식처에서 버즈를 내는 아이들

> 버즈가 매체라면 학교는 중심지이다.

하루에 6시간 동안 아이들은 결코 쿨하지 않은 부모들의 감독을 벗어난다. 학교는 그들의 세상이다. 이 한정된 세계 안에서 성문(成文)으로든 불문(不文)으로든 하위문화subcultures와 정치, 그리고 규범을 포함하는 작은 문화가 탄생한다. 때로는 독재가 형성되고, 때로는 반란이나 탈퇴도 있다. 그 역학dynamics은 부단히 이동하며 그들은 학교를 경영하는 어른들의 통제를 받지 않고 학교를 지배하는 아이들의 통제를 받는다. 《리치몬드 연애 소동Fast Times at Ridgemont High》에서 《헤더스Heathers》 그리고 《클루리스Clueless》까지 고등학교를 무대로 한 모든 영화에 반영되어 있듯이 성인들은 단지 배경일 뿐이다. 진정한 행동은 학급들 사이의 사물함locker에서 일어난다.

최근 몇 년 동안 마케터들은 학교의 담장 안에 존재를 구축하는 것이 얼마나 중요할 수 있는지에 대해 더욱 공감하게 되었다. 이 세계로 뚫고 들어가는 실질적인 전술은 브랜드 명칭을 심는 것——학교 운동부에 대한 후원, 자판기, 교과서——에서 폐쇄 회로 방송까지 망라한다. 물론 이것은 논쟁을 야기했는데, 왜냐하면 학교는 역사적으로 상업적 기업의 엄격한 출입금지 구역이었기 때문이다. 그러나 민감한 마음을 보호하고자 노력하는 성인들과 학교 당국자들은 힘겨운 전쟁을 하고 있다. 실제로 아이들은 스스로 상업주의를 학교에 가져온다. 입는 옷과 장신구 안에, 점심식사를 위해 싸온 음식과 음료수 안에, 개인적으로 휴대한 전자제품 안에 상업주의가 숨어 있다. 일부 행정가들의 관점에서 볼 때, 학교가 그러한 행위를 금지하는 것은 합리적이다.

20년 전에 크리스 휘틀Chris Whittle은 그의 출판업을 미국 학생들에게 지적이고 10대 지향적인 뉴스를 제공하는 전자통신업으로 바꿨다. 현재는 프리미디어Premedia가 소유한 오늘날의 채널 원Channel One은 시청자 수가 학생은 8백만 명, 교육자는 40만 명에 이른다. 10분짜리 뉴스(2분짜리 광고가 추가된다)는 전국의 1만 2천 개 학교에 매일 방송된다.[2]

설립 초기에 채널 원을 위해 프로젝트를 했던 우리는 흥미를 가지고 그 성장을 지켜보았다. 학교에서 광고를 보는 것이 불쾌한 비판가들에게 몹시 비난을 받은 이 뉴스 프로그램은 그것의 순위를 올리고 더욱 큰 미디어 업계에 파문을 일으킨 많은 저널리스트를 배출하였다. 세레나 알취일Serena Altschul은 MTV와 CNN으로 직장을 옮겼다. 채널 원을 떠나 ABC 뉴스에 갔다가 최근에는 리얼리티 TV 쇼《몰The Mole》의 진행자로 있었던 앤더슨 쿠퍼Anderson Cooper는 현재 CNN의 알취일과 합류하였다.

채널 원이 학교에 상업주의를 들여왔다는 것은 사실이다. 그러나 또한 채널 원이 고립된 존재의 외부 세계로 10대의 눈을 연 효과적인 학습도구인 것도 사실이다. 중국에서는 다른 회사가 스포츠 드링크의 유용성과 탈수의 위험을 가르치기 위해 이 전술을 사용했다. 물론 그 과정에서 약간의 게토레이Gatorade(펩시콜라의 스포츠 음료-옮긴이)도 판매하길 원하면서. 게토레이가 중국 시장에 온 지 2년 만에 그 광고는 브랜드 인지도를 구축하는 데는 성공했지만 그 성과는 근본적인 이해의 결여로 손상되었다. 활동적인 중국인은 자신들의 활동에 이 음료가 불필요하다고 봤고, 즐기기에는 색과 겉모습이 너무 의학적이라고 보았다. 그 인식을 바꾸기 위해 게토레이는 2000년에 순회 프로그램을 개발했고, 그것을 팀 스웨트Team SWEAT(Students Winning through Exercise, Attitude and Training, 태도와 훈련, 연습을 통해 승리하는 학생들)라 불렀다. 지역 스포츠 교육 당국과의 협력을 통해 학교의 지지를 받은 그 프로그램은 체육을 장려하기 위해 고안되었다. 물론 게토레이와 그것이 성적을 향상시킨다는 짧은 선전도 있었다.

팀 스웨트 로드쇼는 만나는 아이들을 고취시키기 위한 브랜드 사절로 선발된 젊고 의욕적인 중국인들에 의해 수행되었다. 아이들은 '진짜 땀real sweat'이 나도록 장애물을 통과했고 그러고 나면 시원한 게토레이를 대접받았다. 그러면 게토레이 밴<sup>van</sup>이 운동장에 도착해 학생들을 모아서 그들에게 상품을 소개하고, 유명 운동선수 사진으로 가득 찬 화려한 책자를 나눠주었다. 3개월 만에 팀 스웨트는 100개의 학교를 방문했다.[3]

팀 스웨터 프로그램이 보여주듯이 상업주의는 자산이 부족한 학교에 약간의 지원을 줄 수 있다. 또한 상업주의는 특정한 조건 하에서 흥정을 정당화하는 금전적 이득을 줄 수도 있다. 주 의회가 병든 경제에 대해 예산 삭감으로 대응하자, 미국의 학교들은 대체 기금을 찾기 위해 급히 서둘렀다. 이런 기관들에게 자동판매기는 여분의 수익을 위한 중요한 원천이 되었고, 적어도 200개 학군이 청량음료 회사와 독점 계약을 맺었다. 전국적으로 코카콜라나 펩시 같은 음식료 마케터들은 1997년까지 약 7억 5천만 달러를 학교 기금으로 쏟아부었다. 그 기금은 현장 조사 여행과 스포츠 이벤트에서 관리 장비까지 모든 것에 사용된다.[4]

자식들을 걱정하는 부모와 건강관련 종사자들은 현관이나 복도에 있는 자판기가 브랜드 옥외 간판으로 기능하고 그것이 미국 청소년을 비만 세대<sup>Generation Obese</sup>로 바꾸는 극단적인 요인이라고 주장해 왔다. 일부 정치가들은 오늘날의 10대가 20년 전의 10대보다 거의 세 배나 더 규정 체중을 초과한다는 질병예방관리국의 통계를 근거로 자동판매기 규제와 제거를 위한 입법을 추진해 왔다. (이미 로스앤젤레스 통합 학군은 건강에 대한 우려를 환기시키기 위해 구역 내 중고등학교에서의 청량음료 판매를 금지했다.) 그러나 정치가들은 학교가 줄어드는 기금에 어떻게 대체할지에 대해서는 별로 논의하지 않았다.

일부 사람들은 상업주의의 파도를 뒤엎고자 노력하기보다는 아이들에게 스스로 상업주의로부터 자신을 방어하는 교육을 하고 있다. 영국에서 최근에 실시된 미디어 스마트<sup>Mesia Smart</sup>라는 프로그램은 아이들이 광고를 이해하고, 광고와 텔레비전에서 나오는 것 중에서 무엇이 진짜고, 무엇이 진짜가 아닌지 구분할 수 있도록 돕고 있다. 하스브로, 켈로그<sup>Kellog's</sup>, 마스터푸드<sup>Masterfoods</sup>, 그리고 마텔<sup>Mattel</sup> 등 광고주들에 의해 자금을 제공받은 그 프로그램은 유럽연합에 광고주들도 책임 있게 행동할 수 있다고 입증하는 한 시도이다.[5]

## 성장기의 고통 : 자기 정체성을 위한 투쟁

행복하게도, 어린 아이들 대부분은 브랜드가 팔린다는 것을 잘 모른다. (앤은 그녀의 아들이 4살 때 그녀에게 세척제에 대해 지껄이는 데 5분이나 소비했다고 회상한다. "오렌지 냄새가 나고 싱크대와 기차 그리고 창문 그리고 식탁 그리고 목욕통 그리고 모든 것을 깨끗하게 하는 (세척제). 우리는 이것을 가져야 해.") 하지만 10대와 청년은 전적으로 딴판이다. 10대들이 고등학교에 입학할 때(혹은 그보다 일찍), 그들은 소비자로서 자신이 바라는 것을 잘 안다. 바로 그 때가 마케터들의 접근이 공공연해지며, 10대에게 영합할 때이다. 우리의 익스플로러 트렌드 감시자 중 한 명은 질문을 받고 비평을 받는

데 지쳐서 의도적으로 디제이와 클럽 문화에 대한 다큐멘터리를 찍는 한 여자를 속인, 그녀의 디제이 친구들에 대해 우리에게 말했다. 마케터들은 이 영역에 들어갈 때 이를 충고로 삼고 이해해야 한다.

10대가 자신의 사회적 범위의 구조 안에서 자신의 개성을 개발할 때 그들은 부단히 한계를 시험한다. 너무 멀리 나가지 않으면서도 얼마나 가야 할지를 추산하는 것은 시련과 실수, 그리고 수많은 소통에 관한 문제이다. 10대들은 다른 이들의 취향과 태도를 판단하기 위한 방법으로 브랜드, 스타일, 상품, 영화에 대해 이야기한다. 이것이 청년 시장에서 버즈가 작용하는 방식 중 하나다.

청년 마게팅 회사인 '360 유스Youth'의 부대표 이사 데릭 화이드Derek White는 왜 청년들, 특히 대학 진학 이전의 청년들이 버즈를 내는지에 대한 자신의 관점을 우리에게 말했다. "고등학생들의 세계는 지나치게 밀집되었다. 그들은 좋은 버즈와 나쁜 버즈의 중요성을 안다. 그 나이에 잘못된 일을 하는 것이 얼마나 명성에 해를 끼치는가를 생각해보라. 우리의 모든 조사는 그들의 생활에서 버즈가 가장 결정적인 영향력이란 것을, 즉 그들의 친구들이 말하고, 행동하는 것이 미디어가 말하는 것보다 더욱 심대하게 중요하다는 것을 보여준다."

버즈는 항상 학교에서 사회화의 조건이었지만, 화이트는 그 중 요성이 점점 더 커지고 있다고 믿는다. "그들은 새로운 아이디어, 상품, 혹은 컨셉트를 자신의 친구 그룹에게 가져올 수 있는 인물이 되기를 추구한다. 지금은 인터넷이 경기장을 더욱 공평하게 만들었기 때문에 조금이라도 찾고자 노력하는 사람은 누구라도 공유할 새로운 무엇인가를 찾을 수 있다. 한편으로 이것은 새로운 것의 공인을 더욱 어렵게 한다. 다른 한편으로 그들이 정말 독특한 무언가를 봤다면 그들은 그것을 취하고 돌진한다." 버즈의 관점에서 이것은 맞는 말이다.[6]

과거에 진실하고 신뢰할 수 있는 방식으로 이 집단에 접근하지 못한 마케터들의 실패는 마케팅 메시지보다 그들 상호간의 의존을 지나치게 과장한 것은 아닐까? 우리는 그렇다고 생각한다. 너무 오랫동안 마케터들은 자기 스스로를 방정식 안에 끼워 맞췄고, 과정 속에서 보기 흉하게 튀어 나왔다. 그러나 일부는 여전히 이를 알지 못하고 지나치게 호기심이 강한 성인의 색조를 띠는 광고를 만들거나 10대의 수준에 맞추려고 지나치게 안간힘을 쓴다. 그 광고는 10대들만의 언어와 생활을 모방하지만 이상하게 들린다. 만약 그 광고에서 10대가 하나라도 찾을 것이 있다면 그것은 불량한 언행일 뿐이다. 10대에게 과도하게 맞춰지고 마케팅되는 아이템은 대개는 10대에게서 멀어진다. 오히려 전위적이고 진정하며 받아들이기 힘든 아이템이 10대들에 의해 선망된다. 마케터들은 소녀들에게 클리어라실Clearasil(여드름치료제 – 옮긴이)을 팔기 분주하지만, 소녀들은 엄마 화장대를 급습하는 데 분주하다.

이것이 《섹스 앤드 더 시티》현상을 설명하는 데 도움이 될 것이다. 그 드라마는 고등학교 및 대학교 소녀 세대의 의상실이 되었고, 그 소녀들은 변덕스러운 여주인공 캐리 브래드쇼Carrie Bradshaw처럼 보이고 싶어하고, 또 그렇게 살고 싶어한다. 주목할 것은 캐리가 거의 40살에 가깝다는 사실이다. 완전한 알파 주간지 칼럼에서 대중적인 HBO(극영화와 스포츠 프로그램을 주종으로 하는 미국 최대의 유료 케이블 네트워크—옮긴이)의 코미디까지 전진하면서, 이 드라마는 젊은이들 사이에서 공명하는 그 무엇이 되어갔다. 그 매력의 요소가 갈망할 만하고 매력이 넘치며 독립을 추구하는 것이었을까? 아마 그랬을 것이다. 그러나 진정 놀라운 것은 주연 배우들 나이의 절반밖에 안 되는 젊은 여성들에게 그것이 매우 잘 통했다는 것이다.

캔디스 부쉬넬Candace Bushnell이 1994년에 무명의 잡지《뉴욕 옵서버 New York Observer》에 주간 칼럼을 쓰기 시작했을 때, 그녀는 그 칼럼이 광범위한 호소력을 가지리라고는 예상하지 못했을 것이다. 결국 그것은 일기 기재, 맨해튼에서의 그녀의 생활에 대한 '허구적인' 진술——비공개 모임들, 세계주의자들, 끈 팬티G-strings를 입은 건장한 사내들, 마놀로 블라닉Manolo Blahnik이 디자인한 구두의 소용돌이——이상이 아니었다. 그 대부분의 것들은 스스로 잘 알고 있다고 여기는 뉴요커들조차 대부분 잊은 것들이었다. 그것은 알파, 전적으로 VIP들의 이면 생활의 노출이었다. 비들이 따라잡기 시작하자 칼럼을 둘러싼 버즈가 커지기 시작했다. 2년 만에 그 쇼는 케이블 채널 HBO 이사들의 주목을 끌었다. 텔레비전은 비의 매체였다. 1998년에《섹스 앤드 더 시티》가 케이블 텔레비전을 통해 전국 시청자들 사이에서 히트를 쳤을 때, 그 영향력이 폭발했다.[7]

전국의 30대 알파와 비가 넋을 잃었다. 다음 세대, 그들의 어린 딸들과 조카딸들이 뒤를 이었다.《섹스 앤드 더 시티》는 젊은이들을 추구하지 않았다. 오히려 젊은이들이 그 드라마를 추구했다. 바, 레스토랑, 브랜드 이름, 상황 등 그 모든 것이 잡지 《세븐틴 *Seventeen*》과 《마리끌레르 *Marie Claire*》(모두 젊은 여성들을 대상으로 하는 잡지이다-옮긴이)에 물려버린 젊은 여성들에게는 매우 실재적이고 탐나는 것들이었다. 《섹스 앤드 더 시티》는 맨해튼의 성인 생활의 또 다른 단면인 《프렌즈》의 지나치게 세속적인 소녀들의 모델이 되었다.

《섹스 앤드 더 시티》 현상은 젊은이들 사이에서 커다란 버즈가 일어나는 방식에 대한 중요한 점을 설명한다. 버즈는 젊은이들에게 전달한 어떤 것에서 일어나는 경우는 거의 없고, 대부분 그들이 스스로 무언가를 발견했다고 느낄 때 일어난다. 더 좋은 경우는 그들 스스로 발견했다고 느껴지면서, 애초에는 그들을 위한 것이 아니었던 무언가를 전용하는 경우이다. 명백한 것과 솔직한 것은 다르다. 그들은 전자는 무시하고 후자를 전용한다.

## 봄방학 : 마케터의 천국, 속박에서 벗어나기

고등학교에서 대학으로의 진학은 청년의 삶에서 고전적인 통과의례이다. 대학은 개인의 정체성을 다시 구축하고 다가올 성인기를 위해 씨앗을 뿌리는 시기다. 또한 젊은이들의 포부 있는 꿈이 몇몇 실질적인 결정에 양보하는 실용주의의 시기이기도 하다.

그리고 봄방학이 온다.

아마도 실험적이고 민감한 청년들 사이에서 버즈가 작동하는 방식에 관한 가장 응축된 예증은 보통 봄방학이라 불리는 향락의 한 주일 것이다. 매년 거의 6백만 명의 학생들이 봄방학 동안 여행을 떠난다. 태양 아래서의 즐거운 한 주 동안 몇몇 성스런 목적지에 도달하고자 하는 일념으로 말이다. 압축된 일정과 극단적인 조건이 훨씬 중요한 입소문을 만든다. 봄방학 마케팅의 성공을 기대하는 사람들은 최고의 파티를 구성하고, 가장 매력적인 연설자들을 고용하며, 해안에서 가장 커다란 소동을 야기하는 것이 좋을 것이다. 버즈는 전체 체험을 만들 수도, 깨뜨릴 수도 있다. 최근 몇 년 간 MTV는 유명인사들을 불러 가장 커다란 쇼를 개최하고 미국 중부에서 온 아이들에게 인기를 끌 수 있는 15분을 제공함으로써 꽤나 성공했다. 게임 쇼 형식에서 이런 비어 있는 부분은 재능을 필요로 하지 않으며, 단지 젊은이들의 열광만을 요구한다. …… 그리고 초대받은 유명인사들도 속상해 하지 않는다.

봄방학 마케팅 초기에 후원을 받은 친목 집회와 웨트 티셔츠 콘테스트wet T-shirts contest(젖은 티를 입고 춤을 추며 가장 섹시하고 인기 있는 우승자를 가리는 축제성 콘테스트 – 옮긴이)는 기본이었다. 그러나 오늘날 MTV와 여타 회사들에 의한 거대 이벤트의 편성은 가장 창의력이 떨어지는 마케터도 사용하기 쉬운 봄방학 마케팅과 스폰서십을 만들었다. MTV는 봄방학 이벤트의 개최 월을 사전에 정해 놓고, 다른 어떤 파티보다 더욱 많은 액션을 계획하고 촉진하고 약속한다. 물론 조직자들은 모든 일이 우연히 일어나게 놔두지 않는다. 그들은 봄방학 이벤트를 위해 사전에 대학 캠퍼스들을 방문하고 오디션을 개최함으로써 참여자들을 선발한다. MTV는 2002년의 칸쿤 이벤트를 위해 애리조나 주립대학, 플로리다 주립대학, 그리고 켄터키 대학을 포함한 학생들이 가장 잘 노는 학교를 방문해 잠재적인 스타들과 용모가 뛰어난 사람들을 찾았다. 지원자들은 사진을 제출하고 오디션을 받으며 비디오로 촬영된다——종종 겨우 춤출 정도로 작은 울타리 안의 공간에서 경쟁한다. 이런 절차는 MTV의 두 가지 목적을 충족시킨다. 그 절차는 파티가 VIP를 열망하는 무리에게 보다 매력적으로 보이는 배타성의 외양을 구축하며, 실제 방학 몇 개월 전에 이들 대학의 거품 같은 환경 안에 버즈를 야기한다.[8]

데릭 화이트에 따르면 "봄방학은 버즈를 퍼뜨리는 좋은 기회이다. 그것은 당신이 한 주에 약 50만 명의 아이들에게 도달할 수 있는 진정으로 사교적인 무대, 기억에 남는 이벤트다. 당신이 무언가 정말 독특한 것을 할 수 있다면 봄방학이 지난 후 대학으로, 그리고 전국으로 퍼지는 버즈를 보게 될 것이다."

봄방학이 적절한 상품, 전술, 그리고 파트너로 무장한 마케터들에게 굉장한 기회라는 것에는 의문의 여지가 없다. 그것은 청년들 사이에 새로운 상품을 소개하고 샘플 상품을 전달하기에 탁월한 시간이다. 틀림없이 학기 전체 중 이 시기가 학생들이 새로운 것에 대한 시도를 가장 잘 받아들이는 시기다. 그러나 불행하게도 봄방학 동안의 그들의 주의 집중 범위<sub>attention span</sub>는 최저치이며 이것은 기회의 창을 매우 좁게 만들고 특정 유형의 상품으로만 제한되게 만든다.

2002년 1월에 우리는 온라인 조사와 익스플로러 멤버들이 주는 정보를 통합하기 위한 봄방학 연구를 수행했다. 그 연구는 '빅 브랜드'의 지나친 노출이 대학생들을 귀찮게 하지만, 봄방학 시기에는 대학생들이 약간의 프로모션을 환영한다는 것을 보여준다. 이러한 차이를 만드는 것은 관련성과 가치이다. 2002년 여러 브랜드들 중 관련이 있다고 여겨진 브랜드들은 다음과 같다. 버드와이저Budweiser, 밀러 라이트Miller lite, 호세꾸에르보José Cuervo, 캡틴 모건Captain Morgan, 스미르노프 아이스Smirnoof Ice™, 코카 콜라Coca Cola, 펩시Pepsi, 마운틴 듀Mountain Dew, 마운틴 듀 코드 레드Mountain Dew Code Red, 코퍼톤Copertone®, 트로우전 콘돔Trojan® condoms, 아베크롬비 앤드 피치Abercrombie & Fitch, 토미Tommy, 네슬레Nestlé®, 나이키Nike, 《플레이보이Playboy》, 플레이스테이션2PlayStation 2, 닌텐도 게임큐브Nintendo GameCube™, 크리넥스Kleenex, 리스터린 포켓팩스Listerine PocketPacks, 멘토스Mentos, 그리고 물론 MTV.

이 연구는 봄방학이 대학생들 사이에서 브랜드 인지를 획득하는 중요한 기회를 대표하지만 최근 몇 년 동안의 혼란스러운 브랜드 노출은 사람들의 신경을 거스른다는 것도 분명히 보여준다. 조사 대상의 절반이 봄방학이 지나치게 상업화되었다고 지적했고, 단지 15퍼센트만 학교에 돌아간 후에도 봄방학 기간 동안 노출된 브랜드들을 기억한다고 응답했다. 이 학생들에게 가장 중요한 것은 브랜드가 봄방학과 어울리는가의 여부다. 콘돔, 맥주, 그리고 썬크림의 판촉이나 샘플 증여는 그들이 보기에 이치에 맞는 것이었고, 높이 평가되었다. 그러나 부적절하게 여겨지는 상품의 브랜

마즈를 나는 젊은이들

드 노출은 귀찮은 소동으로 간주되었다.

## 글로벌 청년 문화 : 암스테르담 익스플로러

봄방학 연구를 통해 발견된 것들은 청년이 상호 간에 그리고 전통적인 미디어에 대해 상호작용하는 방식을 고려한다면 그리 놀라운 것이 아니다. 2002년 여름에 익스플로러 패널 성원 20명과 함께한 1주일 집중 코스 동안, 우리는 이런 행동을 직접 체험했다. 봄방학이 청년 문화의 가장 최악의 측면을 대표한다면, 맥주와 몸매를 넘어 실제 문제가 되는 사안을 다룬 암스테르담에서 우리는 청년 문화의 최선의 측면을 체험했다.

그 주의 목표는 전세계의 청년들을 모아 놓고 글로벌 청년 문화 같은 것이 있는지 여부를 결정하는 것이었다. 초콜릿에 대한 느낌부터 그들이 공유하는 가치에 이르기까지, 우리는 그들의 생활 속에서의 거시적이고 미시적인 영향들을 살폈다. 표본이 된 나라들은 아르헨티나, 중국, 프랑스, 독일, 네덜란드, 러시아, 영국, 그리고 미국이었다. 그들에게 영향을 미치는 이슈와 그들 주변 사람들에 대한 익스플로러의 솔직함과 유창한 이야기는 무엇이 청년을 화나게 하고, 무엇이 청년들을 이야기하도록 만드는가에 대한 주요 이론을 공식화하는 데 기여하였다.

우리는 여기서 버즈 세대와 관련된 몇 가지 주요한 발견을 공유하고자 한다. 이 모든 발견은 자신의 지역 동료들보다는 어떤 면에서는 다른 나라의 동료들과 더욱 많이 공유하는 전세계에서 온 젊은이인 도시 영향유발인들의 글로벌 청년 문화의 특징들이다.

### 글로벌 청년은 누구인가?

우리는 글로벌 청년을 어떻게 정의하는가? 이 젊은 세대는 다른 나라의 동료들과 일상의 체험에 대해 이전의 경우보다 더 공유한다. 글로벌 청년은 동일한 음악을 많이 듣는다. 그들은 동일한 브랜드를 입고, 동일한 영화나 텔레비전 프로그램을 보고, 동일한 유명인들을 숭배하며, 인터넷을 통해 쉽게 상호작용한다.

우리는 지속적인 청년 문화 연구를 통해(우리 저자들은 1990년대 초반 이후 계속해서 청년 마케팅에 참여해 왔다), 우리는 다음과 같은 글로벌 청년들의 특징을 발견했다.

- 강한 개인적 권한personal empowerment 의식 글로벌 청년에게 권한이란 선택권을 갖는 것이다. 그것은 자신의 고유한 욕망에 따라 자신의 삶을 형성할 수 있는 것과 관련된다. 교육, 여행, 그리고 테크놀로지는 그들에게 친숙한 권력 도구들이다. 낙관주의와 의욕이 모든 것을 이루는 데 필요한 태도이다.
- 이동성 지난 세대의 이동성은 언어 경계, 평생 고용에 대한 기대, 그리고 친숙하지 않은 문화를 접하는 두려움을 포함해서 많은 요소들의 제약을 받았다. 그러나 이제 이들 요소들은 대체로 더 이상 적용되지 않는다. 글로벌 청년은 이동성의 기초 전제로 영어를 수용한다. 한 나라, 한 기업에서의 평생 고용

에 대한 기대는 더욱 더 감소하고 있으며 이동하고 떠나는 것이 당연한 것으로 간주된다. 친숙하지 않은 문화를 체험하는 것은 보다 호기심이 강한 태도를 지닌 글로벌 청년에게는 일종의 취미이자 도전이다.

• 소통과 연계, 그리고 상호작용 글로벌 청년은 현장 의견place-to place voice의 상호작용과 한 사람에게서 여러 사람에게로 퍼지는 식의 소통을 보다 좋아한다. 그들은 무선 대인(對人) 음성 교환, 다채널 텔레비전, 거의 한계가 없는 인터넷과 더불어 성장해 왔다. 그들은 자신을 표현하라고 배워 왔으며 자신의 의견이 영향력이 있기를 기대하고 자신들의 소통이 서로 영향을 미칠 것이라고 가정한다. 그러나 이것은 반드시 방송인들이 제공하는 어떤 상호작용도 쾌히 응할 것이라는 의미가 아니다. 오히려 이것은 강화된 상호작용, 이동성, 그리고 연계성을 제공하지 못하는 어떤 소비자 기술도 애를 먹을 것이라는 것을 의미한다.

• 개방성 오늘날의 청년은 그들의 저편에 무엇이 있는지 알고 싶어한다. 그들은 무엇을 새로 선택할 수 있는지 알고 싶어하고, 새로운 취향, 새로운 아이디어, 새로운 체험을 시도하길 열망한다. 그리고 그들은 자신에게 상응하는 것을 식별할 도구를 가지고 있다.

• 자아표현 심리학자 에이브러햄 매슬로우Abraham Maslow는 기초적 욕구(의식주)가 충족된 사람들의 동인(動因)은 자아실현이라고 주장했다. '모든 것이 소통하는' 세대에게 자아표현 없는

자아실현은 거의 생각할 수도 없다. 양자는 서로의 떼어 놓을 수 없는 구성 요소다.[9]

• 생생한 느낌 글로벌 청년은 구경거리, 소리, 감각, 냄새, 그리고 맛의 세계에 노출되는 것에 익숙하다. 그것은 현대 생활의 일부며 체험에 목마른 젊은이들은 전적으로 그것을 음미한다. 젊은이들의 주목을 끌기 위해 노력하는 기업들은 온갖 감각적 자극의 볼륨을 키워 왔다. 나이 먹은 세대에게는 불가항력적이지만, 어쨌든 그것은 청년 문화의 배경이며 그들은 자신의 의지대로 파장을 맞추거나 무시한다.

### 유로 RSCG 익스플로러 연구의 주요 발견들

정보는 네트워크를 구축하고 정체성을 형성하는 결정적 요소다. 글로벌 청년은 정보력을 매우 확실한 수단으로 여긴다. 이용 가능한 엄청난 정보량이 과중하다고 느끼기보다 그들은 유용한 것은 모으고 관련 없는 것은 거르는 데 달인이 된다. 이전 세대와 비교해 그들은 교양 있고 견문이 넓으며 호기심도 많다. 그들은 선택을 통해 권한을 위임받았다고 느끼며, 그들이 정보에 근거해 미래를 위한 전략을 수립하는 데 기여하는 상품과 메시지를 환영한다.

교제socializing는 청년의 본성이며, 네트워킹은 이 세대에게 결정적인 요소다. 그들은 기술이 얼마나 고립적일 수 있는지를 알기 때문에 개인적 관계들의 가치를 높이 평가한다. 그들은 외국의 친구와 연계를 맺고, 여행시 방문할 수 있는 친구들을 만나고, 문자 그대로 혹은 비유적으로 그들이 가고자 하는 곳에 가도록 도와주는 중개인을 구축하는 것을 즐긴다. 젊은이들이 다른 방식으로는 접근할 수 없었을 커뮤니티, 유명인사, 그리고 고위급 인사들과의 연계에 접근할 수 있도록 하는 것은 버즈 마케터들에게 가치가 있다. 캘리포니아 오렌지Orange 카운티에 있는 반스 스케이트파크Vans Skatepark에서 최근에 열린 '레드 핫 칠리 페퍼스Red Hot Chili Peppers(4인조 얼터너티브 밴드 – 옮긴이)'의 놀라운 콘서트처럼 회원 이벤트는 특정 브랜드에 대해 젊은 소비자들이 쿨하다고 인식하도록 만든다.[10] 만약 반스가 14세의 스케이트 초심자에게 앤서니 키다스 Anthony Kiedas(레드 핫 칠리 페퍼스의 리드 싱어)와 접할 기회를 줄 수 있다면, 그것은 반스를 유명하게 만들 것이다. 그리고 그 놀라운 콘서트 경험은 각자에게만 남을 추억은 아니다.

그들이 접하는 영향인자들의 다양성 때문에 글로벌 청년의 사용 가능한 표준형 정체성들은 부족하다. 자신들의 고유한 정체성, 즉 동시에 각자의 정체성을 창출하고 표현하는 책임은 그들에게 있다. 다행히도 그들에게는 맞는지 안 맞는지 시험해보고 보존하거나 버릴 수 있는 엄청나게 많은 사용 가능한 원재료(原材料)들이 있다. 인터넷과 기록들이 그들이 패션, 음악, 엔터테인먼트, 그리고 라이프스타일의 많은 영향인자들에 접근할 수 있게 한다. 이는 샘플링 문화a culture of sampling라 불리는 것으로 귀결하였다. 그들은 다양한 시기의 음악인과 음악 장르를 혼합하고 조화시키며, 고급 패션과 저급 패션을 결합하고, 고급 여성복과 저가 매장을 동시에 표현하는 외양을 창출한다. 그들이 오래되었으면서도 새로운 아이디어를 접할 수 있도록 만드는 버즈 마케터들은 자신의 색조를 확장하는 보상을 얻을 것이다. 미국의 어반 아웃피터스<sup>Urban Outfitters</sup>는 지나간 대중 문화의 무수한 유물들을 되살렸다. 사실 이것이 그들의 운용법<sup>modus operandi</sup>이 되었다. 마티니 셰이커<sup>shakers</sup>에서 거친 털융단까지, 수석(壽石)에서 비행용 안경까지, 그 기업의 모든 유행 상품은 재생된 과거의 바람이었다. 이런 면이, 비록 그들 부모가 사실을 밝히면서 불평하더라도, 젊은이들에게 처음부터 다시 무언가 새로운 것을 발견했다는 느낌을 주었다.

글로벌 청년의 어휘에서 진정성<sup>authenticity</sup>은 가장 중요한 단어이다. 이 연령대의 집단에게 진정성이라는 개념은 어떻게 그들이 주변 세계와 관계를 맺는가에서 가장 결정적인 요소 중 하나이자 당면한 요소다. 어디에나 편재하는 미디어 조작의 첨단 위에서 성장한 청년은 무엇이 진짜고 무엇이 가짜인지 분별하는 능력을 연마해 왔다.

진정성과 정직성을 분별하는 것은 항상 인간의 중요한 관심사였다——물론 그렇지 못한 사람은 잘 속지만. 그러나 디지털 기술은 속이고, 수정하고, 심지어 완전히 가상의 체험을 창출할 여지를 엄청나게 증가시켰다. 이해하기 쉽게 가공되고 포장된, 그리고 삭제되고 매개된 체험들(테마 상가 혹은 디즈니를 생각하라)의 범람, 게다가 수정되고 미디어로 치장된 정치가들과 연예인들로 가득 찬 공적 공간<sup>public space</sup> 등, 당신은 진정성이 뜨거운 주제이자 진기한 특질인 세상에서 살고 있다.

재빠른 기업들은 이국적인 진기한 음식, 음악, 그리고 장신구를 잽싸게 낚아채서 포장하고 브랜드로 만들고 약싹빠르게 상품화하는데, 알파 청년에게 더욱 중요한 것은 사용되지 않은 원형(原形)을 발견하는 것이다.

미국에서 마케터들은 젊은이들 사이에서 진정성을 구축하는 방법으로 직업 운동선수와 대비되는 길거리 농구streetball를 사용하기 시작했다. 쉽게 접근할 수 있다는 점과 더불어 스포츠와 아마추어 운동선수의 이용은 매력적인 조합이다. 이 운동은 코브 브라이언Kobe Bryant이나 샤킬 오닐Shaquille O'Neal과 대결한다는 희망을 결코 가져보지 못한 수백만 명의 젊은이들에게 '쿨'로 가는 통로가 되었다. 젊은이들은 가공되지 않고 세련되지 않은 길거리 농구의 에너지, 땀, 정력, 힘에 끌려들었다. 게토레이, 앤드1AND 1, 프루트 오브 더 룸Fruit of the Loom® 등이 길거리 농구 시류에 편승한 기업들이다.11) (일단 대기업 광고주들이 시류를 탔을 때 그 운동이 계속 날카로운 감각을 얼마나 유지할지는 물론 지켜 볼 일이다.)

그것은 직접적으로 미국적 현상으로 보일지 모르지만 나이키와 다른 기업들도 외국에서 길거리 농구의 진정성을 활용했다. 중국에서 나이키는 유명 농구선수들을 활용하여 공공 경기장들에 버즈를 내기 시작했다. 그리고 3대 3 농구 선수권 쟁탈전과, 힙합과 농구를 혼합해 아이들이 아무나 놀 수 있는 것으로 느끼게 만드는 힙후프 농구HipHoops Basketball (길거리 농구의 일종으로 경기보다는 선수 각자의 독창적 패션과 창의적 움직임 등 자신의 개성을 표출하는 것을 중요하게 여긴다-옮긴이) 프로모션이 그 뒤를 이었다.12)

알파 청년과 그들이 영향을 미치는 사람들에게 진정성은 근본적이다. 그것은 수시로 이동하고 무엇이든 할 수 있다는 라이프스타일에 있는 뿌리이자 고정된 참조점reference points과 동일하다. 또한 진정성은 그들 자신과 서로 간에 진실한 것과 관련된다. 그들이 이메일, 즉석 채팅, 문자 전송, 휴대전화, 그리고 여타 전자 매체를 통해 상호작용하면 할수록 실체 없는 부분들이 진짜라는 것을 아는 것이 중요해진다.

젊은이들은 호방하고 화려하게 살기를 원한다. 지나치게 자극적인 환경에서 성장하는 것이 지닌 흥미로운 부수 효과 중 하나는 글로벌 청년이 지닌 전면적인 체험에 대한 욕망이다. 그러나 그들의 분류 메커니즘이 매우 발달했기 때문에 그들에게 파고 들어가는 것은 더욱 어렵다. 무언가가 그들을 뚫고 들어갔다면 그 이유는 일반적으로 그 무언가가 직접적이고 강력하게 오감 중 하나 이상을 유혹했기 때문이다.

> 오늘날의 청년은 강렬한 맛, 시끄러운 음악, 격렬한 느낌, 그리고 아드레날린이 솟구치는 활동을 사랑한다. 그들은 생생한 색채, 역동적인 그래픽, 그리고 강렬한 냄새에 반응한다. 그들의 세계는 과격한 스포츠, 동시에 여러 가지를 수행하는 행동, 그리고 레드 불(비알코올성 에너지 음료 – 옮긴이)의 세계이다.

청년의 극단적 태도는 부분적으로는 "지금이 아니면 기회는 없어!"라는 암시에 의해 불태워진다. 환경은 파괴되고, 종(種)들은 사라지며, 세계는 점점 더 디지털화되기 때문에, 그들은 지금 장미 향기를 맡지 않으면 위험하다고 느끼는 것이다. 모두가 알다시피 온실재배 장미는 좋은 향기가 나지 않는다.

마케터들에게 이는 극단적인 이미지와 격렬한 체험에의 집중을 의미한다. 청년에게 기억할 만한 무언가를 주면 그들은 따를 것이다. 음식에서 이것은 색채와 에너지가 혼합된 새로운 음료로, 밝은 녹색의 카페인이 함유된 음료인 닥터페퍼/세븐업Doctor Pepper/Seven Up의 dnL로 대표된다. 그것은 세븐업의 컨셉트를 뒤집었다(이름이 뒤집혀 dnL이 앞설 정도다).[13)

삶의 다른 영역에서 바디 피어싱, 문신 등 여타의 고통스러운 센세이션의 부상(浮上)을 보라. 젊은이들은 아드레날린이 솟구치는 활동과 무언가를 한계까지 추진하는 스릴을 위해 그것들에게 자발적으로 복종한다.

세계화가 미국화를 의미하지는 않는다. 글로벌 청년 문화가 영어를 공용어로 사용하더라도, 그리고 장년 세대에게 미국을 연상시키는 많은 요소의 방임과 뻔뻔함을 보일지라도, 그것에 속지 마라. 그것은 다른 이름의 미국 청년 문화가 아니다. 물론 미국은 여전히 교육과 사업 기회의 메카로 여겨지며, 그것은 세계에서 가장 영리한 젊은이들을 무수히 끌어들이는 이유이기도 하다. 그러나 상당한 미국 문화의 내부지향적이고 단일 언어적인 미국 중심적 경향은 글로벌 청년 문화와 그것의 다언어적이고 경계 없는 호기심의 성질에 맞지 않는다.

분명히 오늘날의 청년에게 영향력 있는 허브hub들의 많은 부분은 50개 주의 범위(미국을 가리킨다-옮긴이)를 넘어서 존재한다. 도쿄도 그 중 하나인데, 사이버 애완동물에서 유희왕(遊戲王, 카드를 이용한 보드게임-옮긴이)과 포켓몬Pokémon 열풍까지 미국 청년에 대한 도쿄의 영향력은 매우 강력했다. 일본 회사인 산리오Sanrio(일본의 팬시 회사-옮긴이)의 유명한 '헬로 키티Hello Kitty® (1974년에 개발된 산리오의 고양이 캐릭터-옮긴이)' 아이콘에 대한 지속적인 유행을 보자. 이 작고 하얀 고양이는 노트와 학용품에서 핸드백과 샤워 커튼까지 모든 것을 장식했다. 1976년에 미국에 도입된 키티는 계속 새로운 어린 소녀 세대를 찾음으로써 유행에서 벗어난 적이 없다. 1970년대에 처음으로 헬로 키티를 만났던 여자들이 지금은 자신의 딸들(심지어 자신들)을 위해 구입하고 있어서 헬로 키티의 유행이 다시 시작되고 있다. 이 캐릭터는 구엔 스테파니Gwen Stefani, 제시카 알바Jessica Alba, 사라 제시카 파커Sarah Jessica Parker, 셀마 블레어Selma Blair, 드류 베리모어Drew Barrymore, 맨디 무어Mandy Moore, 그리고 브랜디Brandy 등 미국의 10대 아이돌 스타들에 의해 추천되었다. 또한 이 브랜드는 《틴 피플Teen People(《피플People》지의 10대들을 위한 버전으로 10대 독자들 또래의 명사들에 관한 프로필, 인터뷰를 비롯하여 의류나 헤어스타일 등 최신 패션 트렌드를 소개한다-옮긴이)》 커버에 크리스티나 아길레라Christina Aguilera와 함께 출연했다. 또한 이 캐릭터는 아시아에서도 그 광채를 잃지 않았다. 2000년에 키티가 싱가포르의 맥도널드에서 해피 밀Happy Meal 장난감으로 출현했을 때 소동이 일어나 많은 사람들이 부상을 입었다. 버즈 마케터들은 무엇이 자신의 고유한 차기 시장에서 히트를 칠 것인가에 대해 힌트를 얻기

버즈를 내는 젊은이들

위해 다른 나라에서 무슨 버즈가 돌고 있는가를 볼 만큼 현명할 것이다.[14]

## 시부야 : 청년기를 보내는 곳

바이러스나 좋은 비에게 착수할 만한 적합한 장소를 찾고자 노력하는 마케터들에게 도쿄 서쪽에 근접한 첨단 유행 지역 시부야(澁谷)만큼 좋은 장소는 없을 것이다. 그 곳은 틴에이저에 의한, 틴에이저를 위한 장소다. 또한 그 곳은 일본 청년과 그 영역을 넘어서는 문화의 진원지이며 음악과 패션에서의 실험들이 트렌드로 성장하거나 행위 속에서 사라지는 장소이다. 그 곳은 일본 젊은이들이 개성을 발산하고 사회에 대한 순응을 망각하는 장소이다.

그 파티는 멈추지 않고 청년기 내내 진행된다. 네온 불빛이 빛나고 옥외 광고탑과 텔레비전 화면이 솟아 있으며 확성기로 시끄러운 《블레이드 러너*Blade Runner*(필립 K. 딕의 소설을 원작으로 하여 리들리 스코트가 감독한 SF 영화–옮긴이)》의 배경과는 반대로, 거리의 뮤지션들은 온갖 종류의 실험적인 사운드를 마구 실험한다. 여기저기 널려 있는 전문 레코드점은 상품 구경꾼들의 천국이며 타워 레코드 건물에서 전성에 이른다.

시부야에는 전통적인 일본의 맥락에서 이치에 닿는 것이 거의 없으며, 그것은 지구를 상속받은 듯이 행동하는 학령기 아이들에게 멋질 뿐이다. 예를 들어 시부야 도겐자카(道玄坂) 지역에 몰려 있는 무수한 '러브호텔love hotel' 들을 보자. 만남을 위한 단시간 숙박용인 러브호텔은 부모의 감시를 피하고자 하는 연인들을 위한 재

버즈마케팅

빠른 도주처를 제공한다. 그것들은 종종 예약이 꽉 차며, 수용된 문화의 일부가 되었다. 사실 그것들은 유명한 텔레비전 쇼인《이 시간에 빈자리는 없다*No Vacancies at This Time*》의 주제이기도 하다. 시부야 역 근처의 멀지 않은 곳에는 순수도 함께 한다. 그 곳에는 주인이 죽은 후 몇 년 동안 주인을 기다린 개, 하치코(ハチ公)의 동상이 있다. 하치코는 시부야의 젊은 방문자들에 의해 신봉되는 덕목이 아닌, 헌신과 충성을 표현한다.[15]

시부야는 텅 빈 진공의 공간이 아니다. 그것은 일본의 소우주(小宇宙)이며 좀더 크게는 청년 문화에 대한 아시아의 영향력이다. 많은 트렌드가 이 곳에서 시작해서 그 장소의 쿨한 요소 때문에 이 곳을 벗어난 곳에서 채택된다. 발동작을 최소로 하고 손과 팔만 최대로 움직이는, 1970년대에 열풍을 일으킨 춤인 '파라파라para para'의 복귀도 이 곳의 클럽에서 시작했다. 코나미*Konami*(일본의 게임제작사 – 옮긴이)가 이 유행을 발판으로 파라파라파라다이스 *ParaParaPradise™*라는 게임을 일본에서 처음으로, 그리고 세계 곳곳에서 출시했다. 시부야의 클럽에서 유명해진 코 키무라*Ko Kimura*는 홍콩 과 싱가포르, 독일, 그리고 영국의 유명한 '미니스트리 오브 사운 드*Ministry of Sound*(유명한 클럽 – 옮긴이)' 등의 연주 초대를 받았다. 현재 키무라는 '도쿄 사운드'를 해외로 수출하는 음반사를 가지고 있다.

시부야는 자기 표현으로서 일본인의 의류 사랑을 상징한다. 도쿄의 유행통들은 지나칠 정도로 의류를 소비하고 매일 매일 외모 를 바꾼다. 그들은《프루츠*Fruits*》나《큐티*Cutie*》같은 잡지를 탐독하고, 최상의 상품을 제공하고 있으며 그것이 지금 프랑스와 이탈리아에서 복제되고 있다고 자랑하는 최신 정선 매장들을 뻔질나게 방문한다. 일본인들은 상업을 벗어난 예술을 만들고 있으며 그들의 열정은 전염성이 있다.

에이미 스핀들러Amy Spindler는 《패션스 오브 더 타임스Fashions of the Times》에 다음과 같이 기고했다. "도쿄는 패션의 수도다. 왜냐하면 가장 싼 진 한 벌에서 가장 비싸고 이해 받지 못한 디자이너의 걸작까지, 그 도시는 대중 속의 오타쿠를 고무하기 때문이다. 오타쿠라는 용어는 도쿄에 가기 전에 제일 먼저 배워야 할 용어다. 오타쿠는 한때는 지나치게 한 주제에 탐닉해서 틀어박힌 은둔자가 되는 것을 감행하는 사람을 지칭하는 경멸적인 용어였다. 그러나 현재 오타쿠는 '깊이 빠진 열정'을 의미한다. 그것이 어떤 대상이건 말이다."[16] 종종 이 용어는 패션에 대한 열정을 지칭하는 데도 사용된다.

## 음악은 젊은이의 언어이다

패션과 더불어 음악은 젊은이의 중요한 표현 양식 중 하나다. 음악은 항상 청년 저항의 강력한 매체였지만, 지금은 그 어느 때보다도 그 영역——생산, 분배, 취향——을 지배하는 능력이 기술에 밝은 젊은이들과 테크노 세비Techno-savvy(기술에 대해 많이 알고 있는 사람−옮긴이)들에게 있다.

> 영어가 글로벌 청년이 소통을 위해 사용하는 언어라면, 음악은 그들이 관계를 맺는 보편적인 언어다.

　지난 몇 년 동안의 대중 음악의 발전은 다른 것이 아니라 개인적 취향이 산업을 형성하는 방식과, 영향유발인의 힘과 에너지가 국경을 넘어 트렌드를 확장시키는 방식에 대한 좋은 예이다. 미국의 대형 음반 기업들이 '그록스터Grokster' 와 같은 파일 공유 서비스 업체와 전자 음악 저작권 침해자들에 대한 추방 전쟁을 수행하고 있지만, 그 기업들에게 가장 큰 위협은 마케팅 지향적인 뮤지션에 대한 소비자들의 점증하는 불만일 것이다.

　음악의 새로운 영웅들은 전세계에서 출현하고 있다. 그들은 이전에 가능했던 것보다 더욱 많은 다양성을 제공하고 전통적인 사운드와 양식을 폭로했다. 세계의 과잉 상업화에 대한 광범위한 반감은 구별되지 않는 뮤직 스타들의 공허한 풍선껌 팝bubble-gum pop에 대한 반발을 초래하고 있다. 맨디Mandy는 브리트니Britney와 비슷하게 외양을 꾸미고 연주하며, 크리스티나Christina도 샤키라Shakira와 유사하다. 그리고 그들은 모두 마돈나를 닮고자 애쓰는 추종자들이다. 펩시가 브리트니 스피어스Britney Spears를 자신의 홍보 대사로 임명한 것은 뭐라고 말해야 할까? 별로 할 말이 없다. 그것은 우리가 몇 년 동안 지나치게 많이 보아 왔던 것과 동일한 수법이다. 이 소프트 드링크soft-drink (비(非)알코올성 음료나 탄산이 주입된 청량음료 – 옮긴이) 회사는 새로운 세대의 목소리를 찾고 있었다. 하지만 결국 이 회사는 감미롭고, 거품이 일며, 인공적으로 강화된 자사 상

마츠를 나는 젊은이들

품의 구현체를 찾았다. 그것은 아마도 1980년대의 마이클 잭슨이나 마돈나 같은 유명인을 브랜드와 접목시킨 이전의 시도들에도 상응하지 못하는 브리트니의 역할에 대해 세계가 얼마나 멀리 움직였는가의 척도가 될 것이다. 우리의 견해로는 오늘날 달라진 것은 브리트니의 도달 범위의 한계일 것이다. 한때 마돈나와 마이클 잭슨은 다양한 세대를 지배했었던 반면에 그녀는 11살 먹은 소녀들에게만 대단한 존재일 뿐이다.

음악 산업에서 대중 마케팅은 단지 비효과적인 것이 되었을 뿐만 아니라 어떤 면에서는 역효과를 내기도 한다. 최근《뉴욕 타임스》의 기사에 따르면 세계의 CD 매출은 2001년에 5퍼센트가 떨어졌다고 하는데, 그 기사는 인터넷상의 저작권 침해와 혼동된 마케팅 메시지에 책임을 지운다.[17] 하지만 훨씬 진정한 기운을 생산하는 것은 현재 온라인에 자리 잡은 바이러스 마케팅이다. 대화방과 게시판은 신예 밴드와 그들에 대한 열성팬들(혹은 유급 전파자들)의 열렬한 칭송으로 가득 차 있다.

음반사들은 절망을 벗어나 새로운 아티스트를 마케팅할 대안적인 수단을 찾고 있다. 음악을 찾고 퍼뜨리기 위해 더 이상 큰 회사가 소용이 없기 때문에 젊은 소비자들은 한때는 관문이었던 그 대형 음반사들의 지위를 허용하지 않는다. 많은 거대 레이블이 찾은 해결책은 소형 레이블처럼 행동하는 것이었다. 힙합 거리 팀과 상품 파종 전술에서 힌트를 얻은 소니의 에픽 레코드Epic Records 같은 음반사들은 지역 프로모터와 디제이의 대중에 뿌리박은 버즈의 힘을 사용했다. MTV나 BET(Black Entertainment TV, 흑인음악 전문 방송―옮긴이)가 상영을 거부했기 때문에 10년도 더 전에 힙합과 랩을 거리에 알리기 위해 사용했던 수단이 이제는 새로운 뮤지션을 등단시키는 표준 절차가 되었다.

지역에서 영향력 있는 젊은 프로모터들은 솔선해서 그들의 디제이 친구들에게 녹음 테이프를 나눠주고(주로 직접 만나), 젊은 아티스트를 데리고 고등학교와 상점가를 방문하며, 맨해튼으로 진입하는 터널이나 다리처럼 차가 많은 지역에 포스터를 붙인다. 일부 실무자들은 이런 유형의 게릴라 마케팅을 오늘날 아티스트가 할 수 있는 유일한 방법이라 주장한다.

진정성, 다시금 이 핵심 단어가 이런 유형의 버즈를 효과적이게 하는 것이다. 아무나 클럽에 들어가 정보통들에게 다가가서 가장 최신의 녹음 테이프를 얻었다고 발표할 수 있는 것은 아니다. 그 접근은 정직하고 믿을 만해야 한다. 에픽 레코드의 거리팀장 중 하나는 이러한 필수조건을 《뉴욕 타임스》에서 다음과 같이 말했다. "당신은 거리에서 일종의 신뢰성을 가져야 한다. 그들은 당신이 최신의 것을 알고 있다고, 그리고 최신의 발표곡을 손에 쥘 수 있다고 알고 있어야 한다."[18]

### 디-타운

일부 사람들은 뉴욕이 음악에 대해서는 가장 최고의 거리라고 생각하지만, 뉴욕의 주요 경쟁지로 중서부의 디트로이트Detroit가 있다.

일부 나이가 든 소비자들은 디트로이트를 세계에서 가장 문화적으로 살아 있는 장소로 여기지만 대다수는 단지 자동차 도시<sup>the</sup> motor capital라 여긴다. 그러나 이 모터 시티<sup>Motor City</sup>는 40년도 넘게 오늘날의 일렉트로닉 뮤직 열풍에 불을 지핀 모타운<sup>Motown</sup> 소울에서 테크노 현상까지 가장 강력한 음악적 흐름 중 일부를 세계에 전해주면서 음악적 창조의 선두에 서 왔다. 마돈나, 아레사 프랭클린<sup>Aretha Franklin</sup>, 다이애나 로스<sup>Diana Ross</sup>, 스티비 원더<sup>Steevie Wonder</sup>, 알리야<sup>Aaliyah</sup>, 그리고 에미넴<sup>Eminem</sup> 등이 이 지역 아이콘들이다.[19]

무엇이 디트로이트를 음악적 트렌드의 중심지<sup>hot spot</sup>로 만들었을까? 일부 사람들은 이 도시의 되풀이해 발생하는 음악에 대한 버즈의 원인이 두드러진 흑인 문화의 에너지라고 말한다(인구의 80퍼센트가 아프리카계 미국인이다).

이 곳은 매우 단호하고, 때로는 거칠고 사나운 장소로 반세기 동안 새로운 사운드를 발명하고 만들면서도 언더그라운드<sup>underground</sup>의 느낌을 보존해 왔다.

베리 고디 주니어<sup>Berry Gordy Jr.</sup>가 800달러를 빌려서 이후 모타운<sup>Motown</sup>으로 발전할 지역 음반사를 시작했을 때 결정적 계기가 왔다. 이후에 모타운은 마빈 게이<sup>Marvin Gaye</sup>, 스티비 원더, 스모키 로빈슨<sup>Smokey Robinson</sup>, 그리고 잭슨 파이브<sup>Jackson 5</sup>의 성공을 만들어낸다. 모타운은 디트로이트를 음악의 지도에 새겼고 이 도시에 영원히 음악과 결합될 정체성을 부여했다.

1972년에 모타운은 디트로이트에서 로스앤젤레스로 이전했다. 이것은 어떤 면에서는 이 도시 문화에서 일어난 가장 나쁜 사건 중 하나였고, 다른 면에서는 최선의 사건 중 하나였다. 테크노 뮤직의 기원을 추적한 책인《테크노 레벨스<sup>Techno Rebels</sup>》의 저자인 단 식코<sup>Dan Sicko</sup>는 이것을 다음과 같이 설명했다. "문화적으로 모타운의 이전은 커다란 공백을 남겼다. 디트로이트를 특별하게 만든 최고의 기구 중 하나가 없어졌다. 많은 젊은이들이 더 이상 즐기지 못하는 상태로 남았다. 디트로이트의 17세 후반에서 18세 전반의 10대들에게 선택의 여지가 거의 없었다."

우리가 알고 있듯이 자연은 진공을 싫어하며, 따라서 절망한 일부 꽤 독창적인 아이들이 자신들의 힘으로 문제를 풀 수밖에 없게 되었을 때 큰 일이 일어났다. 식코는 테크노 뮤직을 탄생시킨 장면을 다음과 같이 묘사한다. "사회적 선택의 여지가 없었기 때문에 고등학교 아이늘은 그들끼리 임시변통의 파티를 시작했다. 그들은 댄스홀을 빌렸고 디제이를 데려왔다. 이 모든 것은 아무것도 매개되지 않은 그들만의 것이었다."

이 고등학교 댄스파티에 참여한 세 명의 아이들이 음악의 파도를 만들었다. 1980년대 후반에 영국은 시카고의 하우스 뮤직<sup>house music</sup>(1980년대 초반에 디스코의 뒤를 이어 댄스 클럽 문화를 주도한 일렉트로니카의 한 갈래 - 옮긴이)에 열중한 반면에 디트로이트 뮤지션인 케빈 사운더슨<sup>Kevin Saunderson</sup>, 데릭 메이<sup>Derrick May</sup>, 그리고 후안 앳킨스<sup>Juan Atkins</sup>는 하우스 뮤직과 별로 다르지 않은 새로운 사운드를 빚어내고 있었다. 그들이 주거하는 디트로이트와 시카고의 나이트클럽을 순회하면서 크라프트베르크<sup>Kraftwerk</sup>와 조지 클린턴<sup>George Clinton</sup>의 투박한 펑크의 일렉트로닉 사운드에서 영감을 얻은 디트로이트의 디제이들은 그라마폰 레코드<sup>Gramaphone Records</sup> 같은 레코드 매장을 세밀히 조사해 디스코에서 발전한 하우스 뮤직보다 더욱 추상적인 그들만의 고유한 박자를 다시 발명했다.

그렇게 해서 하우스 뮤직과 테크노가 영국인에 의해 급속히 수용되었고, 미국에서도 테크노가 유행하게 되었다. 식코는 사실 오늘날 많은 사람들이 테크노 뮤직이 유럽에서 발생해 미국으로 수입되었다고 믿는다고 말한다. 하지만 실제로 그 운동의 첫 단계는 디트로이트의 뮤직 인스티튜트the Music Institute라는 클럽이었다. 식코는 그것을 "디트로이트 다운타운의 흑인 보헤미안적인 뉴욕 양식의 클럽"이라고 묘사한다. 테크노가 퇴조하는 오늘날 디트로이트는 힙합hip-hop과 얼터너티브alternative로 더욱 알려지고 있다. 에미넴, 본 본디스Von Bondies, 화이트 스트립스White Stripes, 그리고 앤드류 W.KAndrew W.K.가 음악적 취향을 만들어 가고 있다.

## 침착하라 : 청년이 하는 것과 하지 않는 것

다음이 긍정적인 측면에 대한 몇 가지 지침이다.

• 진심으로 하라 진정성은 지역local이나 지방regional 브랜드 속에서 가장 쉽게 빛난다. 그러나 애플, 디젤Diesel, 리바이스 같은 다국적 브랜드도 역시 마찬가지다. 레비 스트로스의 로버트 한슨Robert Hanson은 《브랜드위크Brandweek》지에서 다음과 같이 말했다. "거리의 쿨한 브랜드가 되려 하거나 혹은 패션 트렌드를 좇

지 않고, 우리가 진정으로 리바이스다울 때 항상 성공적이었
다."[20]

- 그들에게 현실의 역할 모델을 제공하라 버즈의 야기에서 대변
  인의 역할은 이 세대에서는 바뀌었다. 오늘날의 젊은이들은
  맹목적인 추종보다 그 개인이 그 곳에 있었고 그것을 실행했
  다는 증거, 즉 신뢰성 혹은 '거리에서의 신뢰성street cred' 을 찾고
  있다. 이것이 진정성의 인간적 버전이다. 운동선수와 자수성
  가한 스타가 만들어진 '매력'이 있는 소녀와 소년보다 더 호
  소력이 있다. 이 세대는 코트 안과 밖에서의 헌신적 사랑 때
  문에 윌리엄스 자매Williams sisters(세계적인 자매 테니스 선수 – 옮긴
  이)를 역할 모델로 드는 세대다. 비는 모방이 듣기 좋은 칭찬
  의 가장 정직한 형태라고 믿는다. 그들은 지도자들을 찾고 있
  다. 그들에게 믿을 수 있는 누군가를 제공하라.

- 바꿔라 젊은이는 많은 시간을 자신을 재발명하면서 소비하
  며, 브랜드가 이와 동일한 독창성을 취하는 것을 높이 평가한
  다. 그들에게 일관성, 즉 이전의 브랜드 관리자의 슬로건은
  지루하다. 그들은 부단히 자사 브랜드를 재발명하는 역량 때
  문에 스와치나 나이키 같은 브랜드를 높이 평가한다.

- 체험의 기회를 부여하라 오늘날의 청년은 이전 세대보다 더욱
  자극을 필요로 하며, 또 요구한다. 그들은 전적으로 오감과,
  오감 중 하나나 그 이상을 강화하는 체험과 관련된다. 마케터
  들에게 이것은 도전이다 : 나의 체험을 강화하라, 그러면 당
  신을 받아들일 것이다. 그러나 체험이 줄어든다면 나는 당신

을 무시할 것이다.

다음은 청년 사이에 버즈를 내고자 할 때 브랜드가 하지 말아야 할 몇 가지 사항들이다.

- 마음을 흩뜨리는 속임수나 무관한 메시지로 그들을 방해하지 마라 무모함에도 체계가 있어야 한다. 베네통의 유명한 '죽은 쥐Death Row' 책략은 우리 익스플로러 패널리스트 사이에서 매우 평판이 좋지 않았다. 되는 대로의 브랜드 작업으로 청년 이벤트에 침투하고자 하는 부조리한 시도도 마찬가지다. 쿨한 뮤직 페스티벌에 현수막을 아무렇게나 거는 것도 성공으로 가는 티켓은 아니다.
- 유창하지 않은 한 그들의 언어로 이야기하려고 시도하지 마라 청년은 자신이, 마케터들이 호소하는 타깃이란 사실에 지나치게 민감하다. 당신이 전심전력을 다해 위험을 무릅쓰고 그들의 문화에 들어갈 준비가 되어 있지 않다면, 그들의 음악과 언어를 사용해서 그들과 친해지려고 하지 마라.
- 그들을 속이려 하지 마라 그들이 당신의 동기를 모를 것이라고 생각하지 마라. 그들은 알 것이다. 시초부터 그들에게 솔직한 것이 낫다. 그들의 이상적인 상업 활동은 발견의 감정, 알아가고 있다는 느낌, 그리고 동료의식을 포함한다. 그것은 영향과 모방의 세계다. 놀라움과 기쁨의 세계다. 상호 존중으로 마케터와 소비자가 서로에게 다가가는 장소다. 그들의 이상

적인 세계에서 정보는 자유롭게 흐르고, 개인적 체험은 브랜드에 의해 유린되는 것이 아니라 브랜드에 의해 기회가 부여된다.

# 제10장

## 결론 : 웜이여, 영원히

이제 이 책의 발단이 된 현상에 대해 마무리를 지어야 할 때이
다. 즉 버즈에 대해서 말이다. 우리는 버즈와 버즈 마케팅의 차이
를 논하면서 이 책을 시작했다. 우리는 무명의 사람들에 의해 만
들어지는 버즈, 조종되는 버즈 운동, 그리고 외견상으로는 느닷없
이 자신을 표현하는 듯한 버즈를 살펴보았다. 우리는 가장 현명한
마케터들이 결정되지 않은 진영을 헌신적인 진영으로 전환하기
위해 어떻게 버즈 전술과 입소문 판촉책을 사용하는가를 설명하
고자 했다. 우리가 하지 않은 것은 오직 하나이다. 즉 우리는 모든
멋진 마케팅 책이 당신에게 제공하는 것을 아직 주지 않았다. 그
것은 버즈에 대한 열 가지 지침이다. 그리고 결국 우리의 결론이
기도 한 그 리스트는 브랜드, 컨셉트, 캐릭터, 공감, 심지어 전망,
관점, 그리고 상품을 관리하기 위해 인간관계를 관장하는 양상,
또한 버즈의 양상에 대한 요약이기도 하다.

리스트를 제시하기 전에 우리는 버즈 방정식에서 청중의 중요성을 강조하고 싶다. 이는 뻔한 말인 것 같지만 수많은 마케팅 전문가들이 최종 사용자에 대한 진정한 이해 없이 버즈의 불을 댕기는 것이 젖은 장작을 가지고 불을 지피는 것과 마찬가지라는 것을 제대로 이해하지 못하고 있다. 이 책 전체를 통해 우리는 소비자라는 단어를 우리의 클라이언트 기업들을 부양하는 구매인구를 표현하는 용어로 사용했다. 그러나 이와 동일한 진실은 버즈를 시작하고 추동하는 소비자들은 보다 정확한 용어로 프로슈머$^{pro-sumer}$(세계적 미래학자인 앨빈 토플러가 그의 저서《제3의 물결》에서 사용한 개념으로 공급자$^{Producer}$와 소비자$^{Consumer}$의 합성어-옮긴이)라 불리는 소비자의 일부라는 것이다. 이들은 소비자 행동에만 영향을 미치는 것이 아니라 기업 실천과 공급에도 영향을 미치는 혁신적이고 호기심이 많으며 철저한 정예인물들이며, 대체로 알파와 비를 가리킨다.

간결하게 프로슈머가 일반 소비자와 어떻게 구분되는지 요약해보자.

- 구매 이전에 정보와 의견을 구한다.
- 마케팅에 대해 잘 안다.
- 소비자로서 자신의 가치를 알고 소매상, 마케터, 그리고 제조사가 그 가치에 맞게 대우해주기를 기대하고 요구한다.
- 소비자로서 자신의 선택권을 알고 더 나은 제공처로 기꺼이 찾아간다.

우리가 입소문 혹은 WORM을 오늘날 가장 강력한 마케팅 커뮤니케이션의 형태라는 것을 입증했다면 마케터들이 자신이 다루는 업계 내의 프로슈머의 요구와 원망(願望)에 대해 이야기해야 한다는 것은 분명하다. 당신의 상품이나 메시지에 대한 그들의 응답은 당신의 시도가 성공했는가 혹은 실패했는가에 의해 크게 좌우될 것이다.

2002년 가을에 우리는 2천 명의 미국 소비자들과 연구를 수행했는데 그 연구 목적은 프로슈머를 나머지 소비자와 구분하고 그들의 영향에 대한 몇 가지 진실을 결정하는 것이었다. 우리는 수많은 제시문에 대한 반응을 비교하면서 프로슈머들이 어느 정도나 다른 이들의 행동이나 의견에 영향을 미치고자 하는 커다란 경향을 나타내는지 보았다. 예를 들어 자신을 프로슈머로 간주하는 응답자의 적어도 92퍼센트가 다음 제시문에 동의했다. "새로운 브랜드, 서비스, 판매자, 판매 장소, 그 밖의 어떤 것이든 내가 좋은 경험이나 나쁜 경험을 했을 때 다른 사람들에게 많이 이야기한다." 이에 비해 자신을 소비자로 간주하는 사람들은 70퍼센트만이 제시문에 동의했을 뿐이다.[1]

프로슈머는 버즈를 이해한다. 그들은 자신이 마케팅 메시지를 전달하고 있다는 것을 이해하지만, 그 사실이 그들을 괴롭히지는 않는다. 그것은 자부심의 지점이다. 그들은 주고받는 정보 교류를 즐기며, 버즈로 교역한다. 프로슈머의 92퍼센트가 다음의 제시문에 동의했다는 사실에서 우리는 비Bee 감성의 존재를 확인할 수 있다. "내가 제일 먼저 안 사람은 아니지만 나는 새로운 것을 좋아하고 새로운 것에 대한 버즈를 내며 그 발견을 나의 이너 서클$^{inner circle}$ 동료나 그 밖의 사람들과 공유한다." 이와 대비되게 소비자의 22퍼센트만이 이 제시문에 동의하였다.

중요한 것은 프로슈머에 의한 정보 전파가 그들로부터 나가는 것만은 아니라는 것이다. 정보는 프로슈머의 소비자 동료들이 프로슈머에게서 끌어오기도 한다. 이는 프로슈머 집단 내에 알파의 존재를 시사한다. 그들은 평균적인 소비자에 비해 조언과 추천을 의뢰받을 가능성이 높다. 다음 제시문에 대해서 프로슈머의 78퍼센트가 동의한 반면 소비자의 38퍼센트만이 동의했을 뿐이다. "친구들이 나에게 종종 광범위한 주제들(휴가지, 레스토랑, 영화)에 대해 조언과 추천을 의뢰한다." 당신은 자신의 브랜드가 추천 리스트에 오르길 원하지 않는가?

## 버즈에 대한 열 가지 지침

이러한 이론화와 양적 측정이 우리를 버즈에 대한 열 가지 지침으로 이끌었다. 버즈 자체는 결코 새로운 것이 아니다. 오늘날의 추동력의 중심에 있는, 자연스럽게 일어나는 이 현상을 이해하고 사용하는 것은 우리가 결정할 문제다. 아무리 영리하게 사용한다 해도 마케터는 버즈의 공로를 가로챌 수 없다. 그 공로는 프로슈머에게 있으며 그들 없이는 더욱 확장된 청중에 다가가기가 거의 불가능했을 것이다.

## 1. 모든 것은 이야기에 대한 이야기이다

인간으로서 우리가 다른 사람들과 관계를 맺는 방식 중 하나는 서로 이야기를 하는 것이다. 다른 사람들의 행동을 보고 토론함으로써 우리는 세계라는 거대한 구조와 조화를 이루는 방법을 결정할 수 있다. 미국의 시인인 필리스 맥긴리$^{Phyllis\ McGinley}$는 이렇게 썼다. "뒷공론은 추문도 아니고 악의적인 것도 아니다. 그것은 인류의 애호자에 의한 인류에 대한 수다이다. 뒷공론은 시의 도구이고 과학자들의 일 이야기며 주부, 재주꾼, 거물$^{tycoon}$과 식자(識者)의 위안이다. 그것은 육아실에서 시작해서 말이 끝날 때 종식을 고한다."[2]

우리는 뒷공론이 고대로부터 존재했다는 것을 이해해야 한다. 결국 그리스 사람들은 제우스가 올림포스 산에서 겪은 곤란에 매료되었다. 2천 년도 더 이후에 클린턴 대통령은 우리의 충동적인 제우스이고, 그의 아내 힐러리는 오랫동안 고통을 받았지만 궁극적으로는 강인한 헤라라고 이야기되었다.[3] 고대 그리스 시대에도 그랬듯이 오늘날 우리는 그들의 행동과 강점, 그리고 약점에 매료되었기 때문에 사람들에 대해 이야기한다. 독일어 schaden-freude(심술궂은 즐거움)는 다른 이들의 과실을 아는 것이 얼마나 우리를 즐겁게 할 수 있는가를 멋지게 요약한다.

특히 운동선수나 뮤지션 같은 특정한 사람들은 수많은 사람을 매료시키는 일들에 주목할 만하게 정통하기 때문에 유명인이 된다. 타이거 우즈$^{Tiger\ Woods}$, 조 디마지오$_{Joe\ DiMaggio}$, 무하마드 알리 $_{Muhammad\ Ali}$, 비틀즈$^{the\ Beatles}$, 그리고 엘비스$^{Elvis}$는 지속적인 인기가 있다. 다른 이들은 그들의 부(아스토 가$^{the\ Astors}$, 케네디 가, 영국 왕실)로 우리에게 깊은 인상을 준다. 또한 어떤 이들은 자연미건 인공미건 그들의 미모로 우리를 감탄하게 하는데 그것이 아직도 마릴린 먼로$^{Marilyn\ Monroe}$가 미국의 섹스 심볼로 여겨지고, 일부 사람들이 다른 영역에서는 그들이 부적합하다고 여김에도 불구하고 기꺼이 슈퍼모델들을 묵인하는 이유다.

오늘날 가장 위대한 이야기꾼인 매스미디어는 할리우드 명사들, 섹스 심벌들, 그리고 그들의 애정 행각들, 충격적인 이야기들, 승리와 절망의 이야기들에 강박 관념을 가지고 있다. 매스미디어는 우리에게 캐릭터와 플롯을 끊임없이 제공한다. 타블로이드 신문과 존경받는 신문도 우리가 잘 알고 있음에도 불구하고 우리에게 이방인으로 느껴지는 이들의 개인적인 생활과 시절에 대한 정보를 많이 제공한다. 30년도 더 이전에 《라이프$^{Life}$》지의 마지막 면에서 탄생한 《피플$^{People}$》지가 미국에서 가장 수익이 많이 나는 잡지라는 것을 의심하는 사람은 없다. 이후 그것은 《인스타일$^{Instyle}$》에서 《엔터테인먼트 투나잇$^{Entertainment\ Tonight}$》에 이르기까지 무수한 출판 및 TV 쇼 모방품들을 낳았다.[4]

오늘날 브랜드는 우리의 일상적 대화의 일부분이다. 그것들은 우리 일상생활의 통합된 부분이며 마찬가지로 우리의 뒷공론과 수다에도 포함된다. 지난 10여 년 간 실제로 그래 왔다. 버즈를 노리는 기업의 협찬 없는 드라마가 어디 있는가? 오늘날 브랜드 후원 뉴스와 순수한 뉴스(그런 것이 있다면)의 경계는 희박하다. 우리는 뉴스 쇼에 출연해 의약품에 대해 이야기하는 유명인사에 대해 논의한 바 있다. 그리고 우리 대부분은 매력적인 시상식 쇼에서 우리가 좋아하는 유명인을 치장하는 의상과 보석이 배후의 철저한 협상과 포지셔닝의 결과라는 것을 안다. 겉으로 노출될 때 그것보다 대단한 것은 없다. 그리고 브랜드를 적합한 사람에게, 메시지를 적합한 입에 전달하는 것보다 효과적인 것은 없다.

"때때로 가장 버즈가 많이 나는 기회가 바로 마케터 눈앞에 있다. 잽싸게 생각하고 행동하는 이들은 그 중심에 자신의 브랜드를 놓기만 하면 된다"고 유로 RSCG Middleberg의 부대표이사 클리프 버만Cliff Berman은 말한다.

버만이 몇 년 전 새로운 맛의 '다이어트 스내플Diet Snapple'을 론칭했을 때 그 당시 유명했던 미스 유니버스, 앨리시어 마샤도Alicia Machado가 미인대회 이후 다시 몸무게로 언론의 헤드라인을 장식하고 있었다. 버만과 그의 팀은 다이어트 스내플이 지원하는 감량 프로그램에서 마샤도의 찬조를 얻었다. 아름답고 말솜씨 좋은 마샤도는 수많은 지역 및 전국 TV 쇼에 출연해서 다이어트 스내플로 바꾸고, 다이어트 스내플 옷을 입고 운동한 것에 대해 말했다. 이들 쇼에 그녀가 출연한 것은 그녀의 첫 번째 출현에서 야기된 버즈에 의해 가능했지만, 이후에는 다이어트 스내플이 버즈의 중심에 있었다. 버만은 이렇게 말한다. "별안간 일어난 뉴스를 사용하는 것이 특히 성숙한 브랜드에게는 버즈를 창출하는 최선의 방식일 수 있다. 그릇된 논쟁에 빠지지 않도록 신중하게 사용하는 한도 내에서 말이다."[5]

## 2. 버즈는 경계가 없다

입소문은 아마도 마케팅이 과학이 되기 이전의 기술이거나 가
장 오래된 마케팅 형태일지도 모른다. 자신이 그 곳에 도착하기
전에 그가 도착한다는 말이 마을에 닿기를 바라는 순회 판매원을
생각해보라. 마을 사람들에게 그의 도착은 보너스이기도 했다. 분
명히 그는 상품도 가져오지만 아마도 더욱 중요한 것은 버즈 생산
자로서의 역할을 확보하면서 마을 밖의 친구와 인척들로부터 말
을 전달해준다는 것이다. 오늘날의 WORM 버전도 동일한 개념을
따르지만 엄청나게 빠른 속도로 먼 거리까지 도달한다. 우리는 어
느 누구든 기술과 매체를 통해 별 노력도 없이 100명이고 1천 명
이고 간에 상대에게 다가가 접촉할 수 있는 세계에 살고 있다. 이
제 빅뉴스는 다른 마을에서 오는 것이 아니라 다른 대륙에서 오
며, 그것도 실시간으로 전달된다.

또한 일종의 사회 집단이자 마케터로서 우리는 이 새로운 경계
없는 버즈의 잠재력을 강화하기 위해 노력하고 있다. 그것이 강력
하다는 것은 말할 필요도 없다. 워싱턴 D.C.에서는 전자 청원과 이
메일이 평범한 시민이 정부에 참여하는 방식을 변화시켰다. 할리
우드에서는 버즈가 《타이타닉》을 예고하는 것만큼 쉽게 센세이
션을 창출하며 《나의 그리스 식 웨딩*My Big Fat Greek Wedding*》처럼 외견상
미지의 장소에서 버즈가 나온 듯이 보인다. 심지어 버즈는 미아를
찾기 위해 사용되는 '황색경보*Amber Alerts*'가 분명히 보여주듯이 생

명을 구하는 잠재력도 있다. 미국에서는 이 새로운 시스템으로 전자 고속도로 표시판과 복권이 사건 발생 몇 분 안에 아동 유괴의 상세 정보들, 즉 차량 색, 차량 번호, 그리고 그 밖의 입수 가능한 사항들이 표시되도록 프로그램되어 있어 수백만 명의 운전자들과 복권 구매자들에게 순식간에 정보를 전한다. 이 시스템과 그것이 촉발하는 순간적인 버즈는 이미 몇 명의 아이들을 구했다. 현재 아메리카 온라인이 이 시도의 일부를 맡아 추가적으로 수백만 명을 수용하도록 시스템을 확장하고 있다.

우리가 버즈는 경계가 없다고 말할 때, 그것은 단순히 시공간적 경계를 이야기하는 것이 아니라 인종과 문화의 경계도 이야기하는 것이나. 우리는 더 이상 버즈가 지리적 경계 내에서만 머무는 세계에 살고 있지 않다. 프랑크푸르트에서 사람들이 버즈를 내게 만드는 상품과 이벤트는 독일 국경을 넘어 유럽으로, 심지어 다른 대륙으로 퍼질 가능성이 매우 높다. 우리는 일본인들이 열중한 모든 것이 성공적으로 미국으로 건너간 현상을 직접 보아왔다.

바로 지금 우리는 미국에 도착한 영국의 특정한 코미디언에 대한 버즈를 기다리고 있다. 물론 한 가지 문제는 있다. 갱스터에게 영감을 얻은 '알리 지Ali G'의 위트가 인종적으로 민감한 미국인이 감당하기에는 너무 지나치지 않을까? 지켜 볼 일이다. 상류 계급의 유태인이 아프리카계 미국인 갱처럼 행동하는 것, 비판자들이 영국 밖의 청중들이 그것을 이해할지 여부에 대해 논쟁했던 것이 매우 복잡하고 문화적 미묘한 차이가 있는 그의 캐릭터이다. 사실 영국 내 청중들이 이 돌발적인 진출을 논쟁적인 코미디로 받아들일지 여부에 대해서도 그 비판자들은 의견이 갈렸었다. 캠브리지를 졸업한 유명한 사카 바론 코헨Sacha Baron Cohen에 의해 창조된 알리 지는 영국에서는 매우 성공적이어서 "영국 코미디 명작의 판테온에 자신의 자리를 확보한 우리 일상 문화의 대체할 수 없는 부분"이라고 불릴 정도였다.[6] 영국인이 유머에 부여하는 중요성을 고려한다면 이것은 너무 많이 말한 것이다.

대중문화가 알리 지를 참조한 것은 많이 있다.《애드버타이저Advertiser》의 한 기사에서 영국의 해리 왕자는 크리스마스 점식 식사 동안의 에피소드를 회고했다. 식사에 늦은 여왕의 어머니가 이미 끝난 만찬장에 서서는 여왕에게 알리 지 스타일로 말했다. "얘야, 만찬은 멋졌단다. 존경!Respect" 그러고는 그녀의 손가락을 퉁겼다.[7] 기회를 놓치지 않는 마돈나는 2000년에 그녀의 히트곡 '뮤직Music'의 뮤직 비디오에 알리 지를 슬쩍 출연시켰다. 지금 HBO와 미국판 '다 알리 지 쇼Da Ali G Show'에 대한 거래가 있는 듯하다. 또한 알리 지의 장편 영화가 2002년 여름에 영국과 오스트레일리아에서 개막되었다.

혹자는 거리distance가 입소문의 개인적 요소——그것의 가장 강력한 구성 요소 중 하나——를 제거할 것이라 생각하지만, 전혀 그렇지 않다. 오늘날 우리는 매우 상이한 유형의 버즈를 전파하는 능력을 개발했다. 사람이 한 발짝 앞에 서 있건 혹은 지구 저편의 컴퓨터 단말기 앞에 앉아 있건 표적이 된 사람에게 잡음을 뚫고 도달해서 청취자의 주목을 끌 수 있을 정도로 말이다.

### 3. 떠오르는 스타에 편승하라 : 아이콘은 크게 버즈를 낸다

어떤 개인에 대한 우리의 매료와 공감을 설명하기가 항상 쉬운 것은 아니다. 때때로 그것은 그 개인의 육체적 외모이고, 때로는 현저한 특성이며, 그보다 자주 사랑 받게 하고 상대를 매료되게 만드는 무형의 것들과 혼합된 무엇이다. 카리스마—— '성령의 선물 gift of the Holy Spirit' 을 의미하는 그리스 말에서 나온——는 기괴한 방식으로 작동한다. 그것은 비난자들이 논하듯이 백악관 집무실을 웃기는 드라마 소재로 만들었음에도 불구하고 여전히 전임 미국 대통령 빌 클린턴에게도 작동한다. 모니카Monica 외에도 많은 여성이 그의 아칸소 말투, 조각 같은 외모, 감각적인 손길에 반했다. 영국의 한 저널리스트는 그를 만난 후 신이 나서 다음과 같이 말했다. "정말이지, 나는 인정한다. 나는 그에게 반했다. 그는 매우 사랑스럽고 친절하고 진지하다."[8] 남자들 또한 그에게 반했다. 코미디언들이 그의 "나는 당신의 고통을 느낍니다"라는 처신을 어떻게 바꿨을지라도 지지자들은 모든 유형의 사람들과 연계를 맺는 그의 능력에 반응한다. 뿐만 아니라 그들은 그의 취약성에 편안함을 느낀다. 이것은 보다 주도면밀한 정치가들이 그들에게 어떤 인상도 주지 않는 것과 대조적이다. 한 마디로 그들은 남부 촌뜨기 Bubba를 좋아한 것이다. 대통령 재임 기간 동안 클린턴의 인기는 상업주의와는 별 관련이 없었던 반면, 퇴임 이후의 삶은 강연과 책, 그리고 토크 쇼의 루머 등 매우 상업적이고 수입도 많다. 맞다, 우리는 여전히 그의 딸 첼시Chelsea에게도 사로잡혀 있다.

일부 사람들에게는 유명인사에 대해 이야기하는 것이 실제 삶

결론 : 영이여, 영원히

에 대한 이야기의 무게에서 탈출할 수 있는 고마운 통로이기도 하다. 명사들의 세계는 미소와 레드 카펫, VIP의 특권, 화려한 레스토랑, 유명 디자이너의 의상, 그리고 아름다운 사람들의 세계이다. 우리는 그들의 세부적인 것들을 상상한다. 우리는 그들의 사소한 일들에도 결코 지치지 않는다. 우리는 그들의 집을 돌아다니면서 당연히 롤스로이스<sup>Rolls Royce</sup>나, 몬테카를로<sup>Monte Carlo</sup>의 맨션을 가지고 있는 것처럼 생각한다. 게다가 우리는 그들이 결코 예산 부담도 없으며 미래의 재정에 대한 고민도 없을 것이라고 상상하지 않는가?

일부 아이콘들은 매 시기마다 그들의 일거수일투족이 버즈를 야기하는, 우리 일상의 살아 있는 전설의 지위에 도달했다. 제4장에서 우리는 그런 사람들 중 하나인 마돈나를 논의했다. 음악적으로 유능하든 아니든 그녀는 CD와 영화에서 검은 고무 팔찌, 십자가, 요가 복장에 이르기까지 모든 물품의 판매를 촉진하는 논란의 여지가 없는 문화이자 상업적 성공이었다.

물론 어떤 현실의 인간도 오류에 빠지기 쉬우며 일부 마케터들은 아이콘—양도인<sup>icon-endorser</sup> 방정식에서 인간적인 요소를 제거하게 만들기도 한다. 명사(名士) 창조는 우리의 매일의 삶에서 인터넷의 출현과 기술의 발달로 새로운 전환점을 맞았다. 전자적인 아바타<sup>avatar</sup>가 젊은 세대에서 실제 살아 있는 섹스 심벌과 스타를 대체했는데, 젊은이들은 다양한 방식으로 그 아바타를 브리트니 스피어스나 엔 싱크<sup>'N Sync</sup>처럼 현실적인 존재로 바라본다.

2002년의 영화《시몬<sup>Simone</sup>》은 할리우드에서 전자적으로 창조된 유명인의 가능성을 가지고 놀았다. 몰락하는 프로듀서로 등장한 알 파치노^Al Pacino는 불가피하게 히트 영화와 약간의 긍정적인 버즈가 필요했다. 곧 개봉될 영화의 주연 여배우가 그만두었을 때 그는 그 배우를 사이버 창조물 시몬으로 교체할 것을 결심했다. 그녀는 즉각 대중과 파파라치 사이에서 센세이션이 되었다. 파파라치는 시몬이 오직 디지털로만 존재한다는 사실을 알지 못했다.

시몬이 뻔한 수작을 약간 사용한 반면에 그것이 탐험한 가능성은 그렇게 먼 것은 아니었다. 기술 덕분에 마케터들은 컴퓨터 스크래치에서 이 얼굴들을 창조하고 있다. 글래스고 레코드^Glasgow Record의 웹사이트를 장식하는, 컴퓨터가 창조한 현재 18살의 라라 크로프트^Lara Croft(게임 소프트웨어 '툼레이더^Tomb Raider'의 여주인공 – 옮긴이)를 닮은 소녀 티 베이브^T-Babe가 있다. 10대에 호소하도록 고안된 티 베이브는 누군가 언급했듯이 사이버 펑크 뮤직의 새로운 형태를 대표하고, 10대 소녀와 동일한 고민을 가진 현실적인 팝 스타의 성질로 창조되었다. 우리에게 스파이스 걸스^Spice Girls를 선사한 땅인 영국만 이런 추세에 놓인 것이 아니다. 1990년대 후반 이후 가상 현실^Virtual reality의 스타, 쿄코 다테가 일본인 팬들을 매혹했던 동안 독일은 E-Cyas(Electronic Cybernetic Artificial Superstar, 사이버 인공 슈퍼스타)를 만들었다. 심지어 보도에 따르면 AOL이 오랫동안 예고했던 버전 8.0 인터페이스는 개인 아바타, 즉 인스턴트 메신저 및 온라인 대화를 위한 우리의 개성들의 비주얼한 상징들의 개념 위에서 수행될 것이라고 한다.

마케터들에게 그 명령은 분명하다. 당사자가 살아 있는 인간으로 구성되었든 아니면 고화소로 만들어졌든 그것과 연계된 버즈가 입소문 성공의 가장 확실한 경로 중 하나일 수 있다는 것이다. 이 경우 적합한 인간, 즉 당신의 메시지가 노래하도록 만들 수 있는 이야기꾼을 찾는 것이 근본적이다. 이 사람들은 브랜드를 보다 호소력 있고 신뢰할 만하게 만들 수 있다. 공공연한 대변인에서 PPL과 요구받지 않은 개인적 추천까지 최고 영향유발인mega-influencer들의 말은 더 빠르고 더 멀리 나간다.

### 4. 버즈의 진원지와 버즈가 날 만한 장소

적시적소에 존재하는 아이디어는 신비하게 강력한 무언가가 있다. 크건 작건 모든 장소들은 호시절이 있다. 케네디 대통령 재임 시절의 전성기 동안 격조 높은 워싱턴 D.C.의 조지타운Georgetown의 고립지는 카멜롯Camelot(전설상의 아서 왕의 궁전-옮긴이) 스타일로 가득 차 있었지만 지금은 많이 사라졌다. 시애틀Seattle 시는 그런지 록grunge rock으로 조명을 받았고, 프랑스의 프로방스Provence는 몇 종의 책 출간으로 갑자기 유명해졌다.

그러나 한 장소를 영향력 있게 유지하는 것은 다른 문제다. 이것은 항상 이동하는 저울이며 종종 단기 트렌드에 의해 기울어진다. 지나치게 많은 과대광고가 사람들의 호의에 불리하게 영향을 미칠 수도 있다. 1980년대에 엄청나게 유명한 스페인의 사교 도시, 이비자Ibiza는 배타성의 감각을 상실하고 과다하게 사교적인 섬, 즉 미국의 포트 라우더데일Fort Lauderdale(플로리다의 관광 도시-옮긴이)의 스페인 버전으로 위신이 떨어졌다.[9] 유사하게 성급한 각광도 지속적인 영향을 보장하지 않는다. 장기적으로는 달라스$^{Dallas}$도 1980년대 동명의 TV 시리즈로 도움을 받지는 못했다.

때때로 한 장소의 영향은 이리저리 변한다. 샌프란시스코는 35년도 더 전에는 반문화$^{counterculture}$의 수도였다. 헤이트 애쉬버리$^{Haight}$ $^{Ashbury}$ 인근은 자유연애, 환각제, 마약, 그리고 제니스 조플린$^{Janis}$ $^{Joplin}$(최초의 백인 여성 록커이자 블루스 가수 – 옮긴이)과 그레이트풀 데드$^{the\ Greatful\ Dead}$의 음악과 동의어였다.[10] 그러나 역설적이게도 그 다음으로 샌프란시스코를 유명하게 한 것은 문화보다는 전적으로 상업과 관련되었다. 실리콘밸리$^{Silicon\ Valley}$와의 근접성이 닷컴 버블이 터지기 전까지는 샌프란시스코가 미국의 디지털 수도 중 하나라는 명성을 획득하도록 기여했다. 현재 베이 에어리어$^{Bay\ Area}$(샌프란시스코와 인근 도시 지역 – 옮긴이)는 멋진 음식과 와인의 전파지로 자신의 역할을 부각하고 있다. 샌프란시스코 관광청을 위해 수행된 전국적인 조사의 응답자들은 샌프란시스코를 전국 최고의 레스토랑 도시로 꼽았다.[11]

영향력이 인근 지역에 의해 구분되고, 한 곳에서 다른 곳으로 이동하는 것을 보는 것은 흥미롭다. 뉴욕에서 한때 세계에서 가장 큰 유대인 공동체가 자리했고 가장 가난한 지역 중 하나였던 로워 이스트사이드$^{Lower\ East\ Side}$는 갑자기 도시의 쿨한 것들의 요새라는 우박을 맞았다. 최근 《이브닝 스탠더드$^{Evening\ Standard}$》는 다운타운 인근에 대해 "레즈비언 섹스 숍, 인도 음식, 유대인 회당과 활기찬 나이트클럽을 동일한 거리에서 발견할 수 있는 장소, 흥미로운 도시 실험으로 남아 있다"고 썼다.[12]

또한 로워이스트사이드는 이 책의 저자 중 하나인 메리언의 고향이기도 하다. 흥미롭게도 버즈의 우주 안에 있는 수리된 상가(商街)가 그녀의 집이다. 1800년대 후반에 이주 유대인들에 의해 발견된 이 지역은 한 세대 후에 광범위한 스페인어 통용 지역으로 변했고 지금은 새로운 것이 '들어오는' 장소가 되고 있다. 시간이 흐르자 특산품 식당은 크니쉬knishes(유대 음식―옮긴이)나 블린츠blintzes(치즈나 잼 등을 채워서 구운 팬케이크―옮긴이)에서 쿠치프리토cuchifritos(모나게 썬 돼지고기 튀김―옮긴이)나 프리졸frijoles로 바뀌었다. 여전히 중요 쇼핑가인 오차드Orchard는 바겐세일 구매자들을 끌어들이고, 예전의 주거지를 다른 곳으로 옮겼지만 여전히 그 곳에서 장사를 계속하고 있는 유대인 상인들에 의해 광범위하게 통제되고 있다.

문제는 어떻게 사람들이 오차드 가(街)나 LES――그렇다, 인근 지역도 자신의 머리문자를 가질 정도다――를 유명하다고 여기는가를 아는 것이다. 그것은 오직 사람과 사업을 지역으로 유인하는 WORM으로만 설명할 수 있다. 요리점 주인인 와일리 듀프레슨Wylie Dufresne은 인근에 오직 네 개의 레스토랑을 열었는데 주택 지구에 사는 그의 비들은 몰려다니며 이 장소들을 찾고 있다. 하지만 아이라(이 책의 공저자)가 겪은 것보다 놀라운 것은 없는데, 그녀는 오직 쿠퍼스미스Kupersmith――아이라의 위대한 아저씨가 소유한 상점――라는 이름의 건물 입구 통로에 있는, 화려하게 장식된 화강암 덩어리를 보기 위해 최근 한 레스토랑을 방문했다. 쿠퍼스미스는 약 40년 동안 지역 상인이었다. 그것이 어떻게 여전히 진정성을 유지할까?

또한 버즈에는 매우 지역적인 구성 요소가 있다는 것도 언급되어야 한다. 와일리 듀프레슨이 뉴욕을 아는 모든 식도락가들에게는 중요한 무언가를 의미하겠지만 그는 볼프강 퍽Wolfgang Puck(캘리포니아의 거물급 요리사 - 옮긴이)이나 에머릴 라가세Emeril Lagasse(음식 관련 방송인 푸드 네트워크Food Network의 프로그램인《에머릴 라이브Emeril Live》의 진행자 - 옮긴이)와 같은 방식으로 다른 지역 대중에게 알려지지는 않았다. 때때로 브랜드는 더 먼 거리의 스타를 노리기보다는 지역 상황과 명사에 충실할 때 더욱 성공적인 버즈를 지닌다.

### 5. 버즈를 낼 만한 사람들의 음과 양

트렌드 추적자로서의 임무 때문에 우리는 종종 트렌드의 음과 양에 대해 이야기한다. 모든 트렌드는 하이테크놀로지의 포용과 단순화 운동, 혹은 세계화와 반소비주의의 이중적 경향 등과 같이 경향과 반경향이 있다. 이는 버즈의 세계에도 잘 적용된다. 그리고 가장 좋은 예는 유명인사의 힘과 진정성의 요구에 있다.

음의 측면으로 유명인은 흥미와 흥분을 유도할 수 있다. 그러나 경외심과 더불어 부러움, 심지어 적의, 그리고 한 인간이 진정으로 자신의 세계 안에 살지 않는다는 것을 아는 것에서 오는 단절감을 초래할 수도 있다. 양의 측면으로 그들의 브랜드 체험과 선호를 함께 공유하는 '우리 같은like us' 사람들, 일반 사람들의 힘을 안다. 그들은 우리의 공감과 호감을 끌어낼 잠재력은 있지만, 열망도 끌어낼 수 있을까? 더욱 중요한 것은 돈을 받고 우리에게 방향을 제공하는 알지 못하는 배우들을 왜 믿어야 하는가?

　유명인사 대변인과 일을 하든 일반인들과 일을 하든 버즈 구축자로서의 그들의 가치는 신뢰로 귀결한다. 그들이 자신의 입에서 나온 말을 믿고 있다고 우리가 정말 믿는가? 그들이 실제로 그 상품을 좋아하고 사용한다고 우리는 신뢰하는가? 그들이 우리에게 상품에 대해 말하는 것들이 진실일까? 그들이 내심으로 우리의 최선의 이익을 생각하고 있다고 우리가 믿는가?

　마케터들은 두 가지의 혼합에 집중함으로써 이 딜레마를 풀고자 한다. 즉 '일반인 명사'를 창조하는 것이다. 이들은 줄리아 로버츠나 톰 크루즈가 아니다. 그들은 자레드 포글스나 웬디 카우프만Wendy Kaufman (그녀는 스내플의 전임 대변인이다)이다. 이들은 광고를 통해 우리가 그들에 대해 무언가를 아는 사람들, 우리가 좋아하고 격려하는 사람들, 지역 산업에 종사하고 바로 옆집에서 살 것처럼 보이는 사람들이다. 그들은 우리가 그 이름을 알고 그들이 누구인지 알기 때문에 유명하다. 우리는 자레드가 스스로 고안한 서브웨이 샌드위치 다이어트에 집중해서 몸무게를 많이 줄였다는 것을 안다. 우리는 웬디가 스내플에서 일했고 그 브랜드의 얼굴로 선택되었다는 것을 안다. 그렇다. 상업광고에서 그들의 노선은 벌거벗겨져 있지만, 그들은 자신의 본분을 다하는 현실의 사람들이다.

　때때로 일반인 명사가 실제로 진실한 명사일 수 있다. 1980년 후반에 메리언과 앤은 잡지 창업에 대한 일을 함께 하고 있었다. 첫 인터뷰의 하나는 MTV의 비디오자키인 로시 오도넬이었다. 그렇다. 이 책에서 언급한 바로 그 사람이다. 다른 비디오자키들이 존경과 심지어 경외 수준의 대접을 받는데 반해, 로시는 자신의 팬들이 그녀에게 다가가 "이봐, 로시"라고 소리를 지르고 그녀를 오래된 친구처럼 대한다고 농담을 했다. 그녀는 이런 다른 대접에 감정이 상한 척 했지만, 우리는 친밀함과 신뢰라는 바로 그 특질이 이후 그녀의 성공에 기여한 것을 안다. 다른 경우 일반인 명사는 어떤 이유에서든 특정 공동체——종교 지도자, 학부모-교사 연합 회장 등——에서 영향력이 있는 사람이거나 지역의 아이콘일 수도 있다.

인도네시아에서 촌락들은 구멍가게나 먼 도시의 상점을 통하지 않고는 소비자 상품에 접근하기가 힘들다. 주로 남자인 상점 소유자는 일반적으로 마을의 현명한 사람으로 여겨지며 진실과 존경으로 신뢰받는다. 유로 RSCG 인도네시아Euro RSCG Indonesia가 네슬레 캠페인을 위해 육성하는 것이 이들 지역 리더들의 영향력이다. 그 캠페인은 이 현명한 사람들에게 주요 네슬레 상품들에 대해 교육을 시켜서 그들이 마을 사람들에게 박식한 추천을 할 수 있게 만들 것이다.

미국에서는 9·11 이후의 환경에서 명사들에게 '그 날의 영웅the heroes of that day' 이라는 칭호가 수여되었는데 그들은 소방관, 경찰, 혹은 전임 뉴욕 시장인 루디 줄리아니였다. 그와 같은 이미지를 사용하는 데에는 진지함을 유지하는 것이 중요하다. 단지 당신의 상품을 억센 소방관의 손에 쥐어주는 것은 거의 버즈를 창출하지 못할 것이다. 마케팅 가치를 위해서는 일반인 명사들이 상징으로 우리에게 알려지는 것이 아니라 개인으로 알려져야 한다. 우리는 그들에 대해 관심을 가져야 하며, 그들도 우리에 대해 관심을 가지고 있다고 생각해야 한다.

### 6. 버즈와 광고 : 한 쌍으로 만난다

버즈가 반드시 광고에 독립적인 것은 아니다. 사실 버즈는 광고 도달 범위를 확장할 수 있다. 우리는 치아트/데이가 만든 애플의 광고 '1984'와 동일 년도의 나이키의 로스앤젤레스 올림픽 광고 '탈취takeover'를 보았다. 아이라의 회고에 따르면 컨버스Converse가 '공식 지정 스포츠화'로 지정되기 위해 몇백만 달러를 지불했지만, 나이키는 단순히 '나이키……올 여름'이라고 쓰인 멀티미디어 광고 캠페인으로 그 제품이 사실상 공식 스포츠화가 될 정도로 압도적인 인상을 창조했다. 두 캠페인 모두 심지어 대다수 에이전시가 그 용어를 사용하기 전에 유능한 버즈 메이커였다.

이 책에서 언급한 많은 버즈 캠페인은 적은 매체 부담으로 시행되었다. 버드와이저의 교묘한 '왓섭?' 광고도 우리가 조명했던 많은 충격 마케팅 사례들처럼 이 부류에 들어간다. 원더브라, fcuk, 그리고 난도스 등이 버즈를 통해 적은 예산으로 커다란 효과를 낸 우수 사례들이다.

마케터들이 캠페인의 도달 범위를 확장하기 위해 지속적으로 버즈의 힘을 인식하고 이용한다면, 브랜드를 구축하고 지원하기 위한 광고, PR, 프로모션, 그리고 대안적 전술들의 혼합이 변하지 않을 수 없다. 광고의 죽음일까? 그럴 가능성은 없다. 그렇다면 우리가 알고 있는 광고의 종말일까? 분명 그렇다.

### 7. 버즈 배경은 많은 암시를 준다

버즈와 관련해서 어떤 사람들이 더 많은 신뢰를 얻듯이 어떤 장소들도 그러하다. 어떤 장소들이 시간이 지나면 버즈의 전도성(傳導性)을 가질 것인가? 오늘날 우리는 버즈의 배경으로 사용할 최고의 장소들 중 하나로 런던에 주목할 것이다.

전통과 혁신이 교차하는 런던은 한때 유행에 앞서고 개명했었다. 그곳은 여왕과 의회, 빅 벤<sup>Big Ben</sup>(영국 국회 의사당의 탑과 시계 – 옮긴이), 그리고 멋진 제임스 본드<sup>James Bond</sup> 타입의 MI5(영국의 보안국 – 옮긴이) 스파이들의 본거지이다. 그러나 또한 런던은 젊은이들과 반란자들에 속하기도 한다. 그 곳은 논쟁적인 브릿 아트<sup>Brit art</sup>(영국 예술. 첨단적이고 실험적인 성격이 강하다 – 옮긴이), 펑키 테크노, 일렉트로 디제이, 그리고 가장 기괴한 드레스 디자인을 제공하는 노천 시장의 보금자리이다. 팻보이 슬림<sup>Fatboy Slim</sup>(노먼 쿡 Norman Cook이 만든 1인 밴드 – 옮긴이)의 공연 직후 40만 명의 사람들이 농사와 여우 사냥을 위해 행진하는 것을 어디서 볼 수 있을까? 런던은 워싱턴의 정치적 권위와 뉴욕의 스타일을 어느 정도 지녔지만 또한 다른 무언가가 있다. 런던은 모조<sup>mojo</sup>(행운이나 돈을 부르는 부적이나 주문 – 옮긴이)를 가졌다. 적어도 이 시점에는 말이다.

어떻게 런던은 세계의 쿨한 수도로서의 배경을 획득했을까? 마이크 마이어스<sup>Mike Myers</sup>(배우이자 극본작가 겸 감독 – 옮긴이)도 그의 영화《오스틴 파워<sup>Austin Powers</sup>》로 씨를 뿌렸기에 이와 관련이 있다. 신나는 대영제국 캠페인<sup>Cool Britannia campaign</sup>도 공헌을 했겠지만(비록 영국에서는 쓸모없는 것으로 여겨졌지만), 코미디 드라마《폴티 타워스《폴티 타워스*Faulty Towers*》와 《먼티 파이단*Monty Python*》에서 《업솔루틀리 패뷸러스 *Absolutely Fabulous*》까지 영국식 유머도 한몫을 했을 것이다. 《월페이퍼》 지가 1990년대의 런던의 스타일리시 룩을 체계적으로 정리한 반면, 거의 30년이나 된 토니 엘리어트*Tony Elliot*의 《타임 아웃 런던*Time Out London*》은 '자극적인 엔터테인먼트' 지침들에 대한 국제적인 계획을 착수했다.

런던에 대한 그 이상의 증거로 리바이스는 가장 최근의 캠페인을 런던에서 시작하기로 결정했다. "스스로를 마찰하라*Rub Yourself*" 캠페인에는 앨리펀트 앤드 캐슬*Elephant and Castle*, 해크니*Hackney*, 그리고 사우스 뱅크*South Bank*에서 촬영한, 도심부의 담장과 포장도로, 그리고 시설들을 스치면서 격렬하게 브레이크 댄스를 추는 청년들의 이미지들이 등장한다. 런던 배경에 대항하는 완전히 미국적인 아이콘일까? 리바이스의 에이전시 BBH의 사업팀장인 데릭 로브슨*Derek Robson*은 다음과 같이 말한다. "몇 년 동안 우리는 미국의 매혹적인 이미지들을 사용해서 리바이스 501s를 광고했다. 그러나 우리는 너무 오랫동안 가수 닉 카멘*Nick Kamen* 이야기를 했고 젊은이들은 점점 그것을 지루해했다. 우리는 미국적 풍물을 버리고 더욱 유럽적으로 되었다."[13]

국가 간 커뮤니케이션 전문가이자 지역화 전문가인 유로 RSCG Wnek Gosper의 마리오 데 보르톨리*Mario De Bortoli*는 리바이스 같은 브랜드의 외견상 급진적인 이탈에 있는 배후의 힘을 다음과 같이 설명한다. "런던은 신세대에게 진정으로 말한다. 그것은 동일성보다 다양성을 좋아하며, 현대 음악(젊은이들의 국제어)과 예술의 중

심지고, 나머지 세계와 잘 연계되어 있으며, 현대적 측면에도 불구하고 전통을 존중하고, 모든 스타일과 영향에 대해 개방적이며, 대다수의 사람들이 생각하는 것보다 일반적으로 보다 관대하다. 텔레비전에 묘사되듯이 젊은 미국인들의 삭제된 존재와 비교할 때, 런던은 보다 현실적이고 지저분하며 자극적으로 느껴진다." 그는 런던을 실재의 인터넷과 비교한다. "그 곳은 자유롭고 상당히 무정부적이며 기회로 가득 차 있다. 다른 나라나 문화적 배경에서 살아온 젊은이들은 런던의 '버즈'를 즐기기 위해 더 나은 생활수준을 포기하는 것을 개의치 않는다."[14]

## 8. 개인적 발전의 메시지화로서의 WORM

지난 몇 년 간 우리가 획득한 프로슈머의 행동에 대한 통찰 중 하나는 개인적 발전의 점증하는 중요성이다. 사람들은 전체 삶을 통해 보다 자주, 보다 극적으로 자신들을 재창조한다. 새로운 관심, 새로운 페르소나를 추구하는 것, 커리어와 라이프스타일을 바꾸는 것은 이제는 삶의 어느 시점에서도 선택사항이다. 마케터들에게 이것은 잠재적인 노다지이다. 왜냐하면 프로슈머들은 그들의 발전 여정에 도움이 되도록 고안된 정보와 체험을 환영하기 때문이다.

푸드 네트워크에서 HGTV(주택과 정원 전문 방송 – 옮긴이)와 디즈니 채널까지, 사람들은 과거에 비해 보다 많은 '에듀테인먼트 edutainment'를 수용하고 있으며 다 먹어버린다(때로는 문자 그대로). 우리는 니겔라 Nigella 로부터 요리를 배우고,《트레이딩 스페이스

*Trading Spaces*》와 《체인징 룸스*Changing Rooms*》에 출연한 사람들에게서 페인트칠을 배우며, 《엔티크 로드쇼*Antiques Roadshow*(골동품 소개 프로그램 — 옮긴이)》의 정중한 행위만큼 가치가 있는 다락방의 물건이 무엇인지 찾는다. 심지어 닥터 필*Dr. Phil*(동명의 텔레비전 프로그램의 진행자로 본명은 필립 캘빈 맥그로*Philip Calvin McGraw*이다 — 옮긴이)에게 정신분석학도 배운다.

전문가의 충고, 강의, 그리고 교육적인 프로모션은 마케터가 청중이 더욱 수용적인 상태, 즉 검색 상태가 아니라 학습 상태에 있을 때 그들에게 이야기할 수 있게 한다. 이것을 이용하라!

### 9. 버즈 : 실제 사람들에 의한, 사람들을 위한, 사람들에 관한 것이기에 무질서하다

대다수의 광고에 내재적으로 부정직한 무언가가 있듯, 버즈에는 내재적으로 진실한 무언가가 있다. 그러나 또한 버즈에는 내재적으로 무질서한 무언가도 있다. 우리가 이 책 전체를 통해 논의했듯이, 버즈는 정의상 통제가 불가능하다. 할 수 있는 최선은 버즈를 특정한 방향으로 보내고자 노력하고, 버즈가 트렌드를 전파하는 비에서 대중으로 나아갈 때 운동에 영향을 미치는 것이다.

> 범위를 작게 잡는 것은 버즈가 가장 당면 과제와 관련되도록, 그리고 최소한도로 무질서하도록 한다.

당신이 의료 연구자이고 당신의 직업이나 산업에 특유한 농담을 듣는다면, 당신은 당신이 생각하기에 그것을 이해할 사람들에게만 전달해서 그 농담이 상대적으로 적은 수의 사람들에게 확실히 퍼지도록 할 것이다. 그것은 인터넷 순시를 잠시 뒤로 돌리게 한 농담을 상기시킨다. "세상에는 10유형의 사람들이 있다. 이진법<sup>binary</sup>을 이해하는 사람과 못하는 사람." 무엇을 의미하는지 이해한다면 재미있는 말이지만 이해하지 못하는 사람들에게는 쓸모없는 말이다(이진법의 '10'은 십진법의 '2'이다 – 옮긴이).

버즈 캠페인을 계획할 때, 넓게 갈지 깊게 갈지 생각하는 시간을 가져라. 만약 후자라면 좁게 타겟을 잡은 버즈가 최선의 베팅이다.

### 10. 버즈 원칙 : 수다는 부차적인 속성이다

이 책에서 수행한 많은 인터뷰에서 우리는 전문가들에게 다음과 같이 물었다. "어떤 상품들은 다른 상품들에 비해 버즈가 날 가능성이 높은가요?" 그 대답들은 각양각색이었다. 우리는 어떤 것이든 올바른 전술을 사용한다면 버즈가 날 수 있다는 확신에 찬 답변을 많이 들었다. 리스터린 포켓팩스<sup>Listerine PocketPaks</sup> 출시 배후의 버즈와 들럭스<sup>Dulux</sup>의 '배꼽 털' 게임을 보라(제8장 및 제1장). 하지만 다른 사람들은 어떤 것들은 절대로 인기가 없어서 버즈가 나지 않는다고 솔직하게 말했다. 화장지가 일반적으로 언급된 예였다.

어떤 것들이 버즈에 적합한 것은 사실이다. 레스토랑 추천이나 미용사와 의사 추천, 그리고 애 돌보는 사람의 전화번호가 그런 것들이다. 다른 상품이나 영역은 잡담하기가 더욱 힘들 것이다.

그러나 이것이 마케팅 믹스에서 버즈가 구성요소가 될 수 없다는 것을 의미하지는 않는다. 버즈는 전략의 중심에 놓일 수도, 주변에 놓일 수도 있다. 우리 저자들은 아직 우리가 확실히 버즈를 보증한다고 믿는 영역을 들어 보았다. 우리는 구강 위생(법)과 가정용 페인트를 이야기하고 있는 것이다!

## 버즈를 들어라

지식이 부족했던 시대에 많은 사람들은 별들이 그들이 통제할 수 없는 방식으로 자신들의 운명에 영향을 미친다고 생각했다. 유명한 인물의 손이 닿은 어떤 것도 마술적인 힘을 가지고 있다고 광범위하게 여겨졌다. 부자와 권력자들은 예수의 진짜 십자가 조각들과 성자와 예언자의 유물들을 위해 많은 비용을 지불했다. 그리스인들은 그들의 신들을 도덕성과 도덕 가치에 대한 답변으로 보았다.

물론 지금은 사람이 보다 많이 약아졌지만, 여전히 우리의 별들(하늘의 별과 인간 별 양지 모두)에 대한 매료와 그 별들의 영향력은 대단하다. 세상 사람들은 여전히 무슨 일이 닥칠지 알기 위해 신문과 잡지의 별점을 본다. 그 외에도 그들은 스타들이 무엇을 입고 행하고 구매하는지 알기 위해 연예계의 스타들에 대해 열성적인 관심을 가진다.

버즈는 마케터로서 우리가 최초의 메시지 전송에서 우리 자신을 제거하고, 그것이 사람과 사람 사이에 전달되면서 운동과 유효성을 얻을 것을 바라보는 방식이다. 메시지를 보다 강력하게 만들기 위해 우리는 자신들을 방정식 밖으로 뺀다.

훌륭한 마케터들은 믿을 만한 사람의 커뮤니케이션 통로를 이용하는 것과 이야기를 서로에게 연계시키고자 하는 사람들의 경향을 이용하는 것의 중요성을 인식한다. 나이젤 니콜슨[Nigel Nicholson]은 《하버드 비즈니스 리뷰[Harvard Business Review]》에 다음과 같이 기고했다. "루머, 즉 '비공식 뉴스' 라 불렸던 이것은 모든 조직의 풍토병이다. 그리고 루머에 대한 관심은 타고난 인간성이기 때문에 공식적인 소통의 흐름을 증가시키는 것으로, 그와 같은 관심을 제거하고자 하는 시도는 거의 이치에 맞지 않는다. 차라리 루머 방앗간에 주의하는 것이 현명한 관리자일 것이다."[15]

우리가 버즈, 유명인, 그리고 뉴스에 집착하는 것은 놀라운 일이 아니다. 마케터들이 관심을 두어야 할 것은 우리가 조명하는 이야기들의 맥락과 내용이다. 사람들이 누구에 대해 말하는가는 중요하지 않으며, 한 발 더 나아가 왜 그런가를 폭로해야 한다. 유행하고 있는 이야기들은 대중문화의 정세에 대해 무엇을 말하는가? 우리는 무엇을 동경하는가? 우리는 어떤 유형의 영웅을 추구하는가? 우리 삶에 무엇이 부족해서 다른 사람들의 삶의 이야기로 자신을 보충해야 하는가?

버즈에 대해 분명한 것은 그것이 매우 쉽게 퍼지고 왜곡되고 변한다는 것이다. 버즈가 궤도에 머물고 결국 진정성에 뿌리를 두도록 보장하기 위해서는 부단한 감시와 조정이 요구된다. 허공에는

결론 : 영원히, 영원히

항상 버즈가 있다. 눈과 귀, 마음을 열어라. 그러면 시끄러운 소리를 체험할 것이다. 현명한 마케터들은 항상 채널을 맞춘다.

이 책에서 사용한 다음 용어들은 유로 RSCG의 어휘집 중 일부다.

알파Alpha : 알파는 일반적으로 동물계의 성교 관계에서 가장 지배적인 일원, 사회 구조의 가장 높은 순위의 수컷이나 암컷을 지시하는 데 사용되는 용어다. 대중문화는 이 용어를 보다 느슨하게 스타일, 성적 지배력, 혹은 직업적이거나 사회적인 권력의 지도자적 특질을 발휘하는 인간을 지칭하는 데 적용했다. 우리만 이 용어를 새로운 트렌드를 시작하고 적용하고 퍼뜨린다는 견지에서 무리를 지휘하는 소비자들을 지칭하는 데 사용하는 것은 아니다. 그러나 알파의 폭넓은 성격묘사와 버즈 연속체에서의 그들의 역할 규정의 측면에서는 우리가 유일하다. 알파를 버즈와 새로운 트렌드 전파의 진입점으로 파악하는 많은 다른 마케터들과 달리, 우리는 알파가 무엇이 다음에 일어날지에 대한 비밀정보원으로서 주로 기여하는 반면, 비<sup>Bee</sup>야말로 진정한 정보 전파자라고 믿는다.

비Bee : 우리는 이 용어를 말을 가장 잘 퍼뜨릴 것 같은 소비자를 묘사하기 위해 창조했다. 이 별칭은 분주하고 사교적이며 버즈를 잘 내는 이 소비자들의 속성을 은유적으로 지칭한다.

우리는 의미 있는 버즈는 비와 함께 살고 비와 함께 죽는다고 믿는다. 알파가 제일 먼저 알았을 수도 있지만, 그들이 항상 자신의 발견을 드러내지는 않는다는 사실은 그들을 새로운 아이디어에 대한 잠재적인 막다른 골목으로 만든다. 비는 정보의 유통 속에서 그것을 분배한다. 그들은 교환 위에서 번성한다. 그들은 버즈를 내기 위해 산다.

창조적인 비즈니스 아이디어Creative Business Ideas(CBIs) : 모든 유로 RSCG의 업무 목적이자 지도지침. 전통적인 광고를 초월하는 아이디어를 통해 클라이언트에게 수익성 있는 혁신을 창조하고 사업 자체의 본성에 영향을 주는 것. 성공적인 CBIs는 일반적으로 자생적인 것이든 조정된 것이든 일정 수준의 버즈를 통합시킨다.

글로컬리제이션Glocalization : 전세계와 지역의 소비자들 모두에게 메시지를 호소하기 위한 전략적 조종. 심지어 브랜드나 컨셉트가 세계적 수준의 것일지라도 지역과 관련되는 방식을 발견

버즈마케팅

하는 것. 예를 들어 맥도널드의 세계적이면서 지역적인 메뉴들, 즉 이집트의 맥팔라펠McFalafel과 네덜란드의 맥크로켓McKroket이 있다.

극단적 비주류Lunatic Fringe : 버즈 연속체상 알파에 앞서는 트렌드 시동자들의 극단적인 분파. 그들은 일반적으로 취향, 태도, 그리고 아이디어의 측면에서 '몹시 벗어나' 있어서 마케터들과 별 관련성은 없다. 단 그들의 아이디어 중 몹시 입에 맞고 흥미로운 측면이 알파에게 영감을 주고 알파는 그 아이디어를 보다 광범위한 대중에게 적용한다는 점은 마케터들과 관련된다.

운동량Momentum : 버즈를 구축하는 아이디어와 브랜드 메시지가 전파되는 방식에 적용할 때, 운동량 방정식은 다음과 같다. 브랜드 버즈 혹은 대중성=아이디어의 중요성과 관련성×아이디어 확산의 속도. 운동을 추적하는 것, 혹은 주어진 시점에서 당신의 브랜드가 당신의 청중과 어디에서 일치하는지 아는 것은 효과적인 브랜드(그리고 버즈) 마케팅에 결정적이다.

다년생 브랜드Perennials : 버즈 감지기에 되풀이해서 출현하는 브랜드(사람, 상품, 혹은 기업). 사라진 듯이 보일 때마다 그들은 새로운 양상을 발견하고 버즈가 날 만한 방식으로 자신을 다시 만든다. 다년생 브랜드는 지속적으로 자신의 이미지를 갱신하며 자신의 핵심 가치에서 벗어나지 않은 채 접근한다.

파워 오브 원Power of One : 2002년 5월 11일, 유로 RSCG 북미의 11개
단위가 유로 RSCG MVBMB Partners와 유로 RSCG Tatham Partners
중 한 회사로 합병되었다. 각각의 회사는 단일 리더십과 단일
이윤 손실 센터를 가지고 있다. 이것이 각 파트너십 내 지부들
에게 클라이언트의 사업 목표 도달에 대한 결합된 단위로 일
할 모든 동기를 부여한다.

프로슈머Prosummer : 마케팅에 대해 보다 잘 알고 지나치게 요구가
많은 새로운 유형의 소비자. 프로슈머는 정보와 선택을 추구
하고 자신의 관점과 체험을 다른 이들과 나누는 데 혁신적이
며 태도와 행동에서 술책을 잘 알지만 여전히 대중의 견해를
유지한다. 알파나 비는 모두 일반적으로 프로슈머의 특징을
지닌다.

실버불릿Silver Bullets : 외견상 미지의 장소에서 나와 우리가 한 영역
이나 산업에 대해 생각하는 방식을 재형성하는 상품이나 브랜
드. 실버불릿 브랜드는 종종 '인스턴트 클래식instant classics'이며
새로운 아이디어 혹은 옛 아이디어를 비튼 것이다. 우리는 재
빠르게 그것을 우리 생활에 통합시키며, 그것이 없었을 때 우
리가 무엇을 했었는지 의아해한다. 종종 사고의 창조적 비약
에서 탄생한다.

S.T.A.R. : 저자 메리언과 앤이 지휘하는 유로 RSCG Worldwide의

부서로 전략적 트렌드 추적 및 연구를 위한 근거 Stands for Strategic Trendspotting and Research 의 머리글자. 시장에서의 트렌드와 운동에 대한 행동 가능한 정보를 생산한다.

웜WORM : '입소문 word of mouth' 의 머리글자로 아이디어와 정보가 벌레처럼 꿈틀거리면서 한 번에 한 사람씩 대중 의식으로 진입하며, 공동체와 미디어를 통해 살금살금 우리 안방으로 들어온다는 점을 은유하는 용어.

익스플로러 패널X-Plorer Panel : 유로 RSCG에 의해 선발되고 관리되는 익스플로러는 미국, 벨기에, 영국, 이스라엘, 아르헨티나 등 열 개가 넘는 나라의 18세에서 20세까지의 영향력 있는 소비자 집단이다. 우리의 익스플로러는 선택된 성원들이 며칠 동안 특정한 주제를 심도 있게 논의하는 집중코스를 위해 모여서 정기적으로 정보와 통찰을 공급한다.

# 감사의 글

*Acknowledgements*

이 책의 집필에는 우리의 동료인 슈일러 브라운의 공이 매우 컸다. 그녀는 이 책의 많은 장들의 초안을 잡았고 수고스럽게도 우리 동료와 친구들, 그녀의 광범위한 네트워크, 그리고 프로프넷 ProfNet(기자와 전세계의 대학, 의학센터, 국립연구소, 비영리단체, 기업, 정부기관의 전문가를 무료로 연결해주는 사이트 – 옮긴이)을 통해 우리가 참여를 요청한 여타 전문가들과 인터뷰와 이메일 교환을 통해 우리의 가설과 이론을 풍부하게 만들었다. 슈일러와 제니 월튼은 이 책을 집필하는 동안 현저한 지원을 제공했는데 우리 업무와 출장 스케줄을 고려한다면 쉬운 일이 아니었다. 또한 우리는 아미 스리넌과 날카로운 사실 확인자 록산느 마리니에게도 깊은 감사를 보낸다.

저자들은 또한 유로 RSCG 서클의 크리서클에이티브 디렉터인 세바스찬 카우퍼트, 유로 RSCG MVBMS Partners의 크리에이티브

바즈마케팅

인티그레이션 디렉터인 마이클 리가 우리 책의 모양과 분위기에 대해 주의 깊게 배려해 준 것에 대해 감사한다. 그리고 유로 RSCG Worldwide의 동료들에게도 감사한다. 다음이 그들의 명단이다. 마케팅 디렉터인 아네트 스토버, 커뮤니케이션 디렉터인 페기 나흐마니, 대표 변호사인 낸시 위니, 그리고 특히 이 책의 장들을 사전에 읽어보는 것에서부터 직업으로서 우리의 마케팅 업무와 시간을 내어야 하는 이 책의 집필에서 야기되는 밀고 당기기를 보살피는 것까지 모든 형태의 가능한 지원을 아끼지 않았던 수석 부사장 리자 파비아노에게 감사를 드린다. 릴리안 알츠하이머, 카티아 빌링스, 켄드라 코페이, 래리 덱스하이머, 플루르 두세, 단 맥롤린, 카리나 멕켈, 캐더린 마라시, 에밀 마틴, 그리고 베스 왁스맨아테타에게도 고마움을 표한다.

　마지막으로 우리의 회장이자 CEO인 밥 슈메터러의 명쾌한 지원이 없었다면 이 책의 집필은 불가능했을 것이다. 그는 우리가 우리 자신이 되도록, 우리의 상업적 열정을 추구하도록, 그리고 그의 거대하고 복잡한 조직에서 우리 각자가 맡고 있는 일상 업무의 현실에서도 책의 집필이라는 이 특별한 프로젝트로 곡예를 하도록 허용했다. 또한 유로 RSCG MVBMS의 파트너이자 공저자인 앤의 자매이며 우리가 영 앤드 루비컴을 떠날 채비를 했을 때인 2000년 크리스마스쯤에 우리 팀을 밥 슈메터러에게 인도한 트리시 오렐리에게도 특별한 감사를 드린다. 그 숙명적인 조찬(朝餐) 이후, 매우 다양한 지역에서 유로 RSCG를 위한 배움, 웃음, 그리고 생산이 있었다. 그 지역들은 광범위해서 뉴욕, 런던, 파리, 시드니, 프라하, 토론토, 암스테르담, 그리고 메리언의 경우는 상파울로, 싱가포르, 베이징, 그리고 덴파사르에 이른다.

유로 RSCG 내외의 수많은 사람들이 인터뷰를 통해서 혹은 다양한 케이스 스터디와 정보를 우리에게 보냄으로써 이 책의 집필에 도움을 주었다. 그들의 노력과 통찰이 이 책을 다른 책과 차별되게 만들었다. 유로 RSCG 외부의 조력자들에게 우리는 깊은 감사를 전한다. 아디스의 CEO이자 회장인 스티븐 아디스, 오스트랄대학의 교수이자 《아이디어 매거진Idea Magazine》의 편집자이며 유로 RSCG 익스플로러 패널의 성원인 제랄도 로페즈 알론소, 아이비와이즈Ivy Wise의 창업자인 캐서린 코헨 박사, TBWA/Worldwide의 마케팅 이사인 로리 쿠츠, TBWA/Brand Experience Company의 매니징 파트너인 프랭크 드 브루인, 《브랜드위크》의 편집장인 베키 에벤캠프, 인터피어런스Interference의 CEO인 샘 이완, 나이키의 농구화 수석 디자이너인 케빈 P. 팔론, 야야의 CEO이자 회장인 키스 페라치, 《애드위크》의 편집자인 잭 퓨어, 아모 마케팅의 설립자이자 크리에이티브 디렉터인 에이미 핀, 《아이디어 바이러스Unleashing the Ideavirus》의 저자인 세스 고딘, 데이비드 그래노프 홍보사David Granoff Public Relations, Inc.의 대표인 데이비드 그래노프, 프리랜서 인터랙티브 컨설턴트인 크리스 헤이스, 케셀스크래머의 전략 플래너인 르네 야스퍼스, 브라운스타인 그룹The Brownstein Group의 홍보 이사인 베스 카우프만, 캐피탈 레코드의 관리이사인 키스 클롬프, 《애드포커스AdFocus》의 편집자인 토니 코엔더맨, 케셀스크래머의 설립자이자 카피라이터인 요한 크래머, RLM 홍보사RLM Public Relations의 CEO인 리처드 레어머, 버지니아 리, 매리 라이트, 버보스<sup>Vervos, Inc.</sup>의 대표이자 크리에이티브 디렉터인 스티븐 러브, 번트 피크 프로덕션<sup>Burnt Peak Productions, Inc.</sup>의 크리에이티브 디렉터인 제임스 메어스, 하이프노틱 <sup>Hypnotic</sup>의 세일즈 부사장인 앤디 마크스, 전임 유로 RSCG S.T.A.R.의 프리랜서인 크리스티나 메릴, 비잉 데어<sup>Being There</sup>의 설립자인 루카스 몰, 베이츠 월드와이드<sup>Bates Worldwide</sup>의 141 커뮤니케이터의 보안최고책임자<sup>CSO</sup>인 테드 패트랙, Y&R Brand Buzz의 관리이사인 존 파틸라, 블라스트<sup>Blast</sup>의 파트너인 크리스 프리모스, 런던 해로즈<sup>Harrods of London</sup>의 독립 브랜드 엔터테인먼트 컨설턴트인 마크 리버스, 로즈 홍보와 마케팅 그룹의 공동 설립자인 제프 로즈, 월터 S. 로랜드 주니어, 하이프노틱 마케팅의 부사장인 더글러스 스코트, 반스의 회장이자 CEO인 게리 숀펠드, 《테크노 레벨스<sup>Techno Rebels: The Renegades of Electronic Funk</sup>》의 저자인 단 식코, 블루 플레임 마케팅 광고사<sup>Blue Flame Marketing+Advertising</sup>의 마케팅 이사이자 대표이사인 잠밀 스펜서, 비잉 데어의 설립자인 에드워드 슈톨체, 엔터프라이즈 IG<sup>Emterprise IG</sup>의 존 터너, 360 유스<sup>360 Youth</sup>의 부사장인 데릭 화이트, 이들 모두에게 깊은 감사를 전한다.

유로 RSCG 내부의 조력자들에게도 감사를 전한다. Black Rocket 유로 RSCG의 토머스 바세트, 휴먼 아이의 시코 비르다, 유로 RSCG Middleberg의 클리프 버만, 유로 RSCG Wnek Gosper의 마리오 데 보르톨리, 유로 RSCG Tatham Patners의 스펜서 J. 브라운, CGI BrandSense의 이사벨 콜린스, 유로 RSCG Singapore의 프랑소아 드 리비에르, 시드니의 유로 RSCG Partneship의 매트 도노반, 유로 RSCG

Maxima의 세르게이 도브도프, 유로 RSCG Wnek Gosper의 브레트 고스퍼, 유로 RSCG Worldwide의 데이비드 존스, 유로 RSCG의 비스 랭커스터, 일본 유로 RSCG Partnership의 오쿠보 키미토, 베이징 유로 RSCG Partnership의 옹쿠안쿠안, 시드니 유로 RSCG Partnership의 다니엘 팬크라츠, 유로 RSCG Wnek Gosper의 나이젤 로즈, CraveroLanis 유로 RSCG의 베레나 시사, 두바이 유로 RSCG Promopub의 피에르 수에드, Biss Lancaster 유로 RSCG의 벨린다 테일러, EVBMS Fuel Europe 유로 RSCG의 사빈느 반 데르 벨덴, 시드니 유로 RSCG Partnership의 마이크 지더버그, 그리고 BETC 유로 RSCG의 제랄딘 제라에게 감사를 전한다.

# 후주 *Notes*

## 머리말*Preface*

1. "Firms Reap Fruits of Product Seeding: Buzz Marketing Is One Way to Cut Through Clutter of Advertising," *Gazette* (Montreal), September 11, 2001.
2. "Too Much Data, Too Little Time: Making Sense of the Investment Information Explosion," Zurich Scudder Investments, May 2001.

## 서론*Introduction*

1. Information pertaining to sports sponsorship was drawn from the following sources: Jim Litke, "Naming Rights Game Continues in Sports," AP Online, December 5, 2001; "Supermarket Buys Naming Rights to Elementary School Gym," AP Worldstream, November 16, 2001.
2. "Wired & Wireless: High-Tech Capitals Now and Next," Euro RSCG Worldwide, June 2001.

3. Carol Angrisani, Liza Casabona, "What's All the Buzz About? Word-of-Mouth Marketing Both On and Off Campus Is Turning Students into Brand Ambassadors," *Supermarket News*, April 8, 2002.

4. Euro RSCG/Business Week C-Suite Survey, January–March 2002.

5. Sandra Dolbow, "DuPont Eschews Advertising in Favor of Tie-ins," *Adweek*, February 18, 2002.

6. Ian Wallis, "Viral Marketing—Spreading the Word: Viral Marketing Is Catching on Fast as Companies Chase the Goal," *e.Business*, November 30, 2001.

7. "The 10 Best Viral Campaigns," *Campaign*, December 17, 2001.

8. Sally Whittle, "Online: E-Commerce: Catching the Virus Pays Off: Create a Buzz and You're Half-Way There," *Guardian* (London), February 14, 2002.

9. Stentor Danielson, "Shark 'Photo of the Year' Is E-Mail Hoax," *National Geographic News*, August 15, 2002.

제1장 *Chapter 1*

1. John Tierney, "Here Come the Alpha Pups," *New York Times*, August 5, 2001.

2. Ibid.

3. Greg Pierce, "In a Bind," *Washington Times*, January 8, 2002; Kera Bolonik, "Marian and Me," www.salon.com, January 7, 2002.

4. "2001 Salz Survey of Advertiser-Agency Relations," Nancy Salz Consulting, 2001.

5. Abe Aamidor, "Roping 'em in: Marlboro Bar Nights Seek to Corral Customers in the Wake of Limits on Tobacco Merchandising," *Indianapolis Star*, November 27, 2000.

6. Mark Wnek, "How to Get Noticed in a Crowded Marketplace,"

*Independent* (London), November 14, 2002.

7. Information pertaining to the fcuk marketing campaign was drawn from the following sources: "fcuk America," *Marketing Week*, March 22, 2001; David R. Baker, "Merchants Curse Giant Ad Bearing 4-Letter Word: Clothing Firm Hopes to Stop Passers-By," *San Francisco Chronicle*, May 8, 2001.

8. Information pertaining to Benetton was drawn from the following sources: David Moin, "Megastore Buildup: Benetton's Game Plan for U.S. Recovery," *WWD*, March 20, 2001; Mary Rourke, "What Was This Man Thinking? Luciano Benetton's Clothes and Ads Work in Europe. But the 'Zen-Trepreneur' Behind a Global Empire Just Doesn't Seem to Get America," *Los Angeles Times*, January 23, 1994.

9. Gerry Khermouch, with Jeff Green, "Buzz Marketing," *BusinessWeek*, July 30, 2001; Lisa D'Innocenzo, "Youth Marketers Go Undercover to Tempt Teens," *Strategy*, December 3, 2001.

10. "Firms Reap Fruits of Product Seeding: Buzz Marketing Is One Way to Cut Through Clutter of Advertising," *Gazette* (Montreal), September 11, 2001; Kathleen Low, "Reebok Sees $50 Million Sales for 1984," *Footwear News*, July 9, 1984.

11. Gerry Khermouch, with Jeff Green, "Buzz Marketing," *BusinessWeek*, July 30, 2001.

12. Information pertaining to the Dulux buzz marketing campaign was drawn from the following sources: Sally Whittle, "Online: E-Commerce: Catching the Virus Pays Off: Create a Buzz and You're Half-Way There," *Guardian* (London), February 14, 2002; "Strategy: Dulux Fluff," *New Media Age*, August 23, 2001; "The 10 Best Viral Campaigns," *Campaign*, December 17, 2001.

13. Sally Whittle, "Online: E-Commerce: Catching the Virus Pays Off: Create a Buzz and You're Half-Way There," *Guardian* (London),

February 14, 2002.

14. Information pertaining to consumerism in Japan was drawn from the following sources: Rebecca Mead, "Shopping Rebellion: What the Kids Want," *New Yorker*, March 18, 2002; "The Nike Railroad," *New York Times*, October 5, 1997; Amy M. Spindler, "Do You Otaku?" *New York Times*, February 24, 2002.

15. Naomi Klein, *No Logo: Taking Aim At the Brand Bullies* (Toronto: Knopf Canada, December 1999).

16. Cordelia Brabbs, "Analysis: Why Global Brands Are Under Attack; Can Global Businesses Learn Brand Lessons from the Widespread Attacks on Them on the Streets and on the Web?" *Marketing*, December 9, 1999.

17. Information pertaining to the anticonsumerism movement was drawn from the following sources: Stephen Romei, "Business Forced to Examine Its Ledger," *Australian*, February 6, 2002; Conor O'Clery, "Bono the Great Persuader Promotes Dropping the Debt," *Irish Times*, February 4, 2002; Stephanie Peatling, "Still Antibusiness As Usual?" *Sydney Morning Herald*, February 28, 2002.

18. "McD's Coke Tops with Teens," *Marketing News*, March 15, 1999.

제2장 *Chapter 2*

1. John Gaffney, "The Cool Kids Are Doing It...Should You?" *Asiaweek*, November 23, 2001.

2. Stargazer Study on Buzz, conducted by InsightExpress on behalf of Euro RSCG Worldwide, April–May 2002.

3. Ibid.

4. "Too Much Data, Too Little Time: Making Sense of the Investment Information Explosion," Zurich Scudder Investments, May 2001.

버즈마케팅

5. Phone interview with Keith Ferrazzi, president and CEO, YaYa, May 14, 2002.

6. Stargazer Study on Buzz, conducted by InsightExpress on behalf of Euro RSCG Worldwide, April–May 2002.

7. Anis Ramli, "Let Your Fingers Do the Talking," *Investors Digest* (Malaysia), March 16, 2002.

8. Michael Pastore, "Wireless: SMS Continues to Take Messaging World by Storm," CyberAtlas, April 4, 2001.

9. Information in the Daily Candy case study was drawn from the following sources: www.dailycandy.com; Hilary E. Macgregor, "Thanks to Her, Bo Cool Without Breaking a Sweat," *Los Angeles Times*, May 19, 2002.

10. Information in the Nokia case study was drawn from the following sources: Charlotte Goddard, "It's the Winning That Counts," *Revolution*, November 7, 2001; "Nokia Game Players Complete Geneva's Final Assignment: Final Played by 25,000 Payers in 29 Countries on November 23," Business Wire, November 26, 2001; "Nokia Game Kicks Off on November 4: The All-Media Adventure Expands to 28 Countries in Europe and the Middle East," M2 PressWIRE, September 21, 2001.

11. Malcolm Gladwell, *The Tipping Point: How Little Things Can Make a Big Difference* (Boston: Little Brown and Company, 2000).

12. Renee Dye, "The Buzz on Buzz," *Harvard Business Review*, November/December 2000.

13. Phone interview with Amy Finn, Creative Director, Ammo Marketing, May 15, 2002.

14. Phone interview with Mary Light, June 4, 2002.

15. Interview with Jeff Rose, cofounder, The Rose Group Public Relations & Marketing, April 28, 2002.

16. Interview with Walter Rowland, June 5, 2002.

17. Information pertaining to Marilyn Manson was drawn from the following sources: Marilyn Manson with Neil Strauss, *The Long Hard Road Out of Hell* (New York: HarperCollins, 1998); www.vh1.com; www.marilynmanson.com; Ben Wener, "Madonna Is the Big Winner and Outrageousness the Loser at MTV Music Awards," *The Orange County Register*, September 11, 1998; www.rollingstone.com.

18. From www.vh1.com.

19. From www.rollingstone.com.

20. Renee Dye, "The Buzz on Buzz," *Harvard Business Review*, November/December 2000.

21. From www.myriadrestaurantgroup.com.

22. Information in the Mango case study was drawn from the following sources: Michelle Hannen, "Fast Fashion Bears Fruit," *Business Review Weekly*, June 13, 2002; Lionel Seah, "The Reign in Spain...Is Anything but Plain," *The Straits Times*, June 27, 2002.

제3장 *Chapter 3*

1. Phone interview with Amy Finn, Creative Director, Ammo Marketing, May 15, 2002.

2. Interview with Kees Klomp, General Manager, Capitol Records, April 29, 2002.

3. Interview with Chris Hayes, freelance interactive consultant, April 19, 2002.

4. Information in the Corus case study was provided by Belinda Taylor, board director, Biss Lancaster, and also drawn from a submission to Euro RSCG's Creative Business Idea Awards 2001.

5. Malcolm Gladwell, "Six Degress of Lois Weisberg," *New Yorker*, January 1999.

6. Ibid.

7. Information contained in the OxyContin case study was drawn from the following article: Paul Tough, "The Alchemy of OxyContin," *New York Times*, July 29, 2001.

8. Ibid.

9. Ibid.

10. Ibid.

11. Ibid.

12. Malcolm Gladwell, "Six Degrees of Lois Weisberg," *New Yorker*, January, 1999.

13. Carrie Mason-Draffen, "Toyland Says Ernie Is No Elmo," *Newsday*, December 24, 1997.

14. Information about Rosie O'Donnell was drawn from the following sources: Tim Arango, "Rosie Mag Folds—G+J Suit from Millions," *New York Post*, September 19, 2002; Pat Seremet, "Java: Rosie Stopped Talk Show but Won't Shut Up," *Hartford Courant*, September 21, 2002.

15. Penny Fray, "TV Celebrities Show the Way in the Great Careers Rush," *Daily Post* (Liverpool), April 18, 2002.

16. "What's Cookin'? Industry Mavens Dish on What's Hot, What's Not, and How the Category Is Faring in a Cooled-Down Economy," *Publishers Weekly*, July 15, 2002.

17. From www.cdc.gov.

18. Karen Butler, "Fergie Steps Back into Spotlight," United Press International, October 6, 1997.

19. Information in the Weight Watchers case study was drawn from the following sources: Joanne Chianello, "Through Thick and Thin: The Losing Plan with Staying Power," *Ottawa Citizen*, September 15, 2001; Michael Ellison and Stephen Bates, "Royals and Employment:

Duchess's Pounds 2m Jobs Haunt Queen: Heavyweight References to Former Status Are Beyond Palace Control," *Guardian*, April 11, 2001; Dan Evans, "From Brink of Ruin to a Pounds 3.5m Fortune," *Sunday Mirror*, March 10, 2002.

20. Dan Evans, "From Brink of Ruin to a Pounds 3.5m Fortune," *Sunday Mirror*, March 10, 2002.

21. Information in the Subway case study was drawn from the following sources: www.subway.com; RiShawn Biddle, "Can Subway Appeal at Once to Fat-Lovers and Calorie-Counters?" *Forbes*, September 3, 2001; Kate MacArthur, "Slim Subway Spokesman Has Expanding Influence: Chain Plans to Launch 'Jared Inspired Me' Campaign," *Advertising Age*, January 1, 2001; Jill Wendholt Silva, Knight Ridder News Service, "He's Half the Man He Used to Be—and Loves Being a Loser," *Miami Herald*, August 16, 2001.

22. Jill Wendholt Silva, Knight Ridder News Service, "He's Half the Man He Used to Be—and Loves Being a Loser," *Miami Herald*, August 16, 2001.

23. Information in the Jenny Craig case study was drawn from the following sources: Judy Keen, "Dieting Firm Trims Lewinsky from Ads," *USA Today*, April 10, 2000; Tony Fong, "Jenny Craig Inc. Sheds Agency That Developed Lewinsky Ads," *San Diego Union-Tribune*, November 9, 2000.

24. John Gaffney, "The Cool Kids Are Doing It. Should You?" *Asiaweek*, November 23, 2001.

제4장 *Chapter 4*

1. Dire Straits, "The Bug," *On Every Street*, Warner Bros., 2000.

2. From www.dictionary.com.

3. Information contained in the *Who Wants to Be a Millionaire* case study was drawn from the following sources: Bill Carter, "MEDIA; Who Wants to Bury a Millionaire?" *New York Times*, May 20, 2002; Lisa Lockwood, "Celebrity Apparel: Survival of the Fittest," *WWD*, March 30, 2001.

4. Ibid.

5. Information contained in the HSX case study was drawn from the following sources: www.hsx.com; "iFUSE Broadens Its Cross-Media Content Network Reach with Deal to Syndicate Original Content on Hollywood Stock Exchange," Business Wire, August 8, 2000.

6. Information contained in the Wallflowers case study was drawn from the following sources: Jim Farber, "A Few Low-Interest CDs: Finding the Albums That Went Bust in 2000," *Daily News*, December 19, 2000; Brandon Moeller, "Wallflowers' New Release Disappoints," University Wire, October 24, 2000.

7. "Chirac's Landslide: France's Election," Economist.com, June 17, 2002.

8. Nancy Gibbs, reported by Janice M. Horowitz, Julie Rawe, and Sora Song, "Making Time for a Baby," *Time*, April 15, 2002.

9. "Match.com Reports Paid Subscribers Exceed 527,000 at End of Q1 2002, Driving a 195 Percent Increase in Revenues Over Q1 2001," Match.com, April 25, 2002.

10. Information contained in the Fucked Company case study was drawn from the following sources: www.fuckedcompany.com; Gay Jervey, "Lucrative Expletive," Inc., October 2001.

11. Information contained in the Ammo Marketing/Volvo case study was drawn from the following sources: www.ammomarketing.com; Phone interview with Amy Finn, marketing strategist and creative director, Ammo Marketing, *Inc.*, May 15, 2002.

12. Eve Tahmincioglu "Executive Life: Easing the Trials of Women Who

Travel," *New York Times*, May 19, 2002.

13. E-mail interview with Sabine van der Velden, senior planner, MVBMS Fuel Europe.

14. Phone interview with Keith Ferrazzi, CEO and president, YaYa, May 14, 2002.

15. From www.funvids.net.

16. Information contained in the ESPN case study was drawn from the following sources: www.hearstcorp.com; "Cable Heavyweight," *The NewsHour with Jim Lehrer*, www.pbs.org.

17. "Cable Heavyweight," *The NewsHour with Jim Lehrer*, www.pbs.org.

18. Ibid.

19. Information contained in the BETC Euro RSCG case study was drawn from the following sources: "Half a Million Worried Consumers Call Hotline After AntiSmoking Ad Stunt," *Euromarketing via E-Mail*, June 28, 2002; e-mail interview with Jerôme Guilbert, planning director, BETC Euro RSCG, July 16, 2002.

20. Interview with Jerôme Guilbert, July 16, 2002.

21. Information contained in The *Osbournes* case study was drawn from the following sources: David Montgomery, "Great & Powerful Ozz: At the White House Correspondents' Dinner, a Heavy-Metal Taste of True Celebrity," *Washington Post*, May 6, 2002; "MTV Officially Moves Back In with 'The Osbournes' to Produce and Air 20 New Episodes of the Highest Rated Series on Cable," PR Newswire, May 29, 2002; Wayne Friedman, "Ozzfest Proves Cable Boon," *Advertising Age*, June 10, 2002; "Tough to Face Reality in 'Osbournes' Show," *San Francisco Chronicle*, August 4, 2002.

22. David Montgomery, "Great & Powerful Ozz: At the White House Correspondents' Dinner, a Heavy-Metal Taste of True Celebrity," *Washington Post*, May 6, 2002.

23. Speech given by Mark Rivers, brand entertainment consultant, Harrods of London, at The Buzz About Buzz Luncheon, New York City, May 20, 2002.

24. Information used in the Obey case study was drawn from the following sources: www.buddyhead.com; Nathan Ihara, "OBEY?" *LA Weekly*, February 15, 2002; Bret Schulte, "Obey Giant: The Mandate That Grabbed a Generation," *Washington Post*, August 9, 2002.

25. Ibid.

제5장 *Chapter 5*

1. Information used in the Madonna case study was drawn from the following sources: Daphne Gordon, "Hip-Hop the Latest of Madonna's Flip-Sides," *Toronto Sunday Mirror*, August 2, 2000; www.cnn.com; David Rowe, "Madanna: Finnally Uncovered," *Sunday Mirror*, February 11, 2001; www.vh1.com; Imogen Tilden, "Madonna," *Guardian*, July 4, 2001; www.mtv.com; Vincent Canby, "Film View: In Search of Madonna's Persona," *New York Times*, August 23, 1987; www.eonline.com; Gerri Hirshey, "The Snooty Dame at the Block Party," *New York Times*, October 24, 1993; Sherri Winston, "New Madonna, Again: We Can Pinpoint the Eras Based on the Singer's Persona du Jour, but Her Newest Incarnation Seems to Be Borrowed Time," *Sun-Sentinel*, September 24, 2000; Richard Cromelin, "Pop Music: At Last, Things Turn His Way: William Orbit Has Gone from Studio Phantom to the Pop Spotlight," *Los Angeles Times*, March 5, 2000.

2. From www.vh1.com.

3. Ibid.

4. Information used in the Apple case study was drawn from the following

sources: Josh Quittner, with reporting by Rebecca Winters, "Apple's New Core," *Time*, January 14, 2002; "Apple's 1984: The Introduction of the Macintosh in the Cultural History of Personal Computers," Ted Friedman, October 1997 (www.duke.edu); www.mackido.com; Alan Deutschman, "The Second Coming of Steve Jobs," *National Post*, November 2000; Jon Swartz, "After iMac, Pressure Mounts on Apple: Can Comeback King Build on Previous Year's Success Story?" *USA Today*, July 25, 2000; Dori Jones Yang, "A Cool Computer Leaves Buyers Cold," *US News & World Report*, October 16, 2000; "Cracks in the Cube," *Economist*, October 7, 2000; www.applehistory.com; "Apple Reports Third Quarter Results," Apple Computer, July 16, 2002; www.landsnail.com; Steve Lohr, "In Midst of a PC Slump, Apple Still Aims for Growth," *New York Times*, July 18, 2002; William Selway with reporting by Greg Chang and Vivien Lou Chen, "Apple Computer 3rd-Qtr Profit Falls as Sales Slump," Bloomberg News, July 16, 2002; Phillip Michaels, "There's No Business Like Show Business," *Macworld*, July 19, 2001; Charles Haddad, "Truth Is in the iMac of the Beholder," *BusinessWeek*, July 17, 2002; "Apple Chronicler Surprised by Jobs's Sucess," Bloomberg News, October 30, 1998.

5. From www.landsnail.com.

6. From www.mackido.com.

7. "Apple's 1984: The Introduction of the Macintosh in the Cultural History of Personal Computers," Ted Friedman, October 1997 (www.duke.edu).

8. From www.macikdo.com.

9. "Apple's Brave New World: Amelio's Optimistic Ramble; Chairman's Long-Winded Speech to Mac Faithful Falls Short on Style," *San Francisco Examiner*, January 8, 1997; Alan Deutschman, "The Second Coming of Steve Jobs," *National Post*, November 2000.

10. Ibid.

11. Ibid.

12. Jon Swartz, "After iMac, Pressure Mounts on Apple: Can Comeback King Build on Previous Year's Success Story?" *USA Today*, July 25, 2000.

13. Josh Quittner, with Reporting by Rebecca Winters, "Apple's New Core," *Time*, January 14, 2002.

14. Dori Jones Yang, "A Cool Computer Leaves Buyers Cold," *U.S. News & World Report*, October 16, 2000.

15. William Selway with reporting by Greg Chang and Vivien Lou Chen, "Apple Computer 3rd-Qtr Profit Falls as Sales Slump," Bloomberg News, July 16, 2002.

16. "Apple Reports Third Quarter Results," Apple Computer, July 16, 2002.

17. Steve Lohr, "The Media Business: Advertising; In Midst of a PC Slump, Apple Still Aims for Growth," *New York Times*, July 18, 2002.

18. From www.uiowa.edu.

19. Roy H. Campbell, "New Book Strips Calvin Klein of His Gentle-Designer Label," *Orlando Sentinel*, May 24, 1994.

20. Information used in the Calvin Klein case study was drawn from the following sources: www.uiowa.edu; Adam Liptak, "Company in Trouble? Just Let Him Loose," *New York Times*, June 9, 2002; Frank DeCaro, "Will 'Obsession' Get Between You and Your Calvins?" *Newsday*, April 26, 1994; Diane Seo, "A New Obsession; Calvin Klein Ads with a Wholesome Bent? Yes, He Says, but Critics Unsure," *Los Angeles Times*, February 5, 1998; www.tinypineapple.com; Chris Heath, "The Making of Mark," *Observer*, February 27, 2000; Frank Bruni, "Reconstructing Marky Mark," *New York Times*, August 31, 1997; Mary-Anne Toy, "Beggar Goes from Rags to Rag Trade," *Advertiser*,

November 9, 1996; Helen A. S. Popkin, "Klein Gest the Message," *St. Petersburg Times*, August 30, 1995; www.salon.com; www.media-awareness.ca; www.commercialcloset.org; www.celebritytrendz.com; Lisa Lockwood, "Justice Dept.: Those Calvin Ads Violated No Child Porn Laws," *WWD*, November 16, 1995; "Raunchy Underpants Advert Is Not Demeaning to Men," *Evening Standard* (London), May 15, 2002.

21. From www.uiowa.edu.

22. From www.salon.com.

23. "Raunchy Underpants Advert Is Not Demeaning to Men," *Evening Standard* (London), May 15, 2002.

제6장 *Chapter 6*

1. "Quote of the Day on September 13, 1995: Peter Drucker," Bloomberg News, September 12, 1995.

2. Bob Schmetterer. *Leap: A Revolution in Creative Business Strategy* (New York: John Wiley & Sons, 2003).

3. Stephen Lynch, "A Passing Fad/Think the Stock Market Has Crashed Since the 1990s? Try Selling Your Stock of Beanie Babies," *Orange County Register*, August 20, 2002; "American Red Cross to Give Ty Beanie Buddies to Disaster Victims; Chicago Based Company to Donate 150,000 Bears to Go to Affected Families," PR Newswire, August 9, 2002.

4. Charlotte Edwardes and Chris Hastings, "Time to Kill Off Ali G, Rabbis Tell His Creator," *Sunday Telegraph* (London), September 1, 2002; Jessica Callan, Eva Simpson, Suzanne Kerins, "3 AM's Top 100 Most Irritating People: Number 47: Ali G," *Mirror* (London), September 14, 2002.

5. Information pertaining to Coca-Cola was drawn from the following

sources: Robert B. Cialdini, "Human Behavior and the Marketplace," *Marketing Research*, fall 2002; Doug Camilli, "Coke Myth Takes Hold," *Montreal Gazette*, July 15, 2002; "Diet Vanilla Coke Coming in Fall," Reuters, July 29, 2002; "Domino's Pizza and Coca-Cola Deliver a Great Deal: Free Bottles of Vanilla Coke® with Orders!" PR Newswire, May 28, 2002.

6. Doug Camilli, "Coke Myth Takes Hold," *Montreal Gazette*, July 15, 2002; www.vclounge.com.

7. Doug Camilli, "Coke Myth Takes Hold," *Montreal Gazette*, July 15, 2002.

8. Virginia Matthews, "Caution Versus Creativity: BRANDS: Risk-Averse Marketers Are Squeezing Out Innovation for the Sake of Short-Term Profits," *Financial Times*, June 17, 2002.

9. Ibid.

10. Ibid.

11. Ibid.

12. Richard Rapaport, "Case Study: Reinventing the Heel," *Forbes ASAP*, June 24, 2002.

13. Information in the Nike case study was drawn from the following sources: Richard Rapaport, "Case Study: Reinventing the Heel," *Forbes ASAP*, June 24, 2002; Michael McCarthy, "Mike and Spike Reunite to Sell Jordan's Line of Clothing," *USA Today*, August 7, 2002; E-mail interview with designer Kevin Fallon of Nike, August 22, 2002.

14. E-mail interview with designer Kevin Fallon of Nike, August 22, 2002.

15. Ibid.

16. Ibid.

17. Amanda Spake, "A Fat Nation," *U.S. News & World Report*, August 19, 2002.

18. "Spider-man Loves Cosabella...Well, At Least His Dreamgirl Mary Jane Who Wears It," www.cosabella.com.

19. Ibid.

20. Laura Jacobs, "Deuce of Spaders," *Vanity Fair*, May 2002.

21. Information in the Kate Spade case study was drawn from the following sources: *CNN Newsstand*, July 6, 2000; Laura Jacobs, "Deuce of Spades," *Vanity Fair*, May 2002; Lisa Sanders, "New Approach for Kate Spade; Narrative Used to Sell Accessories," *Advertising Age*, August 5, 2002; www.katespade.com; Leslie Newby, "Kate Spade's New Bag: Home," *HFN*, November 5, 2001; www.jackspade.com.

22. Information in the *Wallpaper*\* case study was drawn from the following sources: Julia Chaplin, "Generation Wallpaper," *New York Times*, September 6, 1998; Helen Buttery, "Tyler Brule and the Quest for a Better Brand," *Maclean's*, July 15, 2002; Anne Kingston, "Posed for the Next Big Thing: Tyler Brule Has Left Wallpaper\*, the Style Bible That Made Him a Global Tastemaker—and a Highly Successful Brand," *National Post*, July 6, 2002.

23. Interview with Thomas Bassett, director of account planning, Black Rocket Euro RSCG, August 21, 2002.

24. Interview with Steve Addis, CEO and chairman, Addis, July 29, 2002.

25. Information in the Seven case study was drawn from the following sources: Louise Lee, "Why Levi's Still Looks Faded," *BusinessWeek*, July 22, 2002; Olivia Barker, "Nothing Comes Between Teens and Their Jeans—Not Even Cost," *USA Today*, September 5, 2002; Teri Agins, "Denim's Lucky 'Seven'—How $100-Plus Jeans Became a Must-Have Fashion Fad," *Wall Street Journal*, April 3, 2002; Jenny Strasburg, "Levi Treats Itself to an Image Makeover," *San Francisco Chronicle*, August 15, 2002.

26. Louise Lee, "Why Levi's Still Looks Faded," *BusinessWeek*, July 22,

브랜드캐즘

2002.

27. Teri Agins, "Denim's Lucky 'Seven'—How $100-Plus Jeans Became a Must-Have Fashion Fad," *Wall Street Journal*, April 3, 2002.

28. Jenny Strasburg, "Levi Treats Itself to an Image Makeover," *San Francisco Chronicle*, August 15, 2002.

29. Interview with Steve Addis, CEO and chairman, Addis, July 29, 2002.

30. Information in the Ben case study, including quotes from Johan Kramer, was drawn from an interview with Johan Kramer, cofounder and copywriter, KesselsKramer, October 2002.

제7장 *Chapter 7*

1. Jamie Doward, "Media: The Flesh Is Weak...: Are Advertisers Missing the Point in Their Rush to Use Sexy Images," *Observer* (London), September 3, 2000.

2. Rebecca Mead, "Former Mouseburgers of the World Unite," *New Yorker*, June 3, 2002.

3. Information Pertaining to Heinz was drawn from the following sources: Jack Neff, "Marketing Tactics—Ries' Thesis: Ads Don't Build Brands, PR Does," *Advertising Age*, July 15, 2002; "Heinz EZ Squirt Adds a Little 'Mystery' to Its Colored Condiment: You Won't Know Until You Squirt," Business Wire, February 27, 2002.

4. Presentation by Nigel Rose, vice chairman and creative director, Euro RSCG Wnek Gosper, at Glocal Playshop 2002, Vught, the Netherlands, April 19, 2002.

5. Jon Rees, "Advertising & Marketing: Why Shock Tactics Work Like a Dream," *Sunday Business*, August 29, 1999.

6. Ryan Mathews and Watts Wacker, "Deviants, Inc.," *Fast Company*, March 2002.

7. Information in the French Connection case study was drawn from the following sources: Alexandra Jardine, "Stephen Marks—Style Offensive," *Marketing*, April 5, 2001; Jon Rees, "Advertising & Marketing: Why Shock Tactics Work Like a Dream," *Sunday Business*, August 29, 1999; "Are We Buying Britishness?" *Marketing Week*, May 9, 2002.

8. Alexandra Jardine, "Stephen Marks—Style Offensive," *Marketing*, April 5, 2001.

9. Jon Rees, "Advertising & Marketing: Why Shock Tactics Work Like a Dream," *Sunday Business*, August 29, 1999.

10. "Are We Buying Britishness?" *Marketing Week*, May 9, 2002.

11. Information in the Abercrombie & Fitch case study was drawn from the following sources: Marcia Pledger, "Naked Truth: Sex Sells, Catalog Irks Parents," *Plain Dealer* (Cleveland), December 16, 1999; "Abercrombie & Fitch to Delete Drinking Article from Catalog," Associated Press, July 29, 1998; Jesse Hyde, "Little Fun in Provo? Retailer Hits Nerve," *Deseret News*, July 16, 2002.

12. Phone interview with Steven Addis, CEO and chairman, Addis, July 29, 2002.

13. From www.commercialcloset.com.

14. From www.kaisernetwork.org.

15. Candace Murphy, "Risky Kenneth Cole Ad Becomes Fashion Faux Par," *San Jose Mercury News*, October 8, 2001.

16. Information contained in the Congress for Racial Equality case study was drawn from the following sources: E-mail interview with Brett Gosper, Chairman, Euro RSCG Wnek Gosper, September 18, 2002; Jon Rees, "Advertising & Marketing: Why Shock Tactics Work Like a Dream," *Sunday Business*, August 29, 1999.

17. Ibid.

브랜드마케팅

18. Ibid.

19. Information in the Nando's case study was drawn from the following sources: www.nandos.co.za; www.nandosusa.com; Tony Koenderman, "Nando's Slice of Life Campaign," *Financial Mail*, March 30, 2001; e-mail interview with Chris Primos, partner, blast, September 17, 2002; e-mail interview with Tony Koenderman, reporter, *Financial Mail*, September 16, 2002; www.adbusters.org; www.automag.com; http://news.bbc.co.uk; " 'Sick' Chick Ads," *Perth Sunday Times*, August 11, 2002; Becky Gaylord, "Australia Migrants, Many Children, Land at Troubled Camp," *New York Times*, December 2, 2001; Gill Moodie, "Local Brands Find It Tough in World Arena," *Business Day* (South Africa), May 22, 2001.

20. From www.nandos.co.za.

21. E-mail interview with Chris Primos, partner, blast, September 17, 2002.

22. E-mail interview with Tony Koenderman, reporter, *Financial Mail*, September 16, 2002.

23. Ibid.

24. E-mail interview with Chris Primos, partner, blast, September 17, 2002.

25. " 'Sick' Chick Ads," *Perth Sunday Times*, August 11, 2002.

26. Ibid.

27. From www.nandos.co.za.

28. Ibid.

29. Michele Orecklin, "People: Calm Before the Calm," *Time*, July 22, 2002.

30. Stephen Brook, "Picky or a Pitch Too Far," *Australian*, August 8, 2002.

31. "Shock Advertising Joins Mainstream," *Irish Times*, July 23, 2001.

32. Bruce Horovitz, " 'Shock Ads': New Rage That Spawns Rage," *Los*

*Angeles Times*, March 22, 1992.

33. Bruce Grierson, "Shock's Next Wave," *Adbusters*, Winter 1998.

34. Graeme Lennox and Liz Steele, "No Joke. It's Just Superb," *Sunday Mail*, September 22, 2002.

35. Information in the Skoda case study was drawn from the following sources: Chris McDonald, "Accentuate the Negative," *Financial Times*, September 24, 2002; Graeme Lennox and Liz Steele, "No Joke. It's Just Superb," *Sunday Mail*, September 22, 2002; Alexandra Jardine, "Rewarding Successful Marketing," *Marketing*, September 19, 2002; "Volkswagen's Investment in Skoda Auto Biggest FDI in Czech Rep," CTK Business News Wire, August 21, 2001; "Campaign of the Week: Skoda," *Times* (London), February 13, 2002.

36. Robin Rauzi, "Stunt Copycats Put MTV in a Spot: Concerns over the 'Jackass' Show Preceded Last Week's Incident in Which a Boy, 13, Suffered Serious Burns," *Los Angeles Times*, February 2, 2002.

37. Alexandra Jardine, "Analysis: McDonald's Still Facing a McLibel Backlash," *Marketing*, September 16, 1999.

38. Uamdao Noikorn, "Thai 'Weakest Link' Causes Uproar," Associated Press Online, April 7, 2002.

39. Hillary Chura and Wayne Friedman, "Pepsi Marketing Looks to Outer Space," *Advertising Age*, September 16, 2002.

40. Ibid.

제8장 *Chapter 8*

1. Information pertaining to *War of the Worlds* was drawn from the following sources: www.waroftheworlds.org; http://clcwebjournal.lib. purdue.edu; Mike Flanagan, "The First Star Wars 50 Years Ago, Orson Welles Panicked America with a Single Broadcast," *Chicago Tribune*,

October 30, 1998.

2. Information pertaining to product placement was drawn from the following sources: Alyson Ward, "Underhanded Pitches," *Fort Worth Star-Telegram*, September 8, 2002; David Frith, "Movie-Star Mac Battles the Bad Guys of WinTel." *Australian*, May 21, 2002: Megan Turner, "Ads Nauseum—Silver Screen Sells Products," *New York Post*, June 24, 2002; Terry Poulton, "Buyers Foster Hollywood Connection," *Strategy*, September 23, 2002; Daniel Eisenberg, "It's an Ad, Ad, Ad World," *Time*, September 2, 2002.

3. Information in the *Big Brother* case study was drawn from the following sources: Alasdair Reid, "Spotlight on Big Brother SMS—Big Brother Builds Revenue Via New Interactive Routes with O2," *Campaign*, May 24, 2002; Jeffrey Sparshott, "In Focus Big Sponsors Line Up for 'Big Brother' Program," *Warsaw Business Journal*, June 4, 2001; "Pizza Hut Grabs Slice of Brother," *Australian Financial Review*, April 10, 2001; Jane Young, "OhBruv! Even the Queen's a Fan," *Express*, August 5, 2002; Annie Lawson, "Sales Bonanza for 'Big Brother' Sponsors," *Age*, July 10, 2001.

4. James Curtis, "Advertiser-Funded Television Is Set to Return to Our Screens in a Major Way in 2002, but Is It Driven by Opportunity or Necessity?" *Marketing*, February 7, 2002.

5. Ibid.

6. Information in the "American Idol" case study was drawn from the following sources: Scott Leith, "Ever-Present Coke the Real Star of 'American Idol,'" *Atlanta Journal and Constitution*, September 4, 2002; Stuart Elliott, "Stuart Elliott in America," *Campaign*, September 20, 2002; Theresa Howard, "Real Winner of 'American Idol': Coke," *USA Today*, September 9, 2002.

7. Information pertaining to branded content by advertising agencies was

drawn from the following sources: Melanie Wells, "Who Really Needs Madison Avenue?" *Forbes*, October 29, 2001; www.radicalmedia.com; Jane Austin, "Was It a TV Programme?" *Financial Times*, August 14, 2001; Teressa Iezzi, "@radical.media," *Advertising Age's Creativity*, September 1, 2002.

8. Information pertaining to bmwfilms.com was drawn from the following sources: Daniel Eisenberg, "It's an Ad, Ad, Ad world," *Time*, September 2, 2002; www.bmwfilms.com.

9. Daniel Eisenberg, "It's an Ad, Ad, Ad world," *Time*, September 2, 2002.

10. From www.chryslermdff.com.

11. All quotes from Douglas Scott were drawn from an interview with Douglas Scott, executive vice president of marketing, Hypnotic, May 7, 2002.

12. "Euro RSCG Strike Force: 'Buzz' Case Studies," a presentation by Euro RSCG Group Thailand, September 6, 2002.

13. Eddie Holt, "Artvertisement," *Irish Times*, September 15, 2001.

14. Christine Whitehouse and Fay Weldon, "Breakfast at Bulgari's?" *Time*, September 17, 2001.

15. Nigel Reynolds, "Fay Weldon Lands in Clover at the Savoy as Writer-in-Residence," *Daily Telegraph*, September 13, 2002.

16. Tobi Elkin, "New York Times Web Site Refuses Sony Ads," *Advertising Age*, July 22, 2002.

17. Information pertaining to celebrities and prescription drugs was drawn from the following sources: Melody Petersen, "Heartfelt Advice, Hefty Fees," *New York Times*, August 11, 2002; Daniel Eisenberg, "It's an Ad, Ad, Ad World," *Time*, September 16, 2002.

18. Ellen Cresswell, "Viral Marketing Is Catching on with Business," *Australian*, July 16, 2002.

19. Jeremy White, "Viral Marketing Has Added Another Weapon to

Advertisers' Increasing Armoury," *Campaign*, February 16, 2001.

20. From http://viral.lycos.co.uk.

21. Information pertaining to Yahoo! Buzz Index was drawn from the following sources: http://buzz.yahoo.com; www.yahoo.com.

22. "Best Use of Technology: Viral Marketing Winner—Honda Motor Europe," *Marketing*, November 29, 2001.

23. Stephen Fenichell, "Best Buzz Marketing," *Business 2.0*, May 2002.

24. Information in the Listerine PocketPaks case study was drawn from the following sources: Jack Neff, "Building the Buzz for PocketPaks," *Advertising Age*, December 3, 2001; "A Revolution in Discreet, Portable Oral Care Puts Listerine® on the Tip of the Tongue," Internet Wire, October 9, 2001.

25. Jack Neff, "Building the Buzz for PocketPaks," *Advertising Age*, December 3, 2001.

26. Paul McIntyre, "Beck's Drinks to Vodafone's Bum Run," *Australian*, August 15, 2002.

27. Matt Richtel, "Product Placements Go Interactive in Video Games," *New York Times*, September 17, 2002.

28. Information in the Honda advergame case study was drawn from the following sources: Shelly Emling, "The Agame: Online Marketers Race to Reach Consumers Through Interactive Games," *Austin American Statesman*, September 9, 2001; "YaYa Teams with Honda on Multi-Player Internet-Based Game," YaYa, January 10, 2002.

29. Matt Richtel, "Product Placements Go Interactive in Video Games," *New York Times*, September 17, 2002.

30. Ibid.

31. All quotes from Keith Ferrazzi came from a phone interview with Keith Ferrazzi, CEO and president, YaYa, May 14, 2002.

32. Sorcha Corcoran, "2 SND R NOT 2 SND," *Irish Marketing and*

*Advertising Journal,* May 16, 2002.

33. E-mail interview with Willemijn ter Weele, copywriter, TBWA, the Netherlands, October 3, 2002.

34. Information in the Cadbury case study was drawn from the following sources: Sorcha Corcoran, "2 SND R NOT 2 SND," *Irish Marketing and Advertising Journal,* May 16, 2002; Alasdair Reid, "Spotlight on: Cadbury—the SMS Work That Increased Cadbury's Cut of a Flat Market," *Campaign,* March 1, 2002; www.flytxt.com.

35. "Best Use of Technology: Viral Marketing Winner—Honda Motor Europe," *Marketing,* November 29, 2001.

36. Charlotte Goddard, "Picture This—MMS Is the New SMS," *Revolution,* July 31, 2002.

37. "Logica and Reuters Demonstrate Live MMS Broadcasts of World Cup Football," M2 PressWIRE, June 21, 2002.

38. " 'Blog' Popularity Spurs New UC-Berkeley Journalism Class," University Wire, September 3, 2002.

39. Jennifer Harper, "Attacks Turned Web into Public Commons," *Washington Times,* September 9, 2002.

40. Information in the Sucks500.com case study was drawn from the following source: www.sucks500.com.

제9장 *Chapter 9*

1. Information in the *Titanic* case study was drawn from the following sources: Greg Hernandez, "Even Blockbusters Need 'Legs'," *Washington Times,* January 2, 2002; "Shipments of 'Titanic' Videos to Arrive in Stores This Week," *New York Times,* August 31, 1998; Greg Hernandez, "Box Office Record Set by 'Titanic' Hard for New Films to Beat, Experts Say," *Daily News* (Los Angeles), June 10, 2002.

2. Information in the Channel One case study was drawn from the following sources: Chris Whittle, "Chris Whittle Issues Report to Community," *Knoxville NewsSentinel*, October 2, 1994; www.channelone.com; Lily Oei, "One for the Money," *Variety*, March 18, 2002; Raymond A. Edel, "Television," *Record* (Bergen County, NJ), January 30, 2002; Jason Gay, "Connie Chung Struts to CNN...Geraldo on the Move...Kiefer's Pia Zadora Moment," *New York Observer*, January 28, 2002.

3. " 'BUZZ' Challenge: Gatorade Team Sweat," a presentation by Field Force Euro RSCG, China, September 11, 2002.

4. Information pertaining to in-school marketing was drawn from the following sources: Constance L. Hays, "Commercialism in U.S. Schools Is Examined in New Report," *New York Times*, September 14, 2002; Timothy Egan, "In Bid to Improve Nutrition, Schools Expel Soda and Chips," *New York Times*, May 20, 2002; Greg Winter, "States Try to Limit Sales of Junk Food in School Buildings," *New York Times*, September 9, 2001.

5. Information pertaining to Media Smart was drawn from the following sources: Bernice Harrison, "British Media Smart Campaign Will Give Children an ABC to Advertising," *Irish Times*, April 18, 2002; Mark Kleinman, "McDonald's Under Fire for Kids' TV Tie," *Marketing*, June 27, 2002.

6. All quotes by Derek White came from a phone interview conducted with Derek White, executive vice president, 360 Youth, October 2, 2002.

7. Information in the *Sex and the City* case study was drawn from the following sources: Robert Wilonsky, "Almost Famous; Sex and the City Author Candace Bushnell Isn't Carrie Bradshaw. Like, Really," *Dallas Observer*, September 21, 2000; Ann Oldenburg, "Everything You

Always Wanted to Know About (the New Season of) Sex," *USA Today*, July 19, 2002.

8. Information pertaining to spring break was drawn from the following sources: "Panama City Beach Selects YouthStream as Exclusive Marketing Partner for Spring Break 2002," Business Wire, October 16, 2001; Christie Griffin, "MTV's Annual Event Not All Fun and Games," University Wire, March 8, 2002; Spring Break Survey, Euro RSCG Worldwide, January 2002.

9. From www.humanistofutah.org.

10. Brian Russak, "Insider: Footwear Industry News Briefs," *Footwear News*, June 3, 2002.

11. Geoff Dennis, "The Mainstreaming of Streetball," *Strategy*, August 12, 2002.

12. " 'BUZZ' Challenge: Basketball Contest," a presentation by Field Force EURO RSCG, China, September 2, 2002.

13. From www.dpsu.com.

14. Information in the Hello Kitty case study was drawn from the following sources: Amy Mercer, "Hello, Kitty!" *Times* (Shreveport, LA), June 20, 2002; Cindy Lim, "Doggone, 102 to Collect," *Straits Times* (Singapore), November 23, 2000.

15. Information in the Shibuya case study was drawn from the following sources: Steve McClure, "Driving into Shibuya's Heady Music Microcosm," *Billboard*, October 7, 1995; Howard W. French, "Out There: Tokyo; Love Birds Seek Discreet Nest," *New York Times*, July 22, 2001; Junko Hanna, "Monthly TV Commercial Highlight/Getting Tribal in Para-Para Paradise," *Daily Yomiuri*, March 16, 2000; Andrew Trimboli, "Land of the Rising Drum," *Sydney Morning Herald*, September 3, 1999; www.gaming-age.com; Amy M. Spindler, "Do You Otaku?" *New York Times*, February 24, 2002.

16. Amy M. Spindler, "Do You Otaku?" *New York Times,* February 24, 2002.

17. Lynette Holloway, "Declining CD Sales Spur Labels to Use Street Marketing Teams," *New York Times,* September 30, 2002.

18. Ibid.

19. Information in the Detroit case study was drawn from the following sources: All quotes by Dan Sicko came from an interview with Dan Sicko, author, *Techno Renegades,* June 10, 2002; www.visitdetroit.com; www.census.gov; Brian McCollum, "24 Years After It Left Town, Motown Comes Looking for Hits," *Detroit Free Press,* March 16, 1996; Martin Clark, "Online: Working the Web Dance Music," *Guardian,* October 11, 2001; Neva Chonin, "Why Motor City Is Creative Cradle," *San Francisco Chronicle,* June 16, 2002; Brian McCollum, "Techno Time: Detroit's Third Electronic Extravaganza May Be Weighted with Musical Significance, but Many Fans Are Just Looking for Fun," *Detroit Free Press,* May 24, 2002; Brian McCollum, "The ChitownMotown Connection," *Detroit Free Press,* May 19, 2002; David Enders, "Third Year of Techno Music Festival Brings Expanded Lineup," Associated Press, May 23, 2002.

20. Sandra Dolbow, "Strategy; Levi's Leaning on Past Tactics to Design Jeans maker's Future," *Brandweek,* June 24, 2002.

제10장*Chapter 10*

1. Stargazer Study on Buzz, conducted by InsightExpress on behalf of Euro RSCG Worldwide, April-May 2002.

2. "A New Year and No Resolutions," *Woman's Home Companion,* January 1957; The Columbia World of Quotations, 1996, www.bartleby.com.

3. "First Family: The Hera Factor in Hillary's Run,' *Los Angeles Times,* July

11, 1999.

4. "It's War! Weekly Magazines Face Off," *USA Today*, July 11, 2002; "Star Vehicle; Di, Liz, Tonya, the Bobbits...For 20 Years, *People* Has Covered All Types," *Los Angeles Times*, February 28, 1994.

5. Interview with Cliff Berman, executive vice president, Euro RSCG Middleberg.

6. "He Is a Huge Star in Britain, Now Sacha Baron Cohen Is Set to Earn Millions in the US. Yet, the Richer and More Famous He Becomes the Unhappier He Gets. Is the Comic Genius Trapped by His Own Talent?" *Express* (London), March 2, 2002.

7. "The King of Comedy," *Advertiser* (U.K.), July 6, 2002.

8. "It's Lovely to Meet You, Mr. President," *Advertiser* (U.K.), February 27, 2002.

9. "Culture? Is It a New Club?" *Times*, June 22, 2001.

10. "A Time of Love and Haight," *San Francisco Examiner*, August 17, 1997; "Summers of Love; Exhibit Takes the Viewer Back to the Haight-Ashbury of the Late '60s," *Wisconsin State Journal*, September 9, 2002.

11. "101 Reasons We're America's Culinary Mecca," *San Francisco Chronicle*, February 7, 2001.

12. George Epaminondas, "Manhattan Has a Hip New 'Hood," *Evening Standard* (London), June 28, 2002.

13. "Levi's Go Grungy in New Ad Campaign," *This Is London*, August 20, 2002.

14. Interview with Mario De Bortoli, localization specialist, Euro RSCG Wnek Gosper, August 19, 2002.

15. "How Hardwired Is Human Behavior," *Harvard Business Review*, July/August 1998.

버즈마케팅

역자는 이 책을 번역하면서 귀가 따가워 죽는 줄 알았다. 이렇게 엄청나게 많은 사례들로 넘치는 관련 서적을 본 적이 없을 지경이다. 소문이 넘치는 시대에 자신의 메시지가 소문이 나도록 분투하는 전투들이 내 눈과 귀 앞에서 벌어지고 있었다. 날아다니는 문장, 풍부한 사례, 그리고 날카로운 평가들이 나의 머리를 깨우고 있었다. 아! 잘하면 골리앗에 대항할 수 있는 시대가 왔구나! 출판기획자이자 번역자인 나로서는 앞으로 책을 하나 다룰 때마다 제기해야 할 화두가 생긴 셈이다.

**진정성 없는 창조성은 허무하며 창조성 없는 진정성은 지루하다**

현대 사회의 광고 메시지는 넘치고 넘친다. 그러다 보니 더욱 자극적이고 체험적인 메시지에 사람들은 반응한다. 그러나 현대인이 얼마나 영민한가? 뻔한 속임수나 기발함만으로는 청중에게 도달할 턱도 없다. 청중은 정말 신뢰가 가는 메시지, 진실한 메시지에 목마르다. 진정성이 결정적인 것이다. '원 나잇 스탠드'에 익숙한 세대가 동시에《국화꽃 향기》나《가시고기》를 읽는 것이 현실이다.

그러나 그것만으로 일관한다면 지루하고 몸이 뒤틀린다. 재미있고 자극적이며 체험적인 메시지여야 반응을 한다. 소문낼 거리가 있어야 소문이 난다. 여기서 획기적인 창조성이 요구되는 것이다. 충격적이고 기발하면서도 진정성을 잃지 않는 것, 또한 다른 대중의 반발을 야기하더라도 스스로 소문을 낼 자신의 대중들에게 명확한 소문거리가 되도록 하는 것. 이는 정말 만만한 일이 아니다.

이 책은 명확한 지침이나 매뉴얼을 제공하지는 않지만 풍부한 통찰과 아이디어를 제공한다. 소문을 낼 수는 있지만 그것을 통제할 수는 없다. 그러나 소문을 관리하는 것은 가능하다. 진정한 마케터들은 자신의 영향력이 미약하다는 것, 자신이 할 수 있는 것은 사태에 대비하면서 소문 운동을 적절히 관리하는 것이라는 태도를 견지한다. 따라서 이 책은 섣부르고 선동적인 과잉 일반화를 시도하지 않고 중요한 경고와 통찰들을 제공하며 중범위 수준의 이론화에 머문다.

### 구글과 더불어 이 책을 읽는다면
역자는 일일이 개별 캠페인이나 브랜드, 상품 등에 상세한 역주를 달지 못했다. 그러기 시작하면 끝내 번역을 마치지 못할 것이 뻔했기 때문이다. 원문 자체도 별로 친절하지 않은 편인데(특히 외국인인 우리들에게는 더욱 심하다) 그것은 한정된 분량에 이 많은 사례들을 제공하는 유일한 방법이었기에 그럴 것이다.

하지만 이 책을 무척 재미있게 읽는 방법이 있다. 만약 독자가 최소한도의 영어 실력을 가지고 있다면 이 책을 펼치고 출현하는 브랜드 명이나 캠페인 명을 구글 검색창에 쳐 넣어라. 십중팔구 실제 광고나 포스터, 그리고 관련 기사나 글들을 볼 수 있다. 역자가 번역하면서 수없이 구글을 검색해봐서 잘 안다. 이 책만 봐서는 그 광고가 무엇인지 실감이 잘 안 간다. 비주얼한 것은 비주얼하게 봐야 이해가 빠르다.

자, 이런 식으로 이 책을 읽고 나면 머리가 복잡하면서도 뭔가 아이디어가 생기기 시작할 것이다. 독자는 이 엄청난 사례 연구를 직접 하게 된다. 그리고 줄쳐가며 다시 읽어라. 가능하다면 각 사례들의 한국판도 나름대로 찾아봐라. 나는 이 독서법을 마케팅 초심자나 학생들에게 특히 권하고 싶다. 자동으로 마케팅계를 지배하는 세계적 브랜드들에 익숙해지는 방법이다.

### 진실한 소문이 세계를 사로잡기를

나는 이 책이 상업적인 의도의 독자뿐만 아니라 보다 공적인 의도를 지닌 독자에게도 읽혀지길 바란다. 왜냐하면 정말 골리앗에 대항하는 다윗의 지혜가 필요한 이들이 바로 그런 독자들이기에 그렇다. 소비주의 흐름 뒤에 반소비주의의 흐름이 있다. 또한 자본의 흐름 뒤에는 인간성의 흐름이 있다. 적합한 때를 잡아 적합한 메시지를 적합한 청중에게 전달하고 소문 운동 과정을 관리한다면 대단한 효과를 낼 수 있는 기법이 버즈 마케팅이다. 세계적인 수준에서 소문을 내는 것, 이것은 꿈이 아니다. 충분히 가능하다. 진정성과 창의성, 그리고 다른 문화에 대한 이해만 있다면 말이다.

이 책에 대한 긍정적이든 부정적이든 어떤 소문이라도 기대하며······.

2004년 가을
김상영

# [ 찾 아 보 기 ]

버즈마케팅

마즈마케팅